U0902681

# 度阴山讲中国史

## 知行合一五千年 2

度阴山 著

**图书在版编目（CIP）数据**

知行合一五千年 : 度阴山讲中国史 . 2 / 度阴山著 . --
南京 : 江苏凤凰文艺出版社 , 2020.10
ISBN 978-7-5594-5211-5

Ⅰ . ①知… Ⅱ . ①度… Ⅲ . ①中国历史 – 通俗读物
Ⅳ . ① K209

中国版本图书馆 CIP 数据核字 (2020) 第 180937 号

# 知行合一五千年：度阴山讲中国史 . 2

度阴山 著

责任编辑 张 倩
特约编辑 谢 演
装帧设计 崔欣晔
出版发行 江苏凤凰文艺出版社
南京市中央路 165 号，邮编：210009
网 址 http://www.jswenyi.com
印 刷 天津旭丰源印刷有限公司
开 本 700mm × 980mm 1/16
印 张 17.5
字 数 258 千字
版 次 2020 年 10 月第 1 版
印 次 2020 年 10 月第 1 次印刷
书 号 ISBN 978-7-5594-5211-5
定 价 46.00 元

# 目　录

## 第一章　尽情尽性的东汉帝国

1. 刘秀称帝　// 003
2. 重塑传统　// 007
3. 外戚与宦官的缠斗　// 015
4. 党锢之祸——知识分子的被革命　// 022
5. 西域的回归与再丧失　// 029
6. 羌乱·黄巾军　// 037
7. 董卓之乱　// 043

## 第二章　东汉之后是三国

1. 官渡之战　// 055
2. 刘备与后浪孙权　// 061
3. 赤壁之战　// 067
4. 三国：家家有本难念的经　// 075
5. 司马氏吃三国　// 084
6. 仲长统与陈群——帝国的反思　// 089

## 第三章　西晋：假装的统一


1. 君不君、臣不臣的晋帝国　// 095

2. 八王之乱（上）　// 100

3. 八王之乱（下）　// 106

4. 西晋帝国灭亡　// 116


## 第四章　五胡乱华（上）


1. 前汉的建立　// 123

2. 奴隶皇帝石勒和他的帝国　// 127

3. 冉闵的战斗　// 134

4. 以王猛为丞相的前秦帝国　// 139


## 第五章　五胡乱华（下）


1. 烂糟糟的东晋帝国　// 149

2. 淝水之战　// 155

3. 北魏的登场　// 165

4. 东晋的北扫　// 170

5. 北魏的打扫　// 176

## 第六章　南北朝对攻


1. 刘宋、萧齐帝国的君主　// 185
2. 拓跋焘遇佛杀佛　// 191
3. 南北硬碰硬　// 199
4. 魏孝文帝的汉化　// 206
5. 半吊子皇帝萧衍　// 212


## 第七章　南北大混乱


1. 六镇之乱　// 221
2. 北魏的分裂　// 228
3. 侯景之乱　// 235
4. 北魏帝国的灭亡　// 243


## 第八章　永别了，南北朝


1. 北周迅速崛起　// 251
2. 宇文邕灭北齐　// 257
3. 北周帝国的灭亡　// 263
4. 南北朝终于结束　// 268

# 第一章

# 尽情尽性的东汉帝国

# 1／
# 刘秀称帝

当新朝皇帝王莽在死路上一骑绝尘时，未来的东汉帝国皇帝刘秀踏上了璀璨的人生之路。他注定要复活被王莽杀死的汉帝国，重新在华夏大地上竖起久违的刘邦的龙旗。

刘秀的出场并无光芒，他是站在哥哥刘縯身后被世人渐知的。兄弟二人口径一致地说，家族有皇室血统，但因过于遥远，所以对他们的人生没有任何加持。公元 21 年，绿林军纵横天下，风生水起，刘秀的家乡南阳很快出现了绿林军的分部新市兵。刘縯使命感被激发，他拉起正在务农的刘秀，笼络南阳的刘氏族人，组建起一个小兵团，和新市兵共同攻击地方上仍然效忠王莽的官员。双方合作非常愉快，刘縯仿佛看到大汉的龙旗在他手中迎风飘扬。

刘秀远没有那么超前，他不认同老哥的宏图大志，认为力所能及是人生真谛。兄弟二人曾谈论人生理想，刘縯说："我要复兴祖宗荣耀。"刘秀则更务实，他说："娶妻当娶阴丽华（南阳美人），做官当做执金吾（禁卫军首领）。"

刘縯教训刘秀说："男子汉大丈夫，志在四方，你这是小农思想。"

刘秀谨慎而敦厚地说："一份体面的工作，一个绝色的老婆，人生若此，足矣。"刘縯对老弟的志向不以为然。

公元 22 年，绿林军主力进入南阳，同样有刘氏皇族血脉的名义首领刘玄发现刘縯把南阳经营得如此之好，绿林军在各地对王莽政权的进攻又顺风顺水，顿时感觉自己十分伟大，绿林军的将军们也认为刘玄伟大，于是纷纷拥护刘玄称帝，对外宣称他们复兴了汉王朝。

刘縯大大地反对。理由是，王莽还未被消灭，如果绿林军立了皇帝，那赤眉军也会立皇帝，民无二主，大家本来是共同对付王莽的，因为立帝这事起内讧，太不值当。

刘玄拍案而起说："你我都是皇族，不让我称帝，是你想称帝而不得，赤裸裸的嫉妒不利于团结。"

刘縯正要争辩，刘秀偷偷拉他的衣袖说："你和这种人犯不上啊，不但犯不上，而且还要提防他。我看这小子就是传说中竖子成名、小人得志的类型。"

刘縯不同意老弟的看法，反而认可刘玄的话：**"嫉妒不利于团结。"**

刘玄（更始帝）才登基，王莽就动员全国四十万兵力围攻南阳，刘玄闻听这个雷霆万钧的数字后，顿时魂飞天外，汗流浃背，口不能言。

绿林军各个将军纷纷要求避战，只有刘縯和刘秀主张迎敌。刘玄立即同意，命二人各带一支人马迎击王莽兵团。刘秀只率领三千人马，采用诱敌深入，然后突然掉头中央突破的战术，把王莽兵团的先遣部队打得落花流水。先遣部队一败，主力闻风丧胆，王莽兵团顷刻溃散。

以刘玄为皇帝的绿林军取得绝对胜利，王莽再也没有力量组织起这样庞大的反攻部队，只能坐等灭亡。

刘縯、刘秀兄弟在战场上的惊鸿一现，让刘玄如坐针毡。他趁刘秀统兵在外时，突然对刘縯痛下杀手。刘縯被杀，常规思路下，作为其弟的刘秀要么造刘玄的反，要么逃亡。但刘秀审时度势后，选择了第三条路：向刘玄负荆请罪，主动揭发老哥无组织无纪律的行径，宣称刘縯没有大局观，只看到自己的利益，我行我素，自然不是合格的臣子。

刘玄先是怀疑，但看到刘秀神色如常，而且憨厚的脸上竟然流露出替老哥感到愧疚的颜色，不禁对刘秀解除警戒。他放过刘秀，让刘秀仍在他的政府中担任要职。

很快，刘秀的亲密战友们就发现老大精神分裂了。在人前，刘秀谈笑饮食如常，好像被刘玄杀掉的刘縯不是他亲哥，而是一头猪，但独处时就戒酒戒肉，夜深人静时，会捶胸顿足，默默流泪，两眼通红。

如你所知，刘秀没有精神分裂，他对刘玄恨入骨髓，可力量又不允许他立刻为老哥报仇，在愤恨和惭愧之下，才有这种异常表现。

刘秀“精神分裂”时，刘玄正光芒万丈。昆阳之战后，刘玄的绿林军攻陷洛阳，以此为首都，向天下发出进攻王莽帝国首都长安的檄文。刘秀主动请缨，但被刘玄拒绝。他见识过刘秀的本事，惊恐其军事才能。如果刘秀再立下攻陷长安之巨功，其影响力会与日俱增，这对于他这个皇帝而言，不是好事。

所以他给了刘秀一个看上去远比攻陷长安重要的任务——以皇帝刘玄的名义招抚河北（黄河以北）诸州郡。当时的河北是变民的乐园，变民组织数不胜数，刘秀用三招对付这群叛徒：第一，让他们知道自己代表了正义（老子我是刘玄政权的河北军区司令）；第二，用残酷的武力打击力量不强的变民组织；第三，采用各种政治攻势，每灭掉一个变民组织后，就立即恢复当地的秩序，给老百姓以实惠，让老百姓成为他的宣传员和推销员。

这种攻势相当凌厉，仅两年时间，刘秀就让河北恢复了太平，自然，河北也成了他的根据地。从表面看，他是在为刘玄政权扩张势力范围，实际上，他是在为自己打基础。

当然，刘玄政权也太不中用了。公元 23 年九月，刘玄绿林军攻陷长安，刘玄从洛阳迁都长安。正如当年刘縯所料，另一个反抗王莽的民间兵团赤眉军也立了拥有刘氏皇族血统的刘盆子为帝，两方为占据长安城，展开惨烈厮杀，双方都损失惨重，当时世界上最伟大的长安城因遭到从未有过的浩劫，沦为少有人行的鬼城。

刘秀在黄河以北麻木地看着长安城中惊逃出来的飞鸟，叹息不已。公元 25 年阴历六月，刘秀在今河北柏乡举行军事会议，商讨如何去长安救援刘玄。但大家都听出来了，这是穷嚼蛆的例行会议，所以没有人提出如何解救刘玄。散会后，鬼精灵耿纯跑进他的房间，请求他称帝。

刘秀平静地回答说：“恐怕不好，皇上（刘玄）正处于危难之中，应该先救他。”

耿纯一眼就看透了刘秀的脏腑，说：“刘玄和你有杀兄之仇，此时他陷入危难，正是你复仇的机会。如果你还效忠他，实在太虚伪了。”

刘秀仍然端着继续装：“我平生志向只是娶到丽华，做个小官。如今不但实现，甚至超标，可谓喜出望外，不求其他。”

耿纯只好说出真正的人性：“众人抛家舍业，冒着掉脑袋的风险跟随你，只不过想攀龙鳞，附凤翼。如果你做了皇帝，这些人就成了王公大臣；如果你不做皇帝，这些人只是打杂的，无名无分。如果你不称帝，恐怕这些人要逃跑。”

耿纯仅凭这段话就可以跃入人性分析宗师行列。按耿纯的看法，任何人跟随一个领导者，都必须得到实惠，领导者也必须有利己达人的意识。**在大多数人眼中，跟对人的唯一衡量标准就是你能给我带来利润，看似我受你领导，其实你只不过是我通往成功的梯子。如果梯子脆弱，那我就会离开。这就是人性。**

听完耿纯的话，刘秀大吃一惊。他找来军界大佬、忠孝双全的冯异，把耿纯的话复述给老冯听。老冯极力赞同，但他批评耿纯的功利念头说：“我跟随您，是因为您就是您，没有别的。”

刘秀拿出称帝的坚定信念说：“昨晚梦到骑着一条红龙飞天，醒后心脏不舒服，好像得了心病。”

冯异只能顺着他的胡话说：“这就是老天明示您必须称帝，不必考虑，称帝。”

于是，刘秀称帝，宣布继承汉王朝血脉。历史上称刘秀之前的汉王朝为西汉，刘秀建立的汉王朝为东汉（西汉首都在长安，刘秀后来将首都设在长安东面的洛阳）。

刘秀称帝的三个月后，刘盆子的赤眉军攻陷长安城，刘玄退位，不久被杀。刘秀在老哥墓碑前，仰天大哭，告诉老哥大仇已报，虽然不是他亲手为之，但敌人的确死了。

他当然知道，自己的敌人不只刘玄，他手中只有半壁江山，祖先在哭泣，百姓在等他，他需要一场绝不可避免的内战来完成和巩固皇帝大梦。

# 2 ／
# 重塑传统

第一个被刘秀解决的是为他哥哥复仇的赤眉军。公元 27 年，刘秀在崤底（今河南渑池西南）设下埋伏，成功伏击了赤眉军主力，把王莽帝国送进坟墓的绿林军和赤眉军至此使命完成，退出历史舞台。

消灭赤眉军的两年后，刘秀打响了一场针对豪强政权和王莽时代地方官政权的内战。从公元 29 年拿东海王董宪开刀，到公元 36 年消灭盘踞汉中的公孙述，刘秀用了七年时间，终于打完内战，恢复西汉疆土，完成了中国的统一。所有人都必须承认，这个毫无大志的人居然奇迹般地复活了西汉王朝，成为中华世界的主人。

任何人的成功都不是偶然的。刘秀打破了人必须有远大理想的毒鸡汤，近乎小农意识的他之所以取得天下，成功密码共有以下几条。

第一，刘秀生性敦厚，具备诸如真诚、高度自律、立己达人等美德，这些美德很容易获取他人的认同和信任；第二，刘秀拥有与生俱来的用人天赋和军事天赋，比如在和赤眉军的战争中，他能当机立断临阵换将，让擅长打农民起义军的冯异取代统帅邓禹，这是用人天赋，至于军事天赋，他用了两年时间就扫平了无数个河北变民集团，中国历史上的开国皇帝能用兵如神者，刘秀能进三甲；第三，刘秀深谙人性，并懂得顺应人性，耿纯只说了一段“攀龙附凤”的话，他马上醒悟，立即称帝；第四，他有着让别人嫉妒的好运气，刘玄不杀他是运气，非但不杀他，还把他放生到河北自由创业是超级好运气，统一战争中的对手，全是二把刀，这种运气简直是踩了无敌狗屎，**好运气是任何成功人士都讳言但却绝对存在的密码。**

刘秀完成统一后，发现中华世界乱了很久，他决心整顿，让中华世界重现久违的和平与秩序。中国历史上大多数统一天下的皇帝都有这种善念，这是一种与生俱来的责任心，一念发动即是行，刘秀能有这样的念头，就证明他是封建王朝的一个合格皇帝。

他整顿中华的思路是重启传统：沿袭西汉帝国封建制（封刘氏成员为王）和郡县制二合一的制度。这是因为在他打天下的过程中，有很多皇族成员出力不少，比如皇后郭圣通的舅舅真定王刘扬，就为刘秀平定河北立下大功勋。而对于功臣群体，刘秀软硬兼施，让他们告老还乡，享受荣华富贵。另外就是把天下大权全部集中于首都洛阳，而洛阳政府的权力又集中于皇帝。弃功臣不用，但又不能如朱元璋那样卸磨杀驴，所以刘秀在物质与名誉上给予功臣最大恩惠。物质上，退休的功臣有房，有马车，更有老百姓望洋兴叹的庞大土地；名誉上，搞了个功臣红花榜，号称云台二十八将。放弃功臣而不用又必须用人，刘秀的方式是使用儒家知识分子。也许在刘秀看来，儒家培训出来的知识分子极度尊君，对君主没有危害，又能以民为本，可巩固他的政权。

为了让各地官员全心全意为人民服务，刘秀恢复了被刘彻废除的刺史（监察官员）一职，让刺史们每年都去地方监督、惩罚官员。同时，虽然集权于首都，但仍然给予地方行政自治资格。东汉帝国的地方官权力非常大，州的长官称为牧，州所管辖的郡的长官称为太守，州牧和太守可自作主张任命下属，同时还掌握管辖区内的军队，是名实相符的军政长官。东汉末年，各州牧称王称霸，就是刘秀此时埋下的炸药。

如何走一条治理王朝的新道路，刘秀深思熟虑之下，决心坚定祖宗们的道路，全盘复制西汉王朝，这就叫道路自信。

西汉王朝初期，采用的是黄老无为之治，刘秀沿袭前人，用三种方法恢复国家力量：一是俭，二是慈，三是不折腾（不敢为天下先）。在俭上，刘秀以身作则，节制心中的欲望，勤俭持国，他穿素衣，吃粗茶淡饭，耳不听音乐，手不持珠玉。简化后宫组织，控制赏赐。

西域有国进献千里马，刘秀得知这畜生居然吃特别昂贵的草料，马上释放，任其自生自灭。皇帝的一切和政事无关的活动，诸如狩猎、水上游玩等，全部取消。更有意思的是节省纸张（当时是木片），刘秀所书写的内容一札十行，札是纸张未发明前用来书写的小木片，一块小木片上的文字通常为三到五行，刘秀却写十行，字字如蚂蚁，这说明他节俭得有些变态。有些年纪大的臣子看他的木札，总是容易看串行。领导人节俭，下面的人不敢不节俭，大家都照着领导人的模样或真或假地做，效果显著。

第二条是仁慈，刘秀在位三十五年，多次颁布减轻百姓赋税、释放奴隶的政令，对中国之外的战争即使是正义的，也不轻易动兵戈，让老百姓休养生息，同时抑制豪强势力，实行“耕者有其田”的爱民政策。对百姓仁慈的同时，他对官员却极为苛刻。刘秀喜欢亲自面试行政官，代表着最高权力的尚书台官员，无论官职大小，全由刘秀亲自审核。任何官员稍有失职，立即严厉惩处。按常理，官员被选入帝国最高权力机构应该高兴，可人人都愁眉苦脸。因为东汉帝国的尚书台是刑场，尚书台除第一任长官邓禹全身而退外，其他诸如伏湛、侯霸、韩歆、欧阳歙、戴涉等，要么被免职，要么被处死。

刘秀和后来的杨坚（隋文帝）、朱元璋（明太祖）一样，对百姓很好，但对官员极为严苛。**这样的领导人，如果不是开国者，很难坐稳位子。也正因他们是开国者，所以敢这样做。**

第三条是不折腾，凡是西汉帝国没有做过的事，刘秀绝对不去做。凡是西汉帝国做过的事，他都小心地还原。内战结束不久，匈奴在西域截杀中国商人，那些曾披荆斩棘的武将们要求出兵惩治匈奴，刘秀说：“汉（西汉）初年没有这样的事，不能做。”西南原始森林中有少数民族叛乱，武将们都觉得在原始森林中用兵事倍功半。刘秀说：“高祖当初对付叛徒，无论在哪里都要剿灭，给我打。”

政治思想上以无为为主导是每个王朝初期的必经之路，若想王朝持久，除此之外无其他选项。刘秀顺应天理，以黄老之学恢复中华世界，可谓深识时务。这一点，他做得没有问题。他的问题而且是大问题，出在对当时儒家思想世界的塑造上。

以孔子、孟子、荀子为主的儒家思想固然主张尊君，但尊君的目的是君主要为人民服务。**民主君仆制，这是中国儒家早就提出的伟大思想，不过和这个世界上其他所谓的民主制不同的是，中国儒家主张的君主这个仆人如果不合格，他绝不会全身而退，孟子和荀子就激进地主张，仆人不尽职时，要么干掉他（诛杀独夫民贼），要么就让他把屁股从龙椅上挪开（让贤）**。这种思想在深受儒家思想影响的邹衍那里得到升华，即“五德终始说”。

刘秀对这种思想深恶痛绝，他感悟出，近半个世纪的动乱全由王莽引起。而王莽之所以出现，就在于主张让贤的“五德终始说”，若想避免这种情况死灰复燃，必须对“五德终始说”斩尽杀绝。刘秀虽然喜欢务农，但他有知识分子的血液，二十多岁时，他曾到王莽所建的培养儒家知识分子的太学读书。至于他的知识水准如何，和他合资买过一头驴的同学韩先生说，刘秀主攻《尚书》，但水平实在不敢恭维。刘秀解析《尚书》时，那头驴眼红心跳，不停地想挣脱缰绳逃走。

刘秀本人的儒家知识水准很低，这却不能阻挡他钦羡儒家思想。在战争时期，刘秀每平定一处，必亲自拜访当地儒者，事实上，这些儒家知识分子都是王莽培养出来的，要么是他的同学，要么是他的校友。刘秀对这些校友和同学极为尊重，建国不久，他得知同学严子陵正在民间粗茶淡饭地隐居，连续三次派人去请。严子陵到洛阳后，刘秀经常和他日夜畅谈，搞得阴丽华对严子陵有很大的意见。有一次，严子陵和刘秀二人同床睡觉，严子陵居然把腿放到刘秀的肚子上。众所周知，皇帝的肚子虽然看着是肚子，但绝对不是普通的肚子，而是圣物，不容侵犯。醒来后，严子陵紧张地道歉，刘秀只是一笑，说：“这肚子随时为你们知识分子的腿而准备啊。”

刘秀对儒家知识分子除了如慈父对幼儿般地关怀，还授予他们重要职务，让他们为帝国出力。但这种关爱和授权是有条件的。他要的知识分子绝对不能遵守从前的思想，他要塑造他们，使他们和从前说再见。

他联合大批儒家知识分子，肆无忌惮地批判王莽是伪君子，王莽政权建立的方式是篡夺而不是民选。

有人轻声反驳说："王莽几十年内外合一，怎么可能是伪君子？他的政权的确是民选而来。"

刘秀就拍案大叫说："他就是贼子，就是伪君子，所谓'五德终始论'荒唐透顶，今后不要再提！"

既然"五德终始论"是伪科学，那么，让贤也就失去了合法合理性。这才是刘秀真正想要的。刘秀是想告诉中国人，用让贤的和平方式把政权转移是罪大恶极的，天下应该永远一家一姓，家天下是天理，这让我们想起两百多年前嬴政的梦话。刘秀把儒家思想中本就幽如鬼火的"传贤不传子"政权交接思想彻底封存，刘秀得意扬扬地说："传贤会引起争斗，传子则不会，即使有争斗，也是两三个人的争斗，影响不大，可忽略不计。"

他说得没错，权力传子制虽然不能避免争斗，却极大地减少了争斗，使权力交接的阴谋和血腥被限制在一定范围，没有伤及太多的无辜。

刘秀之后的所有皇帝都把刘秀看作第一等皇帝，因为他维护了一姓天下应传之万世的真理。当然，不可避免的是，如果权力不传贤，那就只能由死人千万、血流漂杵的暴力开始和结束。

干掉儒家最推崇的让贤思想，却又高度强调儒家对个人要求的道德修养，由此形成了名节风尚。刘秀特别喜欢表彰个人名节，在通过察举制选拔官员时，四项标准中排名第一的就是"德行高妙，志节清白"的名节。推崇名节其实是为了推行"忠臣不事二主"的官员价值观，将天下所有人才的思想都固定在忠于一家王朝这个天理上。

"名节"属于道德范畴，不可量化，没有统一的标准，人人都希望通过名节捞到官职，所以举荐人和被举荐人就形成了一种暧昧而牢固的友好关系，被举荐的人常常在道德上弄虚作假，同时，由于政府招收的官员有限，所以大多数人都没有机会向君主展现"忠臣不事二主"的价值观，只能退而求其次，向直属领导（推荐人）展示。于是，流弊产生。

第一，把孝极端化。是人就有尽孝的义务，所以大家都在孝上面煞费苦心。元人编辑的《二十四孝图》，其滥觞就在东汉。有的孝子为给母亲治病，割掉身上的肉，有的孝子在严寒时节脱光衣服趴在冰面上试图暖化寒冰，取到鲤鱼。这些极端的展现孝的方式，让人不寒而栗、莫名其妙。整个东汉时代，想被举荐做官的人先是给母亲服三年之丧，当所有人都这样做时，服三年之丧就没了竞争力，于是有人出奇制胜，服六年，甚至九年。在大家都把服丧年限提高后，给父母服丧又失去了竞争力，于是有人脑洞大开，给领导服丧。这俨然是一场鬼畜表演。所有想要捞到官职的人或真或假地做着，希望引起官方的注意，从而步入仕途，发家致富。

第二，兄弟谦让。这种谦让包括两部分，一部分是让出爵位，一部分是让出财产。有爵位的老爹死后，爵位本应由兄长继承，但兄长发现爵位不怎么样，于是敲锣打鼓地把爵位让给弟弟。可爵位乃国家所赐，是公物，不能说让给谁就让给谁，兄长痛哭流涕地给皇帝上书，要让爵。皇帝不允，兄长再上书，搞得天下皆知，目的达到后，兄长才极不情愿地继承爵位。至于让财产，更是让人心惊，有的做兄长的把老爹留下的全部财产让给弟弟，自己则吃糠咽菜。

千年前尧舜提倡的孝顺和谦让，到东汉末年，虽有孝顺和谦让的种种行为，但念头已不正。孝顺和谦让这两种美德成为谋取官职的手段，人心浮躁，刘秀难辞其咎。

**人的行为倘若不是发自内心，而是为了做给别人看，行为本身就失去了意义，因为这已经是典型的知行不一。**人孝顺父母，那就一门心思专注于孝顺父母这件事，如果想着靠孝顺父母得到个孝子的名声，这就是知行不一。

第三，为恩主报私仇。用各种方式展示名节的人最后受到官员推荐，该官员就成为其恩主。为报答恩主，被举荐人为恩主上刀山，下火海，眼睛都不眨，为恩主报仇根本不在话下。比如，退休官员苏谦被当年的仇人李暠陷害致死，曾被苏谦举荐的一些人就挖掘地道，进入李暠房间，杀了李暠的儿子和小老婆，又跑到李暠老爹的坟墓处，掘尸砍头，这种目无法纪的行为居然受到当时社会舆论的好评，可见是非不分、良知不明到何种地步。

第四，变态的廉洁。官员贪污是中国古代普遍现象，大家都知道皇帝最恨贪污，于是做激烈地矫正。做小官的人想要继续飞黄腾达，不但不能收其他人的礼物，甚至连亲人都要拒之千里。官员范丹去姐姐家吃饭，饭后非要付饭费，搞得他姐姐用扫帚将其扫地出门。

从以上论述可知，刘秀所推崇的名节产生了以下恶果。

一、官员只重视身边和眼前的人际关系，鼠目寸光，忘记了法律、道德、社会责任感和对国家的奉献。那些被恩主推举上来的官员，眼中只有恩主，没有皇帝，这导致百年来所建立的如苏武、李陵那样的爱国主义烟消云散。更要命的是，进入体制内的知识分子只对恩主负责而不对国家负责，于是对国家指指点点，忘恩负义。国家用俸禄养出了无数白眼狼，知识分子对国家只有批评，没有建设，放弃家国情怀，到处拆国家的台。随便翻一下东汉名士史即可发现，他们永远在放大国家恶的一面，从来看不到国家的良知，如同怨妇一样，侵蚀着自己的祖国。

二、人们将与生俱来的道德感（谦让、孝顺）扭曲为竞争的目标和获取利禄的手段，伪君子开始多于真小人。史载知识分子赵宣为博取功名，葬亲后不久即关闭墓道，在黑暗世界守孝二十余年。后来政府去征召他出来做官，赵宣心花怒放，招呼他的几个孩子出来叩谢，前来的政府官员震惊得闭不上嘴，按规定，守孝期间是不能和老婆同房的，赵宣的孝，已不是良知，而是最大的人欲。

三、士大夫门第的形成。先秦时期，“士”是武将，“大夫”是文官。董仲舒提出培养国家官员以后，进入官僚系统的全是儒家知识分子。这些人来自同一帮派（儒家），所以有相同的价值观，最终通过互相捧场和推举，形成了强大而顽固的力量。这力量到东汉时期，已不可撼动。而且这股力量有意识地推举、选拔和自己志同道合的人，也就是士大夫阶层的人。由此，士大夫门第观念和事实完全形成。士大夫们关起门来自娱自乐，唾沫横飞地对国家指手画脚，却从不承担责任。政府官员全是他们的徒子徒孙，上升渠道关闭，农民永远是农民，工匠永远是工匠，士大夫永远是士大夫。士大夫门第观念成为中国政治的一大特点，直到清朝灭亡，才退出舞台。

刘秀固然把西汉帝国倒在地上的龙旗重新竖起，不过，由于刘秀胸无大志，根本是个被时势推至前台的皇帝，所以他不可能延续中华第一帝国的强盛，这面龙旗从升起那一刻起，就开始滑落，悄无声息。

# 3／
# 外戚与宦官的缠斗

刘秀之前那些大名鼎鼎的皇帝，在接班人问题的处理上都有瑕疵。嬴政因此而国破家亡，刘邦险些重蹈嬴政的覆辙，刘彻则有惊无险地度过。刘邦和刘彻在接班人的处理上虽然前途光明，但道路曲折，刘秀也不例外。

刘秀的皇后是真定王刘扬的外甥女郭圣通，当初刘秀在河北打天下，为争取实力雄厚的刘扬的支持，才有了这样一桩政治婚姻。这是典型的中国传统思想“阴阳结合，事业有成”的实践。刘秀称帝后，以刘扬为首的同姓王们势力强悍，刘秀只能立郭圣通为皇后，自然而然，两人的孩子刘疆就是太子。

但刘秀仍心系阴丽华。他觉得对不起阴丽华，他先娶的阴丽华，洞房花烛夜，他因实现人生理想而激动得语无伦次，发誓要给阴丽华这个世界上最好的东西。如你所知，对于皇帝的女人而言，最好的东西当然是皇后的宝座。可出于政治原因，刘秀食言了。他每天都纠结这件事，一直纠结了十七年。公元41年，刘秀突然宣布废掉皇后郭圣通，阴丽华成功顶替。和后来的唐帝国皇帝李治（高宗）废掉王皇后而立武媚娘不同，反对刘秀的声音极为微弱。这当然是因为刘秀能审时度势。他看到亲王们的实力已大不如前，废掉亲王们扶持的皇后郭圣通没有风险，更重要的是，帝国那些知识分子官员在他的呵护和洗脑下，已丧失对国家提出中肯建议的能力。

刘秀废掉郭圣通，一方面是人性之善，他发自真心喜欢阴丽华，所以要把最好的东西给她；另一方面则是更重要的政治考量，他没忘记西汉帝国初期的吕后专政，一大批外戚和刘氏皇族分庭抗礼，他要避免这种情况的发生，在这方面，阴丽华家族的势力要远逊于郭圣通家族。很明显，在他百年之后，如果郭圣通成为皇太后，那就是个雷。

如今雷被排除，他可以安枕于九泉。然而，人有人的计划，老天却自有安排。刘秀去世后，刘秀和阴丽华的儿子刘庄即位，是为汉明帝，刘庄继承了刘秀苛刻的基因，紧盯吏治，东汉帝国进入盛世，其继承者刘炟（章帝）放弃老爹的严苛，用宽厚对待所有人。刘炟是仁慈的皇帝，但政治有时候绝不能仁慈，东汉帝国经过三个皇帝的光明后，迅速陷入黑暗。

刘秀生前最恐惧的是外戚政治，老天偏偏让他噩梦成真。**中国人始终有个迷信观念，一个人的运气是固定的，前半生用完，后半生就没得用，个人如此，家族也如此。**刘邦家族的运气几乎被西汉的皇帝们用完，到刘秀时，剩下的运气全部出动，一股脑儿都砸在刘秀头上，然后余波惠及刘庄和刘炟，再然后，就没有然后了。

这种运气的丧失首先表现在刘秀后代的基因上。东汉帝国共十二位皇帝，除了刘秀、刘庄、刘炟和末代傀儡皇帝刘协，余下的八个皇帝即位时最大年龄只有十五岁（第十一任皇帝刘志），最小年龄才三个月（第五任皇帝刘隆），八个皇帝中只有一人活到三十六岁，其中有三个皇帝没有儿子，这也是东汉皇帝都是小孩的其中一个原因。因为老皇帝没有儿子，所以就给了野心家挑选其他小孩作为皇帝的机会，东汉刘炟以后，皇位大都非直系传递。

这群儿童不是一出生就能打怪的葫芦娃，而是智识未开化的肉体凡胎，于是，皇权自然而然滑落到了以皇太后为首的外戚手中。

刘秀生前担心两件事，一是外戚专权，二是皇位不能直系（立嫡以长）传递。结果，两件事全都发生了。

东汉掌权的这些皇太后如果都像吕雉那样懂政治也好，可她们长在深宫，虽然年轻貌美、风韵犹存，但智商不在线，根本不了解复杂的政治局势。于是，权色在手的她们必须请人帮忙。请政府官员，她们和他们不熟，她们不知道哪些外臣有能力，也不知道谁有良知，谁丧尽天良；请太监帮忙，太监可能还没有她们懂得多；最后只剩一个选项，那就是娘家人。于是，外戚毫无悬念地大踏步走上东汉政治的舞台。

第四任皇帝刘肇（十岁）登基不久，窦太后就把她老哥窦宪拉进权力中心。第五任皇帝刘隆（出生一百余天）即位时，他老娘邓太后也把老哥邓骘塞进政治权力中心。

东汉帝国三分之二的皇帝背后都有个主掌大权的舅舅，舅舅的背后是个如蝗虫群般的家族。比如邓骘家族，掌握权力三十年，家族里封侯爵的 29 人，中央级的 29 人，省级的 48 人。真是一人飞升，仙及鸡犬。

这仅仅是亲戚，还有国舅爷的朋友、部属以及趋炎附势的无耻政客，他们共同组成一个毫无良知、肮脏透顶的权力集团，矗立于政府最高处，盘根错节，交相呼应。

外戚政治注定污秽暴虐，因为他们进入政府前，都是社会闲散人员，毫无道德感，更没有对政治的判断力，纵有一定的知识，可忽然让他们指点做梦都梦不到的帝国事务，肯定抓瞎。同时，他们不肯上进，不珍惜手中的权力，只知道滥用权力，从不尽义务，只知道享受，自然引起那些标榜名节的知识分子官员的反对。

遗憾的是，外戚们仗着手中有权力魔杖（皇帝），对士大夫的攻击展开凌厉反击。结果可想而知，离权力魔杖遥远的士大夫阶层溃败。

实际上，外戚们根本就没有把士大夫放在眼里，甚至对作为他们权力源泉的皇帝，也是说杀就杀。第十任皇帝刘缵只因为说了当时的国舅爷梁冀是“跋扈将军”，便立即被毒死。

连皇帝都敢随意谋杀，外戚真是天下无敌。不过，他们也有自己的命门。皇帝幼小时，皇太后的外戚还可以稳如泰山，但皇帝长大成人要结婚，结婚后就有了自己的外戚，皇帝于是开始联络自己老婆的父兄去打倒自己的外祖父和舅父们。

皇帝要联络自己的外戚打倒已根深蒂固的老娘的外戚，必须借助外力。本来，刘秀培养了一大批知识分子官员，这些人理论上应该是帝国的中流砥柱，然而那些幼年登基的皇帝都不敢用这些人，因为他们和这些人接触太少，几乎没有任何实质性的沟通。况且当时投靠皇太后外戚的官员不在少数，皇帝很难准确判断他们的政治立场。只要不是白痴，就不会冒这样的险。于是，皇帝只能把希望寄托在另外一股力量上，这就是离他最近的宦官，他还算比较熟悉的宦官。

中国的宦官制度源远流长，西周时期就出现了宦官。刘秀时代，宫中重用宦官，于是宦官称霸内廷，形成势力集团。不过，没有皇帝的许可，宦官力量只局限于内廷。现在皇帝允许他们建功立业，宦官力量开始从内廷走向外廷（政府）。

最先和宦官联合消灭外戚的是第四任皇帝刘肇。刘肇是第三任皇帝刘炟的第四子。刘炟和他爷爷刘秀一样，因不喜欢太子的母亲而废掉太子，然后神志错乱地把无法生育儿子的窦女士扶上皇后宝座。窦女士仗着刘炟的爱，就收养了刘肇为子。刘炟死后，年仅十岁的刘肇（和帝）被后娘推上宝座，宝座后面自然站着对他指手画脚的窦女士。

窦女士从皇后晋级为皇太后，立即把老哥窦宪拉进政治权力中心，窦宪是开国元勋窦融的孙子，属于官场老油条，如今突然跃升到权力金字塔的顶端，马上释放滚滚私欲，大权在手，一切我有，把政府搞得乌烟瘴气。皇帝刘肇忍气吞声，时刻寻找铲除他的机会。

窦宪似乎继承了爷爷窦融的一些才能，在和匈奴的战争中屡立奇功，遗憾的是，这些奇功并未让他学会珍惜权力和荣华富贵，反而使他更加嚣张跋扈，根本没把刘肇这个皇帝放在眼里。

刘肇气冲牛斗，年纪稍大时决心反击。反击在王朝政治中根深蒂固的外戚绝非易事。刘肇手中的皇权已名存实亡，他必须借助外力。他寄希望于中常侍（皇帝私人秘书长）郑众，郑众虽是宦官，却有很多宦官不具备的美德，比如正直，对歪门邪道深恶痛绝，所以他和窦宪的关系很僵。公元 92 年，刘肇突然垂头丧气地对他说：“做皇帝好辛苦。”郑众知道刘肇要做什么，马上咬牙切齿地附和说："我听说窦宪要谋反，过几天他从战场凯旋，我们为他庆功，就在宴会上干掉他。到时候您就知道做皇帝的美妙了。"

刘肇小心翼翼地问他："我能相信你吗？"

郑众马上咬破自己的食指，用血在地上写了个字——"可"。

于是，皇帝和太监的密谋开始了。窦宪不久后趾高气扬地回到洛阳，刘肇请他吃饭。就在饭局上，郑众率领几十个壮实的宦官，把窦宪擒住，数落其罪状。刘肇当时并未杀掉窦宪，但把窦宪集团全部从政府中铲除了。不久后，郑众提醒他，太后（窦太后）还在啊。刘肇马上翻脸，逼迫窦宪自杀。

刘肇铲除窦宪，快如闪电。有了杀机立即运筹，运筹之后马上行动，深得知行合一之三昧。

第一批外戚以人头落地这种方式退出舞台，第二批迫不及待地跳上舞台，接着就是第三批、第四批……这就好像一部精彩的影片，窦宪家族定下基调，其他外戚家族不停地翻拍，虽然主角不同，但情节相同：**外戚们昂首阔步地登场，皇帝敢怒不敢言；外戚们更加趾高气扬，皇帝发怒，联合宦官把外戚干掉，影片结束。**不久后，又是一轮翻拍。

刘肇去世后，出生仅一百多天的长子刘隆即位（殇帝），然后迅速夭折。刘肇的皇后邓女士把第三任皇帝刘炟的孙子、清河孝王刘庆十三岁的儿子刘祜（安帝）立为皇帝，几年后，刘祜"忘恩负义"，联合宦官干掉了邓太后的老哥邓骘。邓氏家族是东汉帝国外戚中表现还算不错的一批，但因为剧本设定，皇帝必须联合宦官干掉外戚，所以邓氏家族也不能避免全部人头落地的下场。

不过，有时候翻拍也会出现某一本质上的改编，比如帝国第十任皇帝刘缵（质帝）时期的外戚梁冀，就修改了剧本。由于他的不可一世太令人惊悚，所以刘缵说他是个跋扈将军，结果梁冀立即毒死了刘缵。然而影片的结尾没有被他修改：第十一任皇帝刘志（桓帝）对梁冀的存在感到如芒在背，每次想到他的前任被毒死时的惨状就愤恨恐惧交加。公元 159 年，刘志决心抄那些祖先对付外戚的作业，他问亲信太监唐衡："我身边谁和梁冀有矛盾？"

唐衡说："徐璜、具瑗、左悺（这三个太监的名字真出奇）、单超，还有我。"

这五人都是宫中宦官，而且的确和梁冀有仇。当然，也不是只有他们和梁冀有仇，对梁冀来说，当时的帝国中只有两种人：他的走狗和他的敌人。

刘志偷偷召集这五人，鼓足了自他祖宗刘邦以来所有刘家人的勇气说："我要干掉梁冀，请你们帮忙。"

五个太监面面相觑许久，最后对刘志说："你的前几任都是靠我们宦官干掉了外戚，可干掉一批来一批。因为他们过河拆桥，把我们这些人当成拖布，用完就放到墙角，所以外戚才屡坠屡起。"

刘志明白了五个阉人的意思，马上把单超的胳膊而不是自己的胳膊扯过来，在上面狠狠咬一口说："咱们今天就等于歃血为盟了，事成之后，我封你们为侯，让你们享受荣华富贵和权力。"

五人马上准备，组织起宦官力量以迅雷不及掩耳之势捕捉梁冀。梁冀自大狂妄多年，根本没有想到皇帝刘志会有此等志气，他在缴械投降后被杀。

梁冀被杀后，刘志没有忘记当初的誓言，封五人为侯爵。至此，宦官集团登上东汉帝国政治舞台，外戚政治虽然还有，却已是将熄的火苗。

在外戚群体中，诸如窦宪、梁冀等大佬并非智商下等之辈，有个很大的疑问是，为什么第一批外戚被皇帝联合宦官干掉后，第二批外戚从不总结前辈失败的教训而结交皇帝唯一的帮手宦官呢?

恐怕只有一个答案，外戚虽然靠裙带关系上位，可仍然瞧不起靠阉割自己上位的人，外戚讨厌宦官，即使结交宦官，态度也是不阴不阳的，让宦官感觉很不舒服。**这就是为什么东汉帝国的那些小孩子皇帝总是能翻盘成功，因为外戚给他们保留了翻盘的筹码——宦官。**

另外就是，干掉外戚的皇帝虽然年纪小，但智商足够高，而且深谙人情世故。我们很容易就注意到，这些孩子皇帝在和宦官们合作时，不是靠皇帝的身份，而是靠兄弟友情。刘肇与郑众的血书，刘志和五个宦官歃血为盟，这都是危急时刻最有效的江湖手法。倘若小皇帝们把自己放在皇帝的角色上，让宦官执行皇命，恐怕成功的概率很低。**臣为君做事的热情要远低于小弟为大哥做事的热情。它给我们的启示是，在人情社会，情有些时候要远远大于法。**

刘邦以江湖大哥身份出道，处处散发着对他人的义气和情感，打天下时，这一直指人心的招数屡试不爽，东汉那些小皇帝反击外戚的行为，其实就是在打天下。这些小家伙很可能遗传了老祖宗刘邦的江湖义气基因，所以虽然是没有技术含量的复制，却屡屡成功。

在外戚政治和皇帝、宦官合伙人制度的血腥博弈中，东汉帝国最大的一股力量——士大夫阶层其实也没有闲着。他们早就登场，只不过力量轻微，通常都是背景式的存在。

但宦官政治取缔外戚政治后，他们反客为主，从背景中走出，成为主角。

## 4／
## 党锢之祸——知识分子的被革命

在外戚和宦官的缠斗中，知识分子官员（即士大夫，春秋时期，“士”指武将，“大夫”指文官，现在将其统一为受过儒家教育的官员、马上要成为官员的人和退休的官员，他们都真真假假地奉行孔孟之道）始终在看热闹。他们经过刘秀“名节至上”的思想洗礼后，对国家政治以及应肩负的士大夫责任早已麻木不仁，于是形成“清议”风气。所谓清议，毫不讳言地说，就是置身事外，对自己根本不懂的事情指手画脚，满嘴跑火车。他们总认为自己是世界上唯一清醒的人，傲慢和偏见使他们成为知而不行的人。

不过，人皆有向善之心，在他们浮躁的内心深处，仍有良知的鞭打，时不时地逼他们发出一点人的声音，想起作为官员的责任。

外戚无恶不作时，他们心理上倾向于宦官。但宦官控制局面后，他们发现宦官比外戚还要龌龊，被刘志分封的“五侯”，强取豪夺，用皇权为自己和家人、朋友谋取不合法的私利。外戚还有点良知，不喜欢被人戳着脊梁骨骂，所以对喜欢清议的士大夫有所忌惮。宦官可不管什么良知，只要士大夫阶层有人站出来说他们一点不是，宦官马上指使走狗激烈反击，士大夫有史以来第一次受到别人的当头痛击，疼得龇牙咧嘴，许多同僚被迫害。他们不甘坐以待毙，立即反击，对宦官开战。但如你所知，知而不行的他们根本不是政治老手宦官的对手，况且宦官有皇权庇护，士大夫屡屡碰壁，头破血流。

公元165年，士大夫群体的好运气降临。窦融的玄孙窦武时来运转，女儿窦女士被皇帝刘志立为皇后，按传统，窦武能顺势进入政治权力中心。窦武和其他外戚最大的不同是，他有士大夫们常常标榜的“廉洁恭俭”的品行。靠着这块招牌和大量金钱，窦武吸引了大批士大夫团结在其周围，这些人把他围得水泄不通，让他因空气不流通和激动而面红耳赤。

窦武不但有士大夫认可的品德，还有智慧。他清醒地意识到，风水轮流转，外戚已辉煌不再，宦官登上最高枝，想要干掉宦官，必须向皇帝学习，寻找帮手。窦武琢磨，皇帝既然找宦官对付外戚，那外戚就找士大夫对付宦官。

窦武主动向士大夫阶层抛媚眼，士大夫们也面临寻找帮手的困境，于是开会讨论，有人主张和窦武合作，有人认为外戚虽然比宦官好一些，但也好不了多少，凡事应该向内求，自己的事情自己做。司隶校尉（监督京师和地方的监察官）李膺折中说：“我行我素，静观其行。”

**这句话信息量很大，人做任何事不能没有帮手，但打铁还需自身硬，要别人帮助你，你要先帮助自己，先做出点成绩来让别人认为你值得帮，这就叫我行我素；当做出成绩后，要看帮助你的人是什么表现，这就叫静观其行。**

李膺是清议派的大佬级人物，在士大夫阶层拥有广泛的影响力与号召力，他有凤凰一样的名节，有老鹰一样的敏锐，还有让别人惊心动魄的偏执。更重要的是，他能把知和行紧密结合。窦武主动向他们示好后不久，李膺突然对宦官发难。他把皇帝刘志最宠信的宦官张让的弟弟张朔抓了起来，张朔本是野王县（治所在今河南沁阳）县令，贪污暴虐，甚至杀害孕妇。李膺以监察官的身份向他发出训斥令。张朔知道，训斥后必是捉拿。他慌张地跑到张让府上躲避。

李膺早知道消息，正好给张让一个下马威，他带人冲到张让府上，强行带走张朔，立即审讯，证据确凿后就地处决。张让向刘志哭诉，刘志除了抱住张让圆咕隆咚的头安慰，毫无办法。

因为他是皇帝，而且不是昏君，皇帝不能如宦官一样随便惩处清流官员，他要顾及皇帝的名声。但李膺像是在逼着他向昏君的道路上走，惩处张朔后，窦武夸奖李膺说：“您是盘古再世，开了新天地。”

李膺大喜，如同被打了鸡血，命令他的下属们：“今后咱们的监察任务只有一个，那就是盯着宦官，只要他们稍有违纪，先搞死再说。”

李膺一声令下，所有监察院官员立即行动，在洛阳大街上寻找没有胡子的人，宫中宦官人人震恐，不敢出宫半步。皇帝刘志看着瑟瑟发抖的宦官们，变了脸色。

士大夫们闻听此事，欢喜异常，摆酒庆祝。整个洛阳城的三万余太学生，有一半参加了这场盛宴。若干年后的三国时期，还有参加过那场盛宴的老态龙钟的太学生感慨万千，说自女娲造人以来，只有那次才做了真正的人。在太学生们的深刻记忆中，这是知识、思想对流氓宦官的一场大胜。宴会上，太学生们自作主张，把李膺这样的精神领袖们排列组合，给他们起了江湖诨号：以李膺为带头大哥的“八俊”，以有澄清天下之志的陈蕃为头目的“三君”，还有什么“八顾”“八及”“八厨”等团体诨号。

注意，**“八厨”可不是八个厨子，“厨”的象征意义是以财救人者，“顾”的象征意义是道德楷模，“及”的象征意义则是人生导师，以李膺为带头大哥的“八俊”的“俊”，不是帅哥，而是人中英杰的意思。**

这场盛大宴席很快被宦官们传到皇帝刘志耳中，刘志像炮仗一样炸起来说：“身为朝廷命官，居然搞江湖黑社会那一套，真是丢人现眼！”但他随即冷静下来，因为他也搞过黑社会那一套，整个东汉帝国的统治阶层，其实都在搞江湖黑社会那一套。这说明，直到东汉时期，中国人的政治思维还没有僵化成后来刻板的、毫无灵气的君臣套路。大家都是用情感和义气沟通，而不是冷冰冰的政治手腕。

然而做皇帝就有这样的好处：他可以放火，别人点灯却绝对不行。刘志决定让这些参加宴会的清议官员和学生吃点苦头。

李膺感受到刘志的召唤，马上授人以柄。公元 166 年，一直紧盯宦官的李膺得到消息，有个叫张成的神棍通过占卜得知朝廷要大赦天下，于是纵容他儿子杀人。他儿子相信先知老爹，于是果断杀人。张成不是宦官，但他和宦官有深厚的友谊。李膺义愤填膺，逮捕张成的儿子。想不到，宦官先行一步，动用政治力量把张成的儿子释放了。

李膺怪叫一声，把张成捉了起来，严刑拷打之下，张成交代了李膺需要的罪状，李膺将其就地正法。这一次，宦官们抓住了反击的机会，他们指控李膺滥用私刑，屈打成招。当然，让李膺无法逃脱的指控是：李膺豢养了很多太学生，交结江湖豪杰和官场混子，形成党派，诽谤中央政府，扰乱百姓思想。

刘志震怒，几乎让洛阳城发生地震，他下令缉拿李膺，另外有士大夫和太学生二百余人因受各种江湖诨号的牵连一同被抓了起来。

宦官张让对刘志说："这些狗屁的什么'八俊''八厨'，还有什么'洛阳四大天王''东邪西毒'全是社会不稳定因素，用黑社会的方式来参与政治，政治被奸污，应该马上用重法惩治。"

刘志笑说："你真是个没有见识的太监，先别收网，有人会自投罗网。"

正如刘志所愿，"三君"扛把子陈蕃跳出来上书刘志，为李膺等人求情。刘志立即将他免职。陈蕃在士大夫阶层的名气仅次于李膺，他经常站在奴隶驱赶的马车上，扶着横杆，昂首挺胸，目不斜视地絮叨："我要澄清天下。"

陈蕃被刘志免职后，仍然不忘初心，但这一次是自己赶车，在洛阳城最繁华的大街上驰骋，高喊着"我要澄清天下"。

相比于陈蕃的行为艺术，名士陈寔和范滂可谓真正做到了知行合一。陈寔敬重李膺，更敬重内心的良知，李膺入狱后，陈寔主动投狱，机灵鬼们都劝他："还没有牵连你，不要太主动。"陈寔说："我若不入狱，恐怕人心动摇。"于是，欣然入狱。

范滂被捉后，宦官审讯团要他招认李膺结党，范滂不为所动，宦官们就把他揍得皮开肉绽，范滂看着自己烂成花的屁股说："莲花美，不如我的屁股美。"

李膺在狱中看到同僚们的表现充分体现了心之光明，不禁心旷神怡，他认为主动接受这种残酷的对待，是唤醒天下人良知最有效的方法。用自己肉体的苦难获取精神之光，就可以照亮他人。

刘志对这些人的骨头之硬感到莫名其妙，他想起当年咬单超的胳膊时，单超疼得哭爹喊娘，所以他怀疑这些士大夫的骨头是铁铸的。

虽然无法理解这些人的骨头为何如此坚硬，他还是下令给李膺等人判了无期徒刑，想让他们死在黑暗的监狱中。士大夫阶层到了最危急的时刻，外戚出马，窦武声色俱厉地批评刘志说："本朝开国皇帝重用知识分子，照顾知识分子是刘氏家法，您怎可触犯家法！这些人都是国家栋梁，是刘氏家族的顶梁柱，您身为主人，怎么要拆自己的房子？况且，士大夫阶层遍布天下，您的监狱能装下多少人？！"

刘志气馁，下令释放李膺等人，但规定：**所有人回原籍，永世不得出籍，永世不得为官。这就是党锢之祸**，士大夫们和宦官的战争，以士大夫的完败结束。士大夫们遭遇惨败后，互相打气说："失败不可怕，它是成功的老母。"

宦官们伸出莲花指捂嘴笑着回应他们："失败当然不可怕，可怕的是你相信这句话。"

士大夫阶层不相信缺少一个器官的人说的话，他们的确总结了这次失败的教训，那就是没有和外戚组成严密阵线，只要解决这个问题，那下一次和宦官的战争，将以宦官血流成河而结束。

他们真诚地邀请窦武，窦武激动地加入，士大夫和外戚阵线形成。然而，他们忘记了宦官回撑的那句话——"失败当然不可怕，可怕的是你相信这句话。"

公元 167 年冬天，刘志去世，他没有儿子，窦武就在士大夫们的支持下推举刘炟的玄孙刘宏为皇帝，刘宏（灵帝）才十二岁，窦武和宦官共分权力，不过由于窦武有推举刘宏之功，所以权力显然比宦官们大一丁点。他被授予要职后第一件事就是启用党锢之祸的受害者李膺等人，卷土重来后，有澄清天下之志的陈蕃经常和窦武躲在密室中制订剪除宦官的计划。

两人还未动手，士大夫中的愣头青督邮（太守的执行官）张俭突然弹劾宦官侯览贪赃枉法，但奏书被侯览截留，张俭一不做二不休，也不向上级组织请示，立即把侯览的母亲杀掉，不但杀其母，还把侯览家属及宾客百余人也杀掉。侯览向刘宏哭诉说："皇上您看看，这就是那群满嘴仁义道德的党人干的事，还不如我们这群阉人。"

刘宏愣愣地问："啥是党人？"

侯览回答："就是想造反的那些人啊。"

刘宏下令："捉拿。"

李膺等人刚被窦武解放手脚，还未出家乡，宦官派遣的侦缉队就赶到了。李膺家人劝他逃跑，老李拿出了气节说："事不辞难，罪不逃刑，这是做臣子的气节。我已六十岁，刚吃完寿宴，生死有命。"

李膺被捉拿后，受到宦官严刑拷打而死，东汉名士中，李膺是言行一致的一个，用人生践行了知行合一。

窦武兔死狐悲，气得死去活来，他和陈蕃加快落实干掉宦官的计划。公元168年阴历五月，东汉帝国发生日食，窦武在陈蕃的策划下面见他的女儿窦太后，请求窦太后诛杀宦官。看到老爹白发苍苍，泪水满眶，只有二十岁的窦太后无所适从，犹豫不决。直到八月，宦官们知晓了窦武和陈蕃的阴谋，曹节和张让等宦官用皇帝的名义集结京城卫队，向窦武发动突袭。窦武和陈蕃在仓促之间应战，结果当场战死。宦官们趁热打铁，掀起对士大夫、外戚联合阵线的清剿。

**很多人把事情搞砸，根本原因在于不能把知和行快速统一，知道事情是正确的，马上去做，千万别在策划上浪费时间，浪费时间就等于浪费生命。**

和窦武、陈蕃有关系的士大夫全部被牵连进来，党人万余，被杀的有千余。一万余士大夫被限制在家乡，不得出入。在危难时，很多知识分子拿出了真正的精神，比如李膺，再比如范滂。范滂被捉前，跪别老母。老母哭泣，范滂说："为正义杀身，死得其所。"他老母擦干眼泪，表示同意。范滂教训他儿子说："我教你作恶吧，但恶是绝不可作的；我教你行善吧，我没有作过恶，却遭此大祸。"

范滂的这两句话动人心弦，让人落泪。儒家始终硬着头皮乐观地说，正义终将战胜邪恶，邪不胜正。这是一句永远正确的话，但最后战胜邪恶的正义化身很难是正义的你，你即使是正义，也是被邪恶干掉的正义。人生无常，恐怕就是这点：让你看到希望，却不让你实现希望。

然而这也是中华思想最妙的地方：希望永在，必定实现，虽然你看不到。

第二次党锢之祸后，东汉政府最后的力量源泉——士大夫阶层和外戚彻底干涸。窦武死后一年，宦官故技重演，几乎将所有的士大夫打为乱党，要他们老死家乡。宦官把乱党空出来的一部分官位给了亲朋好友，另一部分官位则被高价出售，购买这些官位的人都是鄙贱无耻之徒，东汉政权中正人君子绝迹，卑鄙小人横行。

可以说，党锢之祸，对东汉帝国来说是一场超级灾难。中国当时的精英丧失殆尽，宦官权势熏天，党羽遍布中央和地方，使东汉帝国成为宦官帝国。这个帝国只要稍有风吹草动，必然崩溃，因为宦官与那些靠购买官位上来的人的能力和情操无法承担挽狂澜于既倒的重任。

我们不该完全指责宦官或是外戚，这两类人对帝国的损伤固然有责任，但士大夫阶层也不怎么样。首先是他们自己的良知并不光明，结党后互相吹捧、抬轿子成为入仕的终南捷径，**很多聪明的人集合起来就成为乌合之众，理性下降，感性上升，很多争斗遂成为意气之争。**在情绪控制下，很多人都丧失了人性，无论是对付外戚还是对付宦官，采取的都是一种疯狂的复仇模式，不见血腥绝不罢休。士大夫代表京城司令阳球在审问太监王甫时，根本不问其罪行，直接重刑伺候，导致宦官不顾一切地反扑；前文提到的张俭搞不定宦官侯览，就杀他的家人，这已经严重偏离儒家“以德服人”的教导，违背了尧舜周公孔孟“仁义”的指令。

当帝国最大的三股力量开始发疯时，就连盲人都能看到，东汉帝国进入了快速灭亡倒计时。

## 5／

## 西域的回归与再丧失

王莽的失败和刘秀的崛起，让中原陷入一片火海，被西汉帝国打残并压制多年的北匈奴汗国想趁机恢复祖先荣耀。不过今时不同往日，对于没有深厚文化的组织而言，失去的东西很难追回。北匈奴万众一心，埋头苦干，但老天都不帮它。刘秀在恢复国力时，北匈奴境内连年干旱，东方的后起之秀乌桓和鲜卑又不停地攻击它，令其活动区域大幅缩小。

公元 48 年，北匈奴发生内乱，再度分裂为南北二部，南部匈奴投靠东汉帝国，北部匈奴人欲哭无泪，可偏执的他们绝不向东汉帝国屈服，继续执行对东汉帝国的复仇计划。这一次，运气站到了他们这一边：东方的乌桓和鲜卑发现劫掠他们已带不来实惠，于是掉头袭扰东汉帝国，北部匈奴抓住机会，迅速恢复力量。两年后的公元 50 年，北部匈奴对叛徒南部匈奴发动猛攻，南部匈奴抵抗不住，遂向东汉帝国求救。

**古代中国有个奇怪的政权“北南递弱”现象：任何一个组织只要南移，之于北面的组织而言立即化为弱者。**南部匈奴因投降东汉帝国而南移之前，和北部匈奴的战争十战六败，南移后则成了十战十败。后来的所有国家、组织，只要南移，就会成为北面国家、组织的猎物。

皇帝刘秀拒绝出兵，但还是把无能的南部匈奴人迁入长城内，划出了一片领土给他们居住，同时设置度辽将军（北疆边防总司令），训练南部匈奴士兵抵抗北部匈奴的进攻。

不过，东汉帝国的度辽将军几乎全为饭桶级别，南部匈奴又不肯全力配合，导致帝国北疆常受到北部匈奴的突袭，东汉王朝复制西汉王朝忍辱负重的国策，悄无声息地积蓄力量，准备反攻。

公元 73 年，外戚窦宪认为帝国已具备反攻实力，遂派亲属、开国元勋窦融的侄子窦固集结步兵和骑兵数万人出甘肃酒泉向西进发。北部匈奴得知后立即后撤，窦固大发神威，紧追不舍，一直追击到天山，双方遂行决战，窦固取得决定性的胜利，占领了北部匈奴最肥沃的耕地新疆哈密。

西汉时，匈奴屡遭中国痛击，每次被打趴下后都能站起来，但哈密一战，匈奴被打得精气神全失。雪上加霜的是，不仅东汉帝国对匈奴实施常态化打击，东方的鲜卑和乌桓也向它进攻，匈奴陷入求生不得、求死不能的境地，投降中国的北部匈奴人数量不停地刷新纪录，最多的一次数字为二十八万。

哈密之战十六年后的公元 89 年，外戚窦宪亲自出马，率领东汉帝国主力和南部匈奴兵团分三路对北部匈奴进行毁灭性打击，双方主力在今蒙古国古尔班察汗山迎头相撞，立即展开决战。结果，北部匈奴兵团溃败，二十余万人投降。窦宪意气风发地在今蒙古国杭爱山上竖立石碑，为汉匈几百年来的战争刻上结束的记号。公元 91 年，沉浸在空前胜利中的窦宪一鼓作气，对北部匈奴残余势力再次发动快速的军事打击，匈奴又溃败。此后，用中国人的说法，北部匈奴是西逃，而匈奴人则使用了中性的词汇——西迁。

窦宪和东汉王朝永远都无法知道，是他们间接灭亡了西方最强大的罗马帝国。匈奴西迁后，先进入伊犁河流域，但东汉王朝又派兵攻击它，它只好再西迁到中亚的锡尔河流域。它在锡尔河流域驻足时，中国人再次开拓西域，眼看双方又要接触，匈奴立即西迁到今俄罗斯顿河，干掉了当地的老大阿兰国。经过百余年休整，匈奴终于恢复了在中国时的一半力量，渡过顿河，对阵哥特人。哥特人未遇匈奴人时，号称宇宙最强，结果一遇匈奴人，就成了落汤鸡。击败哥特人，匈奴人把南俄草原纳入怀中，有了草原的匈奴人，如同神龙有了水，势不可当。凭借着在中国几百年来的失败的战争经验，匈奴人吊打西方。

公元 395 年，自诩为世界上最强大的国家的罗马帝国分裂为东、西罗马。五年后，匈奴人发动西进军事行动，多次攻入意大利，多瑙河流域的各部落为躲避他们，只得向西罗马帝国腹地进发。公元 410 年，哥特人出其不意地攻陷了西罗马帝国的首都罗马，西罗马帝国遭受灭顶之灾，但仍能苟延残喘。公元 434 年以后，匈奴人在短暂的内战后积蓄全部力量，开始持续不断地攻击东罗马帝国。东罗马帝国只能屈服，成为匈奴的卫星国。公元 443 年，匈奴史上最伟大的领导人阿提拉不满足于东罗马帝国的贡品，再次攻打东罗马帝国，东罗马帝国军队土崩瓦解，和匈奴签订丧权辱国的条约。

公元 452 年，阿提拉兵锋直指西罗马帝国。他率领兵团翻越阿尔卑斯山，攻入意大利。西罗马帝国被蹂躏得生不如死，只好投降，成为匈奴的奴隶国。

几十年后，遭受匈奴人重创而始终不能恢复力量的西罗马和东罗马帝国相继灭亡。匈奴人的西进，是东方对西方的一场决定性胜利。**西方人恐惧地称匈奴人这次西进军事运动为“黄祸”，其闻风丧胆的样子，让人心生悲悯。**

东汉王朝对匈奴的军事打击与再通西域并驾齐驱。西域各国与中国是利益关系，中国有能力保护它们不受匈奴侵害，并给它们利益，它们就对中国俯首帖耳，反之，它们就和匈奴建立友谊。王莽和刘秀时期，中国无暇西顾，匈奴重新做起西域各国的保护国，横征暴敛，引起西域国家的恐惧与憎恨。刘秀做皇帝后，西域各国纷纷请求中国打击匈奴，救它们脱离苦海。

刘秀深知国力未复，让它们按自己的意志选择前途。各国悲叹之余，只好倒向凶残的匈奴怀抱，但它们对慈悲的中国，念念不忘。

西域脱离中国，中国并不怨恨，因为人心在重大利益和灾难面前，不能经受考验。公元 73 年，东汉帝国对匈奴开战，在新疆哈密之战中，军中有个叫班超的将领表现不俗。他以小股机动部队和匈奴一支主力奋战，居然取得大胜，其勇气和临场反应让总指挥窦固眼前一亮。

窦固想到让西域各国重新归附中国的计划，认为班超定能胜任，于是派他出使西域。班超出身史学世家，父亲班彪和哥哥班固都在国家历史馆写史。班固深受家学熏陶，认定史书是真经，历史上的伟大人物才是圣人和神仙，而做圣人和神仙的途径只有一个：用光辉的行动取得成绩和名誉，从而被载入史册。于是他扔掉毛笔叹道："大丈夫当效仿历史上的伟大人物建功立业，怎么能在笔杆子下蹉跎终生？"这就是"投笔从戎"。

**有些人喜欢戎马生涯，并非好勇斗狠，只是因为心中有光，希望能照耀自己和其他人。爱好和平的中国人反对侵略，但不反对正义的战争，一旦有正义之战，他们会如饥似渴地投入其中。**

班超在编写历史的过程中，学到很多临事之策，由此，他不但是合格的人生规划家和史学家，而且是个知行合一的专家，能快速将行动正确地实现。

窦固只给了班超三十六个非战斗人员，他叮嘱班超，西域各国慑于匈奴淫威而臣服，但内心深处对中国仍有感情，能不动刀就不动。班超说："当然。"

他审视西域地图，认为应先易后难，先南后北，也就是先劝服西域南道各国，再解决西域北道各国。在南道，他首先接触的就是鄯善王国（今新疆若羌）。鄯善王国和中国的关系最亲，迫于压力才投靠匈奴。班超抵达鄯善王国后，国王流下久旱逢甘雨的泪水说："终于等到你们了。"班超也流露真情说："好久不见，中国很想念你们。"

于是，双方谈论重新结盟对付匈奴。鄯善王满口答应，可当他看到班超只带了三十余人时，不免疑虑。几天后，班超发现情况有异，首先是工作人员对他们的态度开始变得无礼；其次是伙食越来越差；最后是鄯善王不再露面。

班超通过各种蛛丝马迹判断，必然是匈奴人派了使者来，鄯善王担心中国已不是从前的中国，所以犹豫不决。班超马上强闯鄯善王王宫，在那里果然发现了匈奴使者，一切真相大白，班超就当着匈奴使者的面，发慷慨激昂之词，痛斥匈奴对西域各国的迫害，重申中国的仁慈。

鄯善王脸色惨白，但没有发表任何意见。班超回到招待所后，集合同事开会。同事们很悲观地说："如今只能等鄯善王做决定了。"

班超说："不对，**不能把解决问题的手柄授予别人，要想事情成功，必须抓主动权。**"

同事们说："与中国合作与否，主动权不在咱们这里，而在鄯善王那里啊。"

班超脑洞大开说："对啊，所以咱们要抢主动权啊。我决定，先发制人干掉匈奴使者团，如此就断了鄯善王首鼠两端的念头，让他只能投靠中国。不入虎穴，焉得虎子，欲成大事，必须冒险。这就叫富贵险中求。"

跟随班超来的人全是英雄人物，他们同意班超的见解。当天夜晚，班超率领同事们突袭匈奴使团，将其全部消灭。鄯善王这才下决心，重新归附中国。

鄯善王国的回归在洛阳城掀起狂喜热潮，班超被委以重任，继续开辟西域南道，并带领三千人马再次奔赴西域。临行前，窦固认为士兵太少，欲补充到一万，班超说："三千人足够，多一个都是累赘。"

西域南道有两个强悍的王国，它们是刚取代莎车王国（今新疆莎车）的于阗王国（今新疆和田）和疏勒王国（今新疆喀什）。班超先抵达于阗王国，要它接受中国保护而放弃匈奴庇护。于阗王大笑说："中国当年未对我们的苦求做出回应，现在匈奴帮我取代莎车王国坐上老大的位置，我怎么可以恩将仇报？"

班超也大笑，回到驻地等待时机。匈奴使者得知班超到来，就给于阗王出馊主意说："要班超把坐骑送来杀掉祭祀天地，杀杀他的锐气。"于阗王头昏脑涨地让人去向班超索取坐骑，班超就在于阗王国城外杀掉来人，并声色俱厉地指责于阗王不识好歹，威胁他要为自己的行为付出代价。

于阗王这回傻眼了，他知道班超在鄯善诛杀匈奴使者的壮举，很担心真的惹祸上身，又因为他得到消息，北部匈奴在和中国的战争中连连败北，于是下令杀掉匈奴使者，宣称接受中国的伟大友谊。

于阗王服软，疏勒王兜题得知后马上魂不附体，兜题不是疏勒人，而是被匈奴强行立为疏勒国国王的。班超抵达后派使者去见兜题，嘱咐使者说："疏勒人并不真心效忠兜题这个外来户，你见机行事，如果兜题不投降，马上捉拿，不会引发巨变。"

使者按班超的指示，在面见不肯归附的兜题时突然出手捉拿，班超知道消息后，立即冲入疏勒城，断然取消兜题的不合法统治地位，立了前疏勒国王的侄子为新疏勒王。疏勒国也重投中国怀抱。西域南道诸国见两个老大已改邪归正，马上击杀国内的匈奴使者，向中国送上鲜花和掌声。至此，西域南道被班超顺利底定。

**班超做事，迅疾如闪电，能在最短时间内找到解决问题的有效方法。他知道自己要什么，也知道如何实现心中想法。知道自己要什么是知，实现心中想法是行，班超的行为就是知行合一。**和张骞一样，他敢于冒险，并有冒险成功的本领，集高度智慧和快速行动力于一身，这样的人才在中国数不胜数，但张骞和班超做得最好看。

西域南道诸国全部归附中国后，匈奴惊恐、愤怒。公元 75 年，匈奴兵团大举进攻西域南道诸国。中国在西域投放的兵力有限，不能及时援救各国，导致几个国家再投匈奴，并在匈奴逼迫下进攻设在乌垒王国（今新疆轮台东北）的中国西域总督府，总督陈睦被杀，驻守在疏勒王国的班超孤立无援，形势危急。

东汉政府认为西域各国全是些见风使舵的小人，不值得保护，此时又无法提供保护，于是下令放弃西域，撤回军队。

没有投靠匈奴的诸国极度恐慌，纷纷请求班超留下，为它们提供抵御匈奴的智慧和力量。班超痛恨有始无终，于是做出了他人生中最艰难的选择，抗旨留下，和还相信中国的国家并肩奋战，对付反叛的各国。

经过公元 75 年陈睦被杀后，班超也意识到洛阳方面意识到的问题，有些国家就是犯贱，喜欢在利益面前忘恩负义，莎车王国就是典型。班超未来西域时，于阗王国在匈奴支持下把莎车王国踩在脚下，班超来后降伏于阗王国，并帮助莎车王国恢复力量。莎车王国力量刚恢复一半，就在匈奴的勾引下攻击中国在西域的据点。

班超放弃从前的仁慈策略，决心用武力对付这些叛徒。公元 87 年，班超率领于阗王国武装部队两万余人进攻莎车，莎车急忙向盟友龟兹王国（今新疆库车）求救。龟兹王国联合其他几个反对中国的王国集结五万兵力驰援莎车。

班超以退为进，佯装撤退，诱敌分兵，莎车和龟兹果然上当，班超把它们各个击破，莎车投降，龟兹退散，在西域南道再也没有力量能和班超对抗，西域南道至此被班超二次底定。

班超趁热打铁，向西域南道的老大月氏王国（今新疆伊犁河一带）发起进攻。月氏王国是西域强国，仅次于匈奴，但它很倒霉，遇到的对手是班超。公元 90 年，双方发生大战，班超先败后胜，击溃月氏主力，月氏王国表示臣服。第二年，洛阳方面因班超的无敌战果而取消了对他抗旨的惩罚，任命他为西域总督。公元 94 年，班超总督集结自他到西域以来最强的一次兵力进攻西域北道的霸主焉耆王国（今新疆焉耆附近），双方大战三次，焉耆王国惨败，国王被班超活捉。月氏王国和焉耆王国的失败，让西域北道诸国震恐，五十余国的国王纷纷来拜访班超，踩破了班超家的数道门槛，宣称归附中国，永远效忠。

从公元 73 年初次接触西域到公元 94 年的威震西域南北，班超用二十一年把漂游在中国之外长达半个世纪的西域全部拉回中国。八年后的公元 102 年，班超怀念故土，遂回到洛阳。中央政府用最隆重的礼仪欢迎这位经营西域近三十年、已七十岁高龄的盖世英雄。盛大的欢迎宴会上，班超淡然地对所有人展示他那充满异域风情的微笑，他的人生价值实现了，如当年所愿，他被载入中华史册，成为永远不死的中华伟人。

班超卸任后，东汉政府任命在汉匈战场上屡立奇功的大将任尚接替班超。任尚向班超请教治西域之道，班超告诉他：“西域人唯利是图，不识中国礼法，你只需把控全局，给他们利益，至于那些无伤大雅的问题，可不必过问。”

任尚是军人出身，有着军人一丝不苟的严苛精神，他根本不明白班超对西域人的心理分析，于是出现了好心办坏事的情景。由于不必要的严苛，任尚治理西域几年时间，便引起铺天盖地的叛乱。任尚虽然被调回，但接替者纵然才华横溢，也无法扑灭这场不可阻挡的大火。

公元 123 年，班超的小儿子班勇主动请缨到西域，用从老爹那儿传承的骨子里的英雄气概，通过一系列雷厉风行的军事行动，平定了西域南北道诸国。然而班勇的继任者全是蠢材，根本不懂如何和西域人打交道，不到十年，西域各国纷纷叛变。公元 152 年，和班超有着炙热感情的于阗王国也背叛中国，西域诸国纷纷附和，西域局势遂一发不可收拾，整个西域再次和中国脱离。

英雄人物在人类历史上屈指可数，蠢驴比驴毛还多，此乃真理。如果中国多几个班超，西域绝对不是问题。

这次脱离时间长达六百年，直到大唐帝国时期，西域才再次回到中国。但一百年后，西域再次被崛起的吐蕃王国夺走，第三次脱离中国的时间更长，长达一千年。直到 18 世纪末期，西域才被大清王朝夺回，从此成为中国领土不可分割的一部分。

我们可以从班超和任尚的故事中得出以下信息：**一个人的智商、灵性和情怀至关重要，它们能让人快速看到事情的本质，用极简的方式直奔本质，将其解决。**西域各国的本质就是利，对付它们，给予利益即可，其他都是扯淡。任尚却看不到，这就是班超和任尚最根本的不同。

## 6／

# 羌乱·黄巾军

东汉帝国每天都有战争，东北方是乌桓和鲜卑，西北方是北部匈奴，北部匈奴被打败西逃后，一个被称为羌的民族进来补位。

羌族源于古羌，是中国西部的一个古老民族，汉帝国前，活跃于现在的山西、陕西甚至河南地区，是游牧民族，与汉民族并驾齐驱。它好战，是一个以战死为吉利，以病死或老死为不祥的民族。西汉初期，羌族从西北向西南发展，零散地渗入中国本土，到处为非作歹。中国政府发现它的实力时，它的人口已突破两百万，能投入战场的兵力达五十万。这是个庞大的数字，不可能不引起中国政府的重视。

西汉政府曾命令智慧超群的官员赵充国负责羌族事宜，做事向来稳健、实事求是的赵充国在做了详密的调查后报告政府说："羌人不足为患，他们秉承人多力量大的族训，特别喜欢生孩子（父亲死后，儿子可以娶后母，为的是生孩子）。但他们和匈奴最大的不同是，从来不知团结，擅长窝里斗，人数虽多，但万人万心，一个不知团结的民族注定没有前途。"西汉政府同意赵充国的判断，采用分而化之的策略，让他们在中国西北边境和汉人杂处，按儒家的观念，可以用文化改变夷狄，使夷狄中国化。

然而，**羌人用事实证明了中国儒家那套"怀柔"与"教化"策略的愚蠢荒唐，蛮夷对仁义礼智信油盐不进。中国边境的汉人不但未教化好羌人，反而被**

**羌人同化成了蛮夷。**

为了稳定好战的羌人，中国政府设立护羌校尉（管理羌人的官职），护羌校尉的职责是协调和羌人有关的全部事务，而这些事务的重中之重就是维稳。但羌人的叛乱源源不断，一波未平，一波又起。

面对如火如荼的羌人叛乱，受过儒家教育的士大夫们纷纷指控护羌校尉残暴不仁，所以说，羌人的叛乱不是民族叛乱，而是官逼民反。这是正确的，但只是部分正确，儒家的知识分子总是不承认民族观念，他们只承认官民观念，如果百姓造反，而且不停地造反，那肯定是官员出了问题。

士大夫似乎从没有想过，古羌人不知仁义。只有外戚邓骘一眼看透了事情的本质，公元 100 年时，他在高层会议上指出，自先皇（刘秀）去世那一年（57 年）起，羌人就开始大规模叛乱，短短四十余年，他们叛乱了十次，如果士大夫们认为是官员有问题，那么，四十余年来几十个护羌校尉，难道就没有一个合格的？况且，护羌校尉的人选还是由士大夫推荐的。这足以说明羌人的问题。

士大夫们被撑得青筋直暴，特别是当他们发现邓骘说得完全正确时，更是气急败坏。然而，邓骘虽看透事情的本质，却没有知行合一的能力，他最后想到的办法是，把叛乱最严重的凉州地区设为中国人的禁地，把羌人局限在中国的西北边境地区。

这种策略对东汉帝国而言是饮鸩止渴，羌人在西北地区得寸进尺，肆无忌惮，掀起更狂暴的叛乱。

邓骘方略执行一年后的公元 101 年，羌人的迷唐部落攻击山西晋城，太守侯霸怒气冲天，攻击羌人，骚扰中国多年的迷唐部落瓦解，侯霸对迷唐部落采取鸡犬不留的屠杀政策。第二年，活跃于宁夏固原的羌人烧何部落突然进攻固原，固原政府反击，反击成功后，仍然是灭绝性的屠杀。

这两次对叛乱的羌人毫不留情的屠杀迅速成为东汉政府对付羌人的基本政策，从公元 102 年到公元 169 年的六十七年时间中，羌人掀起的数万人的叛乱有三十余起，东汉政府每次都要投入十万人以上的兵力来镇压。结果是，东汉政府正规军耗费殆尽。公元 169 年，东汉政府命令护羌校尉扫除分散在中国腹地的羌人，双方决战，东汉政府大胜。

东汉政府虽然赢得胜利，却付出了沉重的代价：打仗需要钱，钱从老百姓那里搜刮而来，当老百姓被搜刮干净只剩死路时，他们只能铤而走险——造反。

东汉时期的农民造反别具一格。东汉农民看上去很有知识，打着宗教的旗帜，利用各种迷信组织群众。所以东汉的农民造反大都是教徒造反，最大一次教徒造反发生在公元184年，史称“黄巾起义”，它撬开了东汉王朝灭亡的墓门。

黄巾军的领导者是河北人张角，他的两个弟弟和几个虔诚的弟子组成高层领导者。他的理论来源有三个：第一个是谶纬之学，第二个是佛教，最后一个是道教。

先看谶纬之学。中国有个独特的词叫“经纬”，称赞一个人能力超群时，就说他有经天纬地之才。**“经”是被儒家煞有介事地确定为人生之书的《易经》《论语》《孝经》《诗经》等儒家知识分子的教科书，而“纬”则是附在“经”之后的预言、神话，这种预言和神话就被称为“谶”，合到一起就是“谶纬之学”**（隋文帝杨坚将其全部烧毁，今日我们无缘再见）。说他人有经天纬地之才，大意是，此人神秘莫测（纬），而又良知光明（经）。

我们最熟知的谶语，就是嬴政时代的“亡秦者，胡也”，王莽中后期，一大批儒家知识分子认定的纬书开始出现并渐渐被社会认可，由此成为一种文化现象。由于谶纬文化可以随时发挥想象力临场创造，然后再由自己来解析，所以很多人都喜欢这种头脑风暴，而刘秀把这种自娱自乐的文化带上高潮。

刘秀称帝后祭告天地的文章，就使用了当时流行的谶语。大司马和大司空如此重要的职务，刘秀也按照谶语所言任命。跟随他的那些功臣号称“云台二十八将”，为什么是二十八人，而不是二十九人，也是为了与谶语所说的二十八星宿对应。

公元 54 年，有人建议刘秀去泰山耍威风，官方说法是封禅。但此事过于劳民伤财，被刘秀否决。可两年后，刘秀看到“赤刘之九，会命岱宗”的谶语，马上召开会议商讨此事。他问某大臣：“可明白这句话？”某大臣回答：“我不懂谶语。”刘秀大怒，险些将其斩首，这足见其深信不疑的态度。

刘秀做事，处处以谶语为指导思想，建造房屋，刘秀也拿谶语说事，有大臣稍微表示怀疑，刘秀就要砍他的脑袋。在他的示范和感召下，东汉帝国上下迷恋谶纬之学，几乎走火入魔。当然，这是那个时代的文化特色，每个人都深陷其中，不能自拔。刘秀的劲敌盘踞汉中的公孙述曾得到谶语说：“八厶子系，十二为期。”公孙述说：“前四个字合并是我的姓（公孙），十二期说明我可以当十二年的皇帝。”果然如他所料，十二年后，刘秀把他灭掉。

上有所好，下必仿之，刘秀给东汉帝国定下谶纬基调后，谶纬之学马上下沉到民间，所以东汉的老百姓都神秘兮兮的，每个人脸上都挂着蒙娜丽莎的微笑，这都是被谶纬之学搞的。

张角的黄巾军就充分利用了谶纬之学的影响力，造反之前，到处传播“苍天已死，黄天当立，岁在甲子，天下大吉”的谶语，苍天指的是东汉王朝，黄天（黄帝）是张角的自称，甲子年则是公元 184 年。

张角黄巾军的第二个理论源泉是佛教。佛教是印度宗教，属于外来户。东汉第二任皇帝刘庄在位时曾梦到一小金人，浑身发光，玄妙灵异。醒来后急忙咨询学问高深的大臣。有半仙大臣就告诉他，这是西域某地一个被称为“佛”的神仙。刘庄于是派人到西域求这个神仙。公元 67 年，特派员带回来两个高僧（摄摩腾、竺法兰）和一匹白马驮着的佛教经典。刘庄不知为什么，突然就对佛教经典着了迷，下令在洛阳建造名为白马的寺庙，招待那两位高僧。之后，佛教经典被整理成通俗语言开始在民间传播，举国皆知。

佛教受万众瞩目时，中国本土的道家知识分子大为恼火，他们发现佛教的很多思想和道家的差不多，诸如空虚、无为等，于是道家知识分子和一些信奉道家的不入流方士认为国货当自强，效仿佛教的做法，将道家思想通俗化并传播到民间。为了争夺教众，道家人摒弃了佛教不重视今生的观点，采用最接地气的方式，通过炼丹、捉鬼、画符保佑人生等现实手段，赢取教众。这种方式直指人心，道教的民间影响力很快和佛教旗鼓相当。

张角出身贫苦，但好学不倦，接触佛、道二教后，深受震撼，于是良知顿明，迅速开悟。他一面传教，一面用各种偏方给人治病。道教大亨们一致认定，人的疾病起于邪祟，邪祟能来，是因为病人的道德出了问题，也就是说，疾病是对违反道德规范和礼制者的惩罚。病人要明白一点，自己之所以得病，是因为神仙对犯错的凡人进行了惩罚，若想痊愈，必须悔悟和忏悔。这就是信仰疗法，对于当时缺少药物的大众而言，实在是灵丹妙药。而忏悔大会由上天指定的人来主持才会发生奇效。无疑，张角就是上天指定的人。

张角把谶纬之学和佛、道二教思想融会贯通，某天突然从梦中惊醒，对着他的教众道："我乃弥勒佛和张道陵（张角的前辈，道教大佬）同时转世。"教众们全部跪下说："厉害啊，我们听您的。"由此，张角成为佛、道二教的转基因品种。处在水深火热中的百姓找到活下去的寄托，纷纷投至其门下，公元183年时，张角手下已有数十万饥饿的门徒。这是个让政府惊恐的数字。

张角说自己是佛、道二教大亨的转世，证明了中国人对待宗教的态度。这种态度就是：所有的宗教神都必须为我所用，如果不能为我所用，不能为人民服务，那中国人就会将其抛弃。这种对宗教的态度以及行动来源于中国人对神仙出处的看法，中国人的神仙是由姜子牙封的，而姜子牙只是个普通的人。所以，**人定胜天，神的作用是帮助人战胜天，而不是凌驾于人之上。**

公元183年年末，张角胆大包天，派心腹潜入首都洛阳，联络潜伏在宫中的内鬼宦官，约定日期，准备打开宫门，来个斩首行动。不幸的是，张角身边突然有叛徒向东汉帝国告密。东汉帝国大吃一惊，张角也大吃一惊，两方力量慌里慌张地同时行动，战争开始。

张角快速武装其门徒，向东汉地方政府发动袭击，他们用黄巾（代表黄天）包裹头部，所以称为黄巾军。由于张角仓促起兵，其士兵没有经过军事训练，再加上东汉政府调派常和羌人作战的、最能打的凉州兵团进行围剿，所以这场暴乱仅维持了十一个月就被绞杀。

张角似乎有着出色的组织能力，他把全国教众分为三十六个部分，名为"方"，每方九千九百九十九人，"方"是方术的意思，九千九百九十九人是秉承老子“水满则溢”的知足之道。张角此举，是希望为组织施法，让它们成为神兵兵团。但组织能力和战斗力是两回事，张角迅速败给凉州兵团，这告诉了我们一件事：**业余就是业余，只有专业才是专业，永远别用自己的喜好去挑战别人的饭碗，否则会死得很难看。**

黄巾军像野火一样，火势突然蔓延至天下，又突然像沙堆一样，被东汉帝国凉州兵团的飓风吹散，有些过于戏剧化。但它还是撬开了东汉王朝的墓门，门才开了个缝，一个肥如圆球的人就迫不及待地来踹门。他就是凉州兵团的首领董卓，是黄巾军催生的畸形儿。当然，黄巾军还催生了一个英雄人物，他就是名动中华世界的曹操。

董卓要踹门，曹操则死守墓门，初心不改地守了几十年。

# 7／
# 董卓之乱

董卓生于甘肃一个地主家庭，后来做官，运气极好的他遇到东汉帝国羌乱高潮，他靠与生俱来的军事天赋，在羌乱中锻造了自己和他的兵团。黄巾军造反后，东汉政府无力调动其他兵团，只能命令董卓去镇压。在镇压黄巾军的过程中，董卓和他的凉州兵团快速成长，天下无敌。

董卓不是主动来踹东汉王朝墓门的，而是被邀请来的。邀请他的人就是外戚何进和士大夫代表人物袁绍。袁绍家族四代出了三个国家最高行政长官和名誉顾问，祖坟青烟直冲云霄。

东汉政府消灭黄巾军后，敏锐地发现了董卓的才能，当然这种才能也是实现其野心的基石。于是，中央政府命令董卓进京，做没有实权的宫廷供应部长（少府）。

董卓虽然胖得像头猪，但智商要比猪高出很多，他当然明白这是中央政府的卸磨杀驴，于是拒不接旨。东汉政府好不容易干掉了羌人和张角这两股反叛势力，已是气喘吁吁，根本无力对付董卓这个叛徒，所以只能眼睁睁看着董卓抗旨。董卓又用重金收买皇帝刘宏身边的宦官，要他们在中央政府为自己说话，在宦官的帮助下，董卓继续在凉州过着吃肥肉、喝美酒的神仙日子。

公元 189 年，刘宏去世，长子刘辩即位。何皇后的老哥何进突然头脑发热，决心重启绝迹多年的外戚、士大夫联合阵线，铲除宦官。外戚窦武和士大夫联合消灭宦官的计划失败后，无论是外戚还是士大夫，都把诛杀宦官视为不祥的举动，没有人再敢提议。何进重提联合阵线，附和者寥寥无几。这说明，宦官把士大夫和外戚的胆给吓破了。

何进秘密联络帮手，终于找到了一个还没有被吓破胆子的士大夫，此人就是袁绍。袁绍出身世家，门庭广大，从他曾祖父起，家族势力就赫赫有名。袁绍不喜欢靠祖先牌位吃饭，想要独立干点事，于是与何进一拍即合。

何进得到袁绍的支持，马上进宫面见妹妹何太后，把他和袁绍联合铲除宦官的计划和盘托出，何太后犹豫不决，何进出宫后对袁绍说："女人就是难以成大事，还是要靠咱爷们。"

两人开始谋划，他们都知道以张让为首的宦官群体现在控制着小皇帝刘辩，如果在诛杀宦官的过程中，宦官拿刘辩做挡箭牌，他们会投鼠忌器。两人困在思维迷宫中，无法突破。

突然有一天，何进脑洞大开地对袁绍说："可以请董卓进京诛杀宦官。"

袁绍一拍大腿，兴奋地说："我怎么忘了那个肥猪。"

如你所知，**脑子是个好东西，有人永远带着，有人把它留在梦中，还有人把它留在了娘胎里。**何进、袁绍属于第二种，他们只有在睡觉时，智商才正常。

何进是杀猪出身，脑子不好使很正常，袁绍贵为世家大族之后也没高明多少，他非常赞同何进引董卓进京的奇思妙想。袁绍的谋士陈琳冷静地警告两个糨糊脑袋说："董卓手握重兵，早有觊觎中央政府之意，你们倒好，居然给他这样的机会。对付宦官，一个法官就够了，非要让董卓进京，恐怕能发不能收。"

后来的事证明，陈琳智商超群，洞察力精准。但这是事后诸葛，从陈琳这段话来看，他脑中的糨糊不比何进和袁绍的少。宦官掌控兵权，皇帝又受其控制，法官根本无法进入其势力范围，所以陈琳张口就能说出计策只是当时儒家知识分子满嘴跑火车的一个惯常表现。如果宦官那么容易对付，早就被铲除了，还用等到何进和袁绍？

董卓在凉州正对着大好阳光晒肚皮，突然得到通知，何进和袁绍要他带兵进洛阳扫除君主宝座上的垃圾（宦官），他乐不可支。他从平定黄巾军叛乱后就有个理想，那就是再为王朝出力，建立更大的功勋，做到立己达人。何进和袁绍就是他的再生父母，他立即集结凉州兵团，昼夜奔驰，很快挺进到距洛阳直线距离九十公里的渑池（今河南渑池）。凉州兵团战鼓震天，洛阳郊区的人听得一清二楚。

何进突然清醒过来，他发现事态严重，于是以皇帝之名令董卓原路返回。董卓正疑虑时，袁绍却极力劝说何进："斗争已开始，物有本末，事有终始，当断不断，必受其殃。应立刻要董卓进京。"

何进有生以来从未如此清醒，他对袁绍说："董卓兵团有数万人，杀几个宦官用不了这些。我现在可以以皇帝的名义任命你为司隶校尉（大名垂宇宙的李膺曾任此职），你可控制卫戍部队，见机行事。"

袁绍对何进的态度表示怀疑，他拿到司隶校尉的大印后，以自己的名义给董卓送信，要他立即带兵进洛阳。董卓被何进与袁绍大相径庭的态度搞得头昏脑涨，他不明白洛阳到底发生了什么，还没有搞定对手，外戚和士大夫联合阵线就开始分裂。

但形势发展已不容二人再有讨论磨合的时间，董卓大军距洛阳不到一百公里，何进和袁绍忙得四脚朝天，宦官们耳目众多，早已知晓。如果没有董卓大军，宦官们不至于慌张，他们多年来和外戚、士大夫斗争，非常清楚对方那点三脚猫功夫，可他们从来没有和手握重兵、不听中央政府命令的人打过交道。

宦官带头大哥张让集合宦官们说："何家能有今天，我们出力不小。如今他何进却忘恩负义，如果我们不铲除这种人，天下人竞相效仿，恐怕价值观将崩塌。"

宦官们咬牙切齿道："必须维护天下价值观。"

何进提前穿起了寿衣。几天后，张让以何太后的名义召何进进宫。何进恍恍惚惚地进宫，就在宫中，他被宦官捉拿，张让训斥何进说："天下大乱，都把责任推到我们宦官身上，你们外戚就没有责任吗？况且当初你妹妹（何太后）和先帝闹得不愉快，是我们向先帝求情，才有你何家的今天，如今你却要铲除我们，真是猪狗不如。”

何进无法争辩，立刻被杀，宦官把他血淋淋的人头扔出宫外，袁绍看到同伙的人头，心惊肉跳，智力突然恢复，宣称张让谋反，并调动禁卫军猛攻皇宫。

宦官们本来掌控着军队，然而袁绍突然袭击，把他们困在宫中，他们不能调动宫外部队。在死守了三日后，张让只好挟持皇帝刘辩在深夜逃出皇宫，向北方逃亡。抵达黄河渡口小平津时，袁绍的追击部队赶到，张让拿出了人类的情怀，向小皇帝刘辩叩头后，跳入黄河。

张让死后，袁绍在洛阳城中对宦官群体斩尽杀绝，甚至没有胡子的人也遭到诛杀，两千多个宦官命丧黄泉，这里面当然有无辜的宦官被同类牵连。或许，这就是人生，佛教的人说，它很无常。至此，中国第一个宦官时代结束。它结束得如此痛快，让正奔赴黄泉的何进大为诧异，更让活着的袁绍莫名其妙。两人此前废寝忘食、郑重其事地讨论诛杀宦官，认为这是个超级大工程。想不到行动起来后，发现这是小儿科。很多时候，我们夸大了事情的难度，根本原因就在于，我们没有快速行动，否则一旦行动，马上就能有所收获。

刘辩在那个黑夜被袁绍的部队救回时，董卓在那个黑夜做了个美梦，他梦到皇帝给他驾车，醒来后，他让谶纬之士解释此梦。谶纬之士告诉他：“这是让你进首都，其乐无穷。”

董卓大叫一声，率领人马斩关而入洛阳。两天后，董卓亲自把刘辩扶上龙椅，然后请袁绍等官员在洛阳城外检阅他的部队。凉州兵团在阅兵式上喊杀声震天，袁绍等人吓得面如土色，董卓把洛阳大权牢牢掌控在手中，开始表演他人生中最耀眼的篇章。

董卓的能力和成就都在战场上，对于政治，他是个彻头彻尾的门外汉。不过，有时候信心是他人给予的。董卓发现洛阳城中的士大夫都因他而噤若寒蝉，立即感觉到自己的伟大。于是，他开始了自己异常陌生的政治表演。

不过，他第一步做得可圈可点，那就是让别人知道他的头衔，**这是所有政治家和野心家的必经之路：先用力量建立威望，至于别人从心底认可他的事，**

**以后再说。**建立威望的手法就是废掉别人眼中的最高权威。董卓把刘辩叫来，问他："国家怎么沦落至此？"

刘辩不能回答。董卓就叫来刘辩的弟弟刘协，重复这个问题。刘协说："内鬼外敌，所以至此。"内鬼是士大夫、外戚和宦官；外敌是羌人和黄巾军。

董卓大喜道："你才是合格的皇帝。"于是，他以刘辩的名义颁布诏书说："我的智力不能处理天下事，弟弟刘协聪明绝顶，是董卓心仪的皇帝人选，所以我退刘协（汉献帝）上。"

洛阳全体官员哗然，董卓不管，亲自任命自己为全国武装部队总司令，接着又把两汉王朝失传几百年的相国头衔（两汉王朝只有三任相国，萧何、曹参、吕产）搬出扣到自己头上，现在，董卓成为东汉帝国的最高军政长官，他自称帝国保护神。

董胖子以绝对的军力废掉皇帝，并没有引起激烈的反对，因为东汉帝国史上，皇帝都身不由己，要么被外戚所立，要么被宦官所立，在很多人看来，废个皇帝远不如当年梁冀毒死个皇帝的罪恶大。所以说，董胖子第一步没有错，但第二步错得太离谱，以至于把自己推进万丈深渊。

刘协说东汉政治混乱，主要由外戚、士大夫和宦官的吵闹引起，董卓赞同。他不理解政治平衡的道理，决定把这三种势力全部铲除。宦官不劳他动手，早已死绝。董卓先瞄准外戚，他把何进一族全部诛杀，毒死何太后，甚至把已入土为安的何进弟弟何苗从棺木中挖出，扔到大街上让野狗撕咬。然后他把矛头对准士大夫。董卓不明白的是，东汉政府始终衰而不死，就是一批士大夫官员在勉力支撑。他让士大夫们主动卸职，士大夫们哭天抢地，董卓就对他们挥起屠刀，士大夫的顶级代表袁绍慌忙跑出洛阳城，然后集结地方官员反对董卓。

很快，董卓就发现了自己的愚蠢，袁绍在东方集结起假装效忠东汉中央政府的地方官，组成讨董（讨伐董卓）联盟，声称要进攻洛阳，活剐董胖子的一身肥肉。

董卓心惊胆战，在洛阳城无法正常入睡。其实他不知道，那些联盟成员都各怀鬼胎。比如冀州州牧（军政长官）韩馥就在参加讨董联盟前向参谋征询意见说："我是帮袁绍还是帮董卓？"

他的参谋回答他："什么帮袁绍还是帮董卓，咱们起兵是为了国家。"

韩馥琢磨了一会儿才说："那应该先帮袁绍，董卓控制皇帝，是国家的敌人。"

参加讨董联盟的各地军政长官其实都是这个心思：先站队再说。至于是否为国家起兵，那要骑驴看唱本。

讨董联盟虽按兵不动，但声势浩大，董卓心神不宁。他决定先发制人，装腔作势地集结军队要攻击那群乌合之众。军队集结完毕，正要向东方进发时，董卓突然摇晃着肥头大耳说："我犯得上和这群叛徒一般见识吗，惹不起，我还躲不起吗？"

董卓的心腹马上附和说："东方不是您的吉位，咱们回凉州。"

董卓大骂道："纵然手无寸铁被狼追击，也不至于跑回老家，先去长安，看看再说。"

公元 190 年三月，董卓以皇帝刘协的名义发布诏书说，相国董卓力挽帝国于既倒，想不到袁绍等人叛离中央政府，还要进攻首都洛阳。董相国为天下百姓着想，辅佐皇帝西狩。那些叛徒自然有老天收拾。

离开前，董卓把洛阳城所有的富豪集中起来屠杀，把他们的金银财宝装上马车，再逼迫数百万洛阳市民跟随他上路，然后放了一把火，将洛阳城付之一炬。刘秀建东汉后苦心建设洛阳，如今，董胖子把它变成火海。从此，以洛阳为首都的东汉中央政府成为镜花水月。

以长安为首都的东汉中央政府很快步其后尘。董卓到长安后，让王允帮他处理政事。王允本是何进的心腹，何进全族被董卓杀掉，王允侥幸不死，并识时务地投靠董卓，然后全身心地谄媚董卓，终于得到董卓的信任，董卓放心地把皇帝刘协和长安交给王允，他自己则躲进奢华的郿坞，天气晴朗时就跑出来躺在胡床上晒肥嘟嘟的肚子，天气阴暗时，就回到房间在美人群中左拥右抱。

当时的天下十分怪异，以董卓为相国的中央政府在长安城醉生梦死，以袁绍为盟主的讨董联盟整日歌舞升平。**双方始终在打嘴仗，董卓说讨董联盟是叛徒，讨董联盟则指控董卓挟持天子，更是叛徒。直到骂得口干舌燥，双方才懒洋洋地进入战场，战斗还没开始双方就同时宣布结束，整个中国稀奇古怪。**

在这种难以忍受的稀奇古怪中，中央政府发生了巨变。董卓和世界上大多数胖子不同，大多数胖子脾气温和，董卓恰好相反，尤其是被迫退守长安后，他每天像吃错药一样，总是突然发怒，一发怒就动刀，一动刀，身边就有人人头落地。

董卓也知道自己的性情会引来危险，所以常常把他的义子、皇家指挥官吕布带在身边。吕布武艺超群、力大如神，只要他在董卓身边，没有人能杀得了董卓，除了他自己。

这种情况下，王允终于冒出头来，他对亲信说："我谄媚董胖子，是为了曲线救国。如今机会到来，只要能搞定吕布，就能干掉董胖子，中央政府将恢复权威。"

要策反吕布，就必须全面了解吕布。王允通过各种详细调查，知道了吕布好色，董卓也好色。王允计上心来，决定实施千古一计：美人计。他先把干女儿貂蝉介绍给吕布，正当吕布陷入爱河不能自拔时，王允又突然把貂蝉介绍给董卓，并且神情悲伤地对吕布说："董卓非要抢貂蝉，你是男人不？"

吕布叹息说："董卓是我爹。"

王允说："爹个鬼啊，你姓吕，他姓董，朋友妻还不可欺呢，何况是儿媳？"

吕布垂涎貂蝉美色，被王允激得怒发冲冠。他拎起拿手武器方天画戟冲进董卓房间，董卓看到吕布的怒容，马上明白了是怎么回事，口不择言地重复喊着一个名字："貂儿，貂儿……"

如你所知，这是貂蝉的昵称，吕布听到这里更是怒不可遏，直接把董卓刺成了马蜂窝。

董卓一死，王允立即控制长安大局。他马上施展政治才能，以皇帝刘协的名义宣布大赦天下，恢复帝国权威。对于东方的讨董联盟成员，王允表现出一个合格政治家的高度智慧，他不但没有训斥这些人，反而表彰他们反抗叛徒的忠心。

但王允太小瞧这些人了，**他们根本不希望中央政府恢复力量，这段时间的无限权力让他们喜欢上了没有拘束的日子**，他们又指控王允操纵皇帝刘协，把王允定为董卓第二，现在，王允又成了叛徒。

王允气急败坏，更让他气得死去活来的还在后面。董卓被杀后，其得力部将牛辅也被部下所杀，这个部下还提着他的头来长安邀功。王允重赏这样的叛徒，但牛辅的部将李傕、郭汜在王允大赦天下后有杀王允老乡的罪行，两人请求王允再搞一次大赦，王允的脑袋马上不灵了，他说："朝廷政令严肃得很，刚搞完大赦不到一个月，怎么又搞？这显然是蔑视中央权威。"

李、郭二人大笑说："什么狗屁中央权威，这些年被蔑视得还少吗？那我们就再来一次！"

于是，两人纠集残兵迅速攻陷长安，把王允斩首，并借皇帝之名宣诏镇压以王允为首的叛徒，长安城和当初的洛阳一样顿时成为血窟。

东方各军政长官们对李、郭二人的表现似乎很满意，如此，他们拒绝回归中央政府就不需要任何理由了。李、郭二人和另一个同伙开始轮流做起中央政府的执政官，好不快活！然而，没有文化和理想的团队注定不能长久，三年后，李、郭等人内讧，在长安城中火并。

董卓迁都长安时，长安人口有五十万，经过李、郭等人的内斗，长安城渺无人迹，成为人类禁地。老天看到如此惨状，都要偷偷落泪。皇帝刘协适时地请求刚打了一场胜仗的李傕说："能不能你打你们的，我去洛阳躲清闲？"

李傕不许。刘协说："你们现在打架，也不挟持我，我成了废物。你们养着个废物做什么？我走，还能带走一大批人，如今粮食紧张，我们离开，岂不是给你节省开支？"

李傕还是不许。刘协就带着他的臣僚团队玩命吃喝，最后，李傕发现了问题的实质：刘协已没有价值，如同被榨了一万次的橙子，什么都榨不出来。于是，李傕痛快地将其释放。

在一批还效忠中央政府的官员的协助下，刘协狼狈地跑出长安城，他们不敢走大路，担心碰到民变，所以像做贼一样，在黑夜翻山越岭，历尽千辛万苦，终于回到阔别已久的洛阳。洛阳已成废墟，当年最繁华的大街荒草萋萋，如同原始森林。洛阳城被董卓烧毁后，无人建设。刘协的皇家会议，只能在废墟上进行，开会的场景好像丐帮大会。刘协团队缺衣少食，只能靠卖官缓解生存压力。卖的官数目惊人，导致官印雕刻工加班加点，累死了好几个。有时候缺少工人，刘协就和他的官员们迅速顶上，这种共苦之情，刘协没齿不忘。

刘协多次向各地拥兵自重的军政长官们乞讨，只有董卓之乱后兴起的一支义军的首领韩暹亲自运送粮食抵达洛阳，韩暹只能保证刘协活着，至于改善生活质量，他无能为力。

刘协对各地军阀们的表现很失望，经常偷偷落泪。他心里明白，失去了皇权的皇帝好像是失去了牙齿的老虎，无法命令任何人。已混成中国最大军阀的袁绍就毫不讳言地宣称：“我不能搞个皇帝招牌来作茧自缚啊。”

刘协过起乞丐生活，日夜盼望有人来帮他，每个夜晚都焚香祷告。结果他的祈祷还真感动了上天，曹操来了。

# 第二章

# 东汉之后是三国

# 1／
# 官渡之战

真实的曹操家世显赫，父亲曹嵩是大宦官曹腾的养子，曹腾从喜欢卖官的皇帝刘志那里买了个大官，这个官职保证了曹家的崛起。

曹操天赋异禀，才智超群，十几岁时就被有识之士称为“治世之能臣，乱世之奸雄”。不过曹操年轻时不需要凭借才能，仅凭借家族影响力，就被推举为官（来自司马懿老爹司马防的推荐）。曹操二十岁时担任洛阳北都尉（洛阳北区治安官），执法严厉，专门对宦官下手。皇帝刘宏宠爱蹇硕，蹇硕的叔叔违法，但罪不至死，曹操草草审讯，马上将其处死。蹇硕向刘宏告状，刘宏只好安慰他说：“曹操这种臭狗屎，你踩他干吗，还是算了吧。”

曹操诛杀蹇硕叔叔一事足以说明，士大夫官员如果毫无私欲地对付宦官，每次都不会失手。但那群士大夫满腔私欲，对付宦官不是目的，取得天下皆知的名气才是目的。

外戚窦武和士大夫陈蕃被诛，曹操上表为二人鸣冤，蹇硕派人告诉他：“我叔叔才冤呢，你这个臭狗屎。”

敌人眼中的臭狗屎，就是战友眼中的香饽饽，曹操因此声名鹊起，名满天下。黄巾军造反后，曹操奉命讨伐，在战场上把自己锤炼成了英雄人物。后来董卓进洛阳城，搅乱朝政，曹操见中央政府大势将去，就从洛阳逃回老家。途经今河南汜水镇访老友吕伯奢，想讨口饭吃，结果老吕不在，其五个儿子得知董卓正在通缉曹操，无论曹操是死是活，抓住就有赏。他们又看到曹操长相如憨蠢木桶，所以决定干掉他。

但曹操如有神助，发现了敌人的阴谋，先下手为强干掉五人，临走前留下千古名言："宁可我负天下人，不可天下人负我。"这句名言由此成为曹操后半生的行动哲学，保佑着他和名存实亡的东汉帝国。**"我负天下人"，是抓主动权，不能有"天下人负我"的被动情况出现。**人若要做大事，曹操这句话，就是行动指南。

曹操回到家乡后，在很多富商的资助下组建起一支五千人的部队，并加入袁绍主持的讨董联盟。联盟成员要么是地方军政长官，手握重兵；要么是高门世家，有钱有兵有粮。只有小胖墩曹操实力最弱，所以他总被轻视。不过他不为所动，在和袁绍的一次谈话中，他直抒胸臆说："要恢复中央政府权威，重塑帝国。"袁绍撇着嘴告诉他："冒进乃失败之母。"

曹操看清了袁绍一干人等的嘴脸，双方的价值观截然不同，他喜欢行动，而且是高效地行动。在董卓被吕布刺杀前，他多次向董卓发动进攻，败多胜少。众人都嘲笑他不自量力，他却告诉这群废物，只有不停地行动，才能掌控主动权。

公元 192 年，死灰复燃的青州黄巾军攻入兖州，兖州方面不能抵抗，遂向袁绍求助，袁绍拒绝救助。曹操发现了这个"事上练"的机会，主动带兵奔赴兖州，在他一番软硬兼施的操作下，三十万黄巾军投降。他从中挑选精锐建其发家之本——青州兵团。

在当时，除了董卓的凉州兵团，最能打的就是曹操的青州兵团。凭借这柄锋利的宝剑，曹操斩杀不服从他的对手，很快势力壮大起来，最后他把根据地建在许县（今河南许昌），静听天下风声。

公元 196 年，洛阳城中的皇帝刘协和他的大臣们吃素吃得两眼通红，耳朵向上生长，最恐怖的是嘴巴开始向三瓣发展。刘协呼唤各路军阀，没有人搭理他。只有又矮又胖的曹操乐颠颠地来了。

**曹操迎接刘协这步棋，不但充满了大智慧，而且证明了其良知光明。刘协**

**代表的东汉帝国已经是空壳，只看到眼前利益的人根本看不到刘协真正的价值，只有曹操看到了。**这是他的大智慧，但大智慧的前提是他有良知，他认为天下大乱的原因是皇权衰落，倘若能振奋皇权，天下百姓就不会受苦受难。正是这种为天下人所思所想的心，让他做出了救济刘协的光辉行动。

世界上有两种人，一种是好人，一种是坏蠢人。好人可以知行合一，坏蠢人的蠢和坏是同时存在的，正如知和行是同时存在的一样。像袁绍这种人，因为蠢，所以没有看到刘协的价值，又因为坏而拒绝救济刘协。坏蠢人永远不会如曹操那样做到知行合一，这是他们无法成事的关键所在。

胖嘟嘟的曹操带着和善的笑容抵达洛阳后，用最隆重的礼节拜见刘协。刘协自做皇帝起，从未受过如此大礼，对曹操的敬重和怜悯感激涕零。曹操对刘协说："洛阳残破不堪，已失其首都资格，不如去许昌。"

刘协对被迫迁都经验丰富，只能同意曹操的意见。大队人马出洛阳城时，正是黄昏。刘协看着地平线上即将消失的阳光问曹操："我们往哪里走？"

这句话是哲学之问，刘协问的是前途，曹操回答他："往哪里走不重要，重要的是要走！"

曹操说得完全正确。**情况模糊不明时，制订计划固然重要，更重要的是立即行动。**

中央政府在曹操的主持下迁都许昌后，马上建立宗庙社稷，恢复汉朝制度，改元建安，同时实行屯田制，发展生产。将来是什么样子，曹操不管，他只关注当下。刘协是靠曹操吃上饭的，于是任命曹操为丞相，由他掌管中央政府一切军政事务。在埋头苦干几年后，曹操以皇帝刘协的名义颁布圣旨给各路军阀："你们这群吃饭砸锅的孙子，董卓之乱后就脱离中央，见死不救。现在若能改邪归正，回归中央政府，则既往不咎。否则，必讨伐之。"

当时背叛中央政府的军阀有近二十个，天下十分，以曹操为首的中央政府只占一分。军阀们轻视这个弹丸般的中央政府，拒绝回归。不但拒绝回归，割据安徽的袁术头脑一热，竟然胆大包天称帝。中央政府不能容忍这个叛逆，公元 199 年，曹操倾尽全力终于击败袁术。元气大伤的袁术只得取消帝号，躲避起来。

袁术的失败并未让其他军阀得到任何教训，已拥有四州（幽州、冀州、青州、并州）的袁绍突然宣称曹操挟持天子罪大恶极，集结十万部队赫然下令进攻中央政府所在的许昌。曹操欣然接受他的挑战。

许昌方面，众臣被吓得魂不附体。皇帝刘协问曹操："我们能集结多少部队？"曹操回答："没多少，但对付袁绍，不需要太多部队。我了解袁绍，他志大才疏，外强中干，没有威信。士兵虽多，却是一盘散沙。政令不出他卧房。"

刘协看曹操说得如此轻松，只能相信他的话。公元 199 年阴历九月，曹操开始谨慎地布置战场，派出一部分精锐驻守官渡（今河南中牟县东北鸿沟渡口），这是袁绍攻许昌的必经之路。

袁绍从公元 199 年年末陆续向官渡增兵，同时想到自己当年组建"讨董联盟"的伟业，于是如法炮制，邀请各路军阀讨曹操。让袁绍大失所望的是，振臂一挥、群雄云集的时代一去不返，没有人来支援他。袁绍虽然生气却不恐惧，他认为已把曹操吃到嘴里，战争只是咀嚼消化而已。

曹操方面的确压力巨大，他不能如袁绍一样把兵力全部投入官渡战场，还要留出一部分兵力防卫许昌，以免有些小人趁他和袁绍大战时偷袭。双方兵力过于悬殊，看上去袁绍已胜券在握。

既然胜券在握，袁绍就不着急决战。他开始在官渡外围扫荡曹操的据点，稳扎稳打地一个个拔除。曹操困在官渡，物资急剧消耗，一筹莫展。随着袁绍全部兵力集结到官渡，曹操的心理防线出现裂痕。他请教效忠他的天下第一谋士荀彧："可否把前线部队后撤到许昌，引诱袁绍深入？"

荀彧指出："袁绍把兵力集中到官渡，就是想和你决战。如果你后撤，必然军心不稳。袁绍的格局不过是邻家老农，你绝对可以战胜他。"

这是典型的心理安慰，但曹操只能接受这种安慰，他无路可走。袁绍的军粮源源不断抵达官渡前线，士兵一日数次发动进攻。曹操无法支撑，只好把许昌的防卫部队陆续调来官渡，这是极大的冒险。袁绍的谋士许攸就建议袁绍："绕过官渡直攻空虚的许昌，拿下许昌后再前后夹击官渡的曹操，曹操就成了瓮中的王八。"

袁绍拒绝许攸的提议，他说："我要先捉住曹操，以解我心头之恨（袁绍和曹操是从小玩到大的朋友，智商不足的袁绍常常被曹操捉弄，袁绍大概是恨此，又或者是曹操把皇帝挟持到许昌，而他却没有先行一步，所以深恨曹操）。"

许攸背地里叹息说："袁绍这个糊涂蛋，如此大事，居然掺杂私愤，必然失败。"

有人把许攸的话告诉袁绍，袁绍气冲牛斗，但他不能处置许攸，因为他多年来一直顶着"礼贤下士"的破帽子。然而许攸晦气，他家人在此时犯了法，许攸认为这不是什么大不了的事，就去向袁绍请求释放家人。袁绍气不打一处来，训斥许攸齐家不力，许攸大怒，自尊心受到强烈伤害，一激动就投了曹操。

据说有人把许攸到来的消息报告给愁眉不展的曹操时，曹操兴奋得一跳三丈高说："许攸不离袁绍半步，如果离开，那就说明跟袁绍闹翻了，此来，必是投我！"

他手舞足蹈得连鞋都未穿就冲出军营。一见许攸，他便如获至宝，抱起许攸来了个原地旋转舞。

许攸铁了心要帮他，于是问他："你还有多少军粮？"

曹操伸出一根手指说："还能支撑一年。"

许攸站起来就走，曹操慌忙拦住他。许攸说："我来帮你，你没有诚意。"

曹操说："还能支撑半年。"

许攸气笑了说："你不想击败袁绍了？为什么总撒谎？"

曹操只好下定决心说："只能支撑一个月了。"

许攸说："想要我帮忙吗？"

曹操故意夸张地问："您是来帮我的？"

许攸坐下，冷笑道："凭你的智商，难道不知道我来的目的？袁绍的粮库在故市、乌巢（都在今河南封丘县），老袁并没有派重兵把守，如果你能烧了它，不出三日，袁绍兵团自然解散。"

曹操大喜过望，当夜就调遣精锐，组成一支步骑混合部队并亲自带领，改用袁绍兵团的旗帜，在夜色掩护下，专找小路走。抵达乌巢后，曹操下令趁风纵火，大火迅速燎原，袁绍守军要救，全被曹操部队击溃。袁绍辛苦囤积的粮食化为乌有。

冲天火光惊扰了袁绍的美梦，他惊醒后得知粮库被烧，勃然大怒，命令兵团进攻官渡，快速决战。然而曹操早有准备，一面命人在阵前散播袁绍粮库被烧的消息，一面让士兵使出吃奶的力气抵抗。袁绍军心动摇，曹操趁势反攻。袁绍各兵团陆续溃败，一连串无情的噩耗传到袁绍大本营，袁绍唉声叹气，换了士兵服装，渡过黄河北逃，这就是袁绍挑战中央政府的官渡之战，以曹操为首的中央政府获得全胜。

**官渡之战带给曹操的不仅是袁绍的辎重，以及袁绍再也无力挑战中央政府的事实，更重大的意义是，诸多军阀发现曹操主持下的中央政府恢复了力量，从前他们嚣张跋扈，拒绝回归，以为中央政府还是从前的草台班子，现在突然意识到，中央政府的权威已复原，他们的好日子不多了。**

中央政府丞相曹操趁战胜袁绍的余威，开始大杀四方。中央政府迁都许昌时，天下共有叛乱的军阀十七个，北中国尤盛。在曹操不卸甲胄、东征西讨数年后的公元 208 年，他终于如愿以偿地扫平北中国的军阀，统一北方。

皇帝刘协已从当初登基时的八岁小儿成长为二十七岁的翩翩佳公子，但在长期的有皇帝之名、无皇帝之实的岁月中，他对曹操恨之入骨，然而又不能离开曹操。正如曹操所说："那群叛徒说我挟天子以令诸侯，其实是天子依我令叛贼。中央政府没有我，不知又出多少叛贼。"

曹操说的是实话，却有些托大，即使有他在，背叛中央政府的人也多如牛毛。纵然没有力量，他们也要和以曹操为首的中央政府对着干，还美其名曰是和权臣曹操对着干。

其中的佼佼者，就是刘备。

## 2／刘备与后浪孙权

中央政府的对手数不胜数，驰骋河北的公孙瓒、把游击战发挥到极致的吕布、辽东大佬公孙度、凉州的马腾等都是曹操的眼中钉，至于袁术、袁绍更不必说，曹操用尽全身力气才将他们打倒。不过和中央政府僵持到最后的却不是这些大佬，而是名不见经传的刘备和孙权。

当中央政府聚精会神和那些大佬斗争时，刘备和孙权偷偷发展自己。直到公元 208 年，曹操才注意到这两个人的存在，于是把矛头对准了他们。

刘备自称是中山靖王刘胜的后人，从刘胜时代到刘备，少说也有三百年。如此漫长的时间，沧海都可沦落为桑田，这种渺茫无依的血缘关系，刘备竟能运用自如，让天下人都知道他是中山靖王之后，可见其卓越的宣传本事。

即使刘备的身世是真的，三百年的时间也足以让王族变赤贫，所以刘备自幼孤贫，靠编织、贩卖草鞋为生。刘备不喜欢读书，尤其喜欢呼朋唤友、遛狗跑马和美丽的花衣，和他的祖宗刘邦相似，在底层社会极为吃香。

黄巾军造反时，几个富商投资刘备，建议刘备用这份天使轮去打黄巾军，希望利润翻上几百倍。

刘备对这份突如其来的天使投资感到既喜又惊。刘备拿着别人的这份血汗钱，招兵买马，得到很多人才，其中就有被《三国演义》大肆渲染的为人忠义、能力超群的关羽和张飞。

刘备扛着“吾乃中山靖王之后”的招牌，带着关羽和张飞开始闯荡江湖。那时的江湖全靠实力说话，虽然注重门第，但大家都不傻，还是要以看得见、摸得着的实力为评价标准。刘备到处乱窜，显然和他中山靖王之后的招牌不符，所以没有人对他过于热情。

刘备愤愤不平，决定用实力而不是吹牛证明给大家看。他先和占据徐州的吕布开战，结果被吕布打得满地找牙，逃亡时只有数十人跟随。放眼四望，他看到了蒸蒸日上的许昌中央政府。于是，他来投奔曹操。

曹操久闻刘备大名，那句“吾乃中山靖王之后”，可谓妇孺皆知。他热情地欢迎刘备来中央政府，还请皇帝刘协给刘备大官做。刘备先是乐不可支，后来看到政府大事全由曹操做主，开始闷闷不乐。他偷偷对刘协说：“曹操在你之上，为何不反抗？”

刘协如同白日听到鬼哭一样，惊恐万状地说：“这是什么话，丞相为中央政府出力，日理万机，大家有目共睹。”

刘备生气地道：“他是挟持皇上您以令诸侯。”

刘协失声叫道：“挟我令诸侯？您是脑子不好，还是别有用心？曹操以我的名义发布多少圣旨，谁听了？我如果能令诸侯，当年就不会沦落到在洛阳吃草根的地步。就比如您，如果不是被吕布打残，如果不是曹操把中央政府建设得很好，您能跑到这里来见我？”

刘备被呛得哑口无言。他认定刘协被曹操软禁太久，已丧失判断力。于是他和刘协的舅舅董承密谋干掉曹操。至于干掉曹操后的安排，刘备已想好：当然是由他来担任丞相。

曹操对刘备有收留之恩，刘备却想除掉恩人。如此仇视曹操，不是因为曹操挟制了天子，而是因为自己没有挟制。正如有人憎恨贪官，不是因为贪官可恨，而是因为自己做不成官。

董承曾大力支持曹操，希望得到更多的权力，但他不符合曹操心中的人才标准。于是，董承对曹操怀恨在心，他和刘备一拍即合，开始谋划。

由于两个人旗鼓相当，半斤八两，所以消息很快走漏。曹操请刘备喝酒，两人吃着青梅喝着淡酒。曹操突然对刘备说："天下英雄，只有你和我曹操啊！"

刘备做贼心虚，惊慌之下筷子落地。**曹操安慰他说："挟天子这事，听上去容易，做起来难。不信你试试。"**

刘备慌里慌张，第二天就辞别曹操，一溜烟儿逃去了下邳。公元200年，曹操和袁绍在官渡对峙，刘备突然对曹操下黑手，但被曹操轻易击败，刘备只好逃到荆州大佬刘表那里。刘表虽然也是中央政府的叛徒，但他瞧不起无能的叛徒刘备，只是出于亲戚关系（刘表的祖宗是刘启，是根正苗红的皇族），让刘备到新野小城驻扎。刘备很快发现，"吾乃中山靖王之后"的牌子不灵光了。他在新野蜷缩数年，常常摸着日益肥大的肚皮泪流满面地说："功业未建，赘肉已增，英雄之痛，莫过如此。"

孔子曾说，人过四十，还没有固定的成就，那就等于完蛋了。因为人到四十岁时，无论是头脑灵活度还是精力充沛度都大不如前，好像老猫老狗，没了小猫小狗的活蹦乱跳，即使给他机会，他也没有力量把握住。今天我们讲"中年危机"，其实也是这个意思。中年人的知行合一，就是求稳，在他们所"知"的层面，能保住当下微薄的利益，就谢天谢地了。

不过，也有例外，刘备就是。

公元207年，刘备突然运气附体，与曹操的谋士荀彧双峰并峙的诸葛亮被刘备三顾茅庐请出山。诸葛亮的水平远胜刘备，他告诉刘备，如今形势已是中央政府独大，若要分裂祖国，不能和中央政府的曹操对抗，应先和割据江东的孙权交朋友（按当时刘备的实力，当孙权的仆人都不配），然后谋取刘表的荆州和刘璋的益州（刘表和刘璋实力雄厚，谋取很困难），得到这两块地方后，再击败曹操，辅佐刘协，东汉王朝可以复兴（东汉王朝正在曹操手上复兴，诸葛亮的意思是，要刘备取代曹操，而不是真的复兴东汉王朝）。

刘备大喜过望，他问诸葛亮："如何得到荆州和益州？"

诸葛亮回答他："您有皇家血统，仁义之名满天下，等待机会，就能成功。"

这是画大饼，换作是曹操，肯定把诸葛亮拉出去砍头了。但刘备当时正处在低谷，极端失意下听到虚无缥缈的计划，只能死马当活马医。他和诸葛亮一拍即合，回到新野等待机会。按天道，这种机会死一万次都等不来。可老天大概是眷顾多年来始终如流寇一样东躲西藏的刘备，于是抛给他一份大礼。公元208年，曹操南征刘表，同年八月，刘表去世，次子刘琮继承家业，曹操认为这是南征刘琮的大好时机，于是集结中央政府全部军力，南下荆州，新野的刘备首当其冲。

刘备溃逃，在溃逃途中，因为跑得“惟精惟一”，居然把妻儿扔给了曹操。**刘家似乎有这样的传统，刘邦当年被项羽追击，由于车速太慢，所以他把老婆孩子踹下了车，刘备虽未踹老婆孩子下车，可只顾自己逃跑。**从这点而论，刘备应该是刘氏皇族成员。我们从刘邦和刘备的行为中可以得出一条人生真理：所谓的狗屁仁义之君，在面临生死关头时，永远只顾自己，亲情、爱情都是破鞋，扔之而后快。这就是人性。

因刘备放弃新野，刘琮的荆州暴露在曹操的兵锋之下，刘琮做出抉择：投降于曹操。事情发展到这一步，诸葛亮的计划几乎已破产一半，因为荆州回归了中央。刘备只好继续南逃，一直逃到江东孙权的地盘，才停下脚步。此时诸葛亮献计说：“联合东吴孙权，才能抵抗曹操。”

刘备同意。曹操代表中央政府，抵抗曹操就是抵抗中央政府，刘备口口声声说自己是刘氏皇族后裔，却永无停息地和自己家族作对，可见其人生指南就是要分裂中国。

刘备派诸葛亮到江东（鄱阳湖以东）孙权处请求合作，孙权险些笑得背过气，因为刘备满打满算也只能凑齐胆战心惊的一万人马，面对曹操的十几万大军，这不值一提。孙权是东吴第三代领导人，他父亲孙坚本是地方恶霸，通过平定黄巾军和讨伐董卓积攒了第一桶金。公元192年，孙坚去世，长子孙策投靠袁术，在袁术的放任下，孙策转战江东，兵力日盛，成为江东霸主。官渡之战前夕，孙策头脑发热，想趁曹操在官渡和袁绍对峙时突袭许昌，却被敌人派遣的刺客所杀，临死前，他把遗产传给弟弟孙权说：“南征北战你不如我，举贤任能，保守家业，我不如你。”

孙权不负老哥所托，一门心思地招贤纳士，稳定江东，手下人才济济，诸如周瑜、鲁肃、张昭，都是一时才俊。孙权这个后浪，货真价实，有目共睹。

**刘备派诸葛亮找上门来谈合作，孙权有种奇异的感觉，好像是开杂货铺的要找世界连锁超市合作一样。**东吴政府内部分成两派，一派主张合作，一派主张投降曹操。主张合作的人不想回归中央政府，主张投降曹操的人，认为国家必须统一，他们必须回归。从前不回归，是因为中央政府没有南下的诚心，如今曹操十几万大军真诚南下，他们也要拿出归顺的诚心。

诸葛亮深谙人性，任何人都喜欢称王称霸，不喜欢受人管束。他对孙权动之以情，晓之以理："你父亲和哥哥千辛万苦挣的家业，你拱手让人可以，但要先压好他们的棺材板。你在江东逍遥快活，天老大，你老二，如果你回归中央政府，你连老三都混不上。"

他又用"耿纯理论"（耿纯劝刘秀称帝时的话语）忽悠那些主张回归中央政府的官员："你们现在如果是中央级，那投降后也就是个地方级，因为你家大王的级别降了，你们自然就跟着降。有享受中央级待遇的机会，为何要自甘下贱地降级？"

最后，诸葛亮获得全胜，孙权同意和刘备联合，坚决反抗中央政府的统一行动。

曹操得到刘琮的荆州后，荆州水军全部归其管辖，他一面整顿荆州水军内部，一面从北中国各地调兵遣将，部队陆续抵达荆州。曹操早听闻刘备和孙权已结盟，但只有可怜兮兮的四万人，他瞧不起刘备，更瞧不起孙权，认为统一中国，指日可待。

公元 208 年冬初，曹操率领水陆混合军二十万人从湖北江陵南下，进攻孙刘联军。孙权派周瑜为代表和刘备开会，刘备问周瑜："你有多少人马？"

周瑜说："三万。"

刘备搓手说："太少了。加上我的人才四万。"

周瑜说："你的一万人就算了，看我怎么破敌。"

刘备面子上过不去，向周瑜请求："咱们是联盟，我总要做点什么，让诸葛亮去你军中参谋参谋如何？”

周瑜说：“随便。”

天气寒冷到极限时，曹操率领的中央军和孙权、刘备的军队在赤壁（今湖北赤壁）对峙，名留史册的赤壁之战就此爆发。

# 3／
# 赤壁之战

进入公元208年深冬，曹操领导的中央军和周瑜叛军在赤壁开始小规模交火，中央军一直在北方作战，对水战不熟，所以曹操吃了多次无伤大雅的败仗。小败乃兵家常事，曹操并不担心。让他忧心的是，军中突然发生瘟疫，战斗减员与日俱增，曹操只好退避至长江北岸的乌林（今湖北洪湖市东北乌林镇）暂时防守，周瑜在长江南岸日夜向对岸窥探，对曹操的旱鸭子兵团表现出了罕见的兴趣。

周瑜看到曹操把战舰用铁链连起来，首尾相接，士兵们在船上声势夺人地训练。他的部将黄盖指出："敌众我寡，这样僵持下去，我们肯定吃亏。他们把战舰连成一体，这是天上掉馅饼，可以用火攻，一烧百烧，一了百了。"

周瑜同意，假以时日，曹操训练完成，等待他的将是灭顶之灾，他等不起。周瑜等不起，曹操更等不起。

黄巾与董卓之乱后，东汉的军政长官们各自为政，以曹操为丞相的中央政府在统一中国的行动中，遇到激烈反抗。一日一小战，三日一大战，整个中国烽火连天，农业受到重创，所有军阀都缺少军粮。那个擅自称帝的袁术在江淮靠蛤蚌生存，被曹操击败的袁绍则在河北靠桑葚为生，袁绍的士兵因吃桑葚而浑身深绿，远远看去，好像一片韭菜。位于许昌的中央政府虽然施行了屯田制度，可仍没有余粮。战事吃紧时，曹操只能以粮食掺杂人肉干当作军粮。

那个从小就做出让梨之举的孔融，则出奇地为曹操吃人肉的行为辩解说：“吃不认识的人好比吃猩猩、鹦鹉，根本不必有心理压力。”曹操靠屯田，还能把粮食和人肉干掺杂，没有实行屯田的各路军阀，只能单纯地吃人肉。周瑜等不起，是因为孙权的粮食不多，但他毕竟人少，曹操二十万大军，每天的粮食消耗就是极大的问题。同时军中又发生严重的瘟疫，他比周瑜着急一万倍，渴望速战速决。

周瑜方面最先发力。黄盖最近皮肉痒痒，所以提出用苦肉计，这个计谋是，黄盖假装触怒周瑜，周瑜打他几十大板，黄盖一怒之下率领亲军向曹操投降。黄盖的投降文书送来时，曹操的谋士们提醒他小心有诈，曹操却胸有成竹地说：“如果有诈，黄盖必会在投降来的战船上放置芦草、木柴以及容易燃烧的脂油。可问题是，现在是冬天，刮西北风，他从东南方向来，即使火攻，也是我攻他，轮不到他攻我！”

这是曹操的聪明，然而人算远不如天算。黄盖来投降那天，曹操严阵以待，下命令给前线，只要黄盖舰队稍有怪异，马上向他投射火箭。

黄盖舰队的速度非常快，当行驶至离曹操舰群一千米左右时，黄盖的几十艘战舰突然点火，曹操惊讶得张大嘴巴，他有生以来从未见过有人如此自焚。正当他要大笑时，诡异的事发生了，一直刮的西北风突然转向，刮起了东南风。黄盖的战舰被风刮起，疾如流星，火势迅猛，一股脑儿地冲进了曹操的舰群。曹操的战舰用铁索连在一起，根本来不及分离，就葬入火海。火势继续蔓延到陆地上，曹操的陆军营寨也受到牵连，几乎一瞬间，浓烟火焰，直冲霄汉，曹操军营人喊马嘶，许多战士变成了行走的火人，无数的战马也被烧到，凄惨地嘶叫着到处乱撞。

周瑜在后方看到黄盖得手，下令全线进攻。曹操大军霎时崩溃，他只好从华容道（今湖北潜江市西南狭径）向西疾逃。半路又遇暴雨，道路泥泞难走，曹操下令放弃辎重，老弱病残听天由命，曹操自扶持中央政府以来，从未如此狼狈。逃回许昌后，他损失了十余万人马，从此，中央政府再也没有能力组织起这样的兵力，以曹操为丞相的东汉王朝统一中国的愿望成为春秋大梦。

现在我们来分析赤壁之战中央军失败的原因，当然也是曹操失败的原因。首先是老天不帮曹操，寒冬时节本来常刮西北风，想不到忽然刮起东南风，使黄盖奸计得逞，再因为曹操的部队不习水战，所以将战舰相连，于是给了敌人几乎将其全歼的机会；其次，曹操军中暴发瘟疫，使其最具优势的陆军青州兵团无法发挥真正战力，在陆地上没有建立有效的防御，导致其兵团迅速溃败；最后，曹操的大意，他明知黄盖的投降如果是阴谋，必用火攻，应该早做准备才对。曹操自董卓之乱以来，用兵百余次，失败常有，不过他之前的失败都因为实力不足，尽管准备充足，仍然失败。赤壁之战，却不是这样。

人在目标未达成前，都能小心翼翼，可当目标达成或者即将达成时，就麻痹大意起来。这足以说明，人越是接近目标，就越放松，越放松就越容易失策。如何避免这种情况，人类历史上的伟大人物似乎都没有更好的方法，因为这是人之本性。**于是你会很容易地发现，那些前程似锦的人物，走在通往目标的路上时永远能知行合一，可抵达目标附近或者是完成目标后，他们就会拒绝良知的所有判断，最终把自己带上败亡之路。**

曹操的失败，不是他一人的失败，而是东汉王朝政府的失败，更是中国的失败。如果赤壁之战中，曹操获胜，就不可能有后来的三国，也不可能有后来的五胡乱华，而这一切都源于孙权、刘备旺盛的私欲。

赤壁之战曹操回到北方后，进行休整以恢复元气。南中国则由刘备和后浪孙权开始了表演。刘备最先发力，他趁搭档东吴兵团在前线打扫战场，马上占领了荆州四郡。当孙权回过神来，刘备已经站稳脚跟。周瑜对刘备没有一丝好感，劝孙权趁刘备翅膀未硬，马上剪除。但孙权担心曹操卷土重来，自己没有帮手，并不同意周瑜的建议。不久，周瑜去世，代替他的是“亲刘派”鲁肃。

鲁肃不但不主张攻击刘备，而且还要扶植他成长。在他一手撮合下，孙权把自己在荆州的四个郡借给刘备，刘备因此而拥有荆州全部。自他扛着“吾乃中山靖王之后”的“塑料”旗帜闯荡江湖以来，东躲西藏如丧家狗，如今不费吹灰之力得到一个大荆州，可见世界上真有狗屎运这回事。诸葛亮当初的“隆中对”居然在这好运的护佑下实现大半，更让人匪夷所思的是，刘备之运气好得连命运之神都嫉妒成狂。

赤壁之战三年后，益州军阀刘璋在根据地成都向刘备发出邀请函，刘璋被一黄巾军后起之秀张鲁压得喘不过气来，希望刘备来帮他。刘璋年轻时大概得过很严重的脑炎，虽然痊愈，却留下脑子不好使的后遗症，人人都知道刘备是个伪君子，只有他不知道。刘备得到刘璋的邀请后，心花怒放，率领兵团进入益州，在和张鲁打了几场无关痛痒的战斗后，他和刘璋翻脸。

公元212年，他和晕头转向的“恩主”刘璋开战。如你所知，刘备对付不了任何人，只能对付没有脑子的刘璋，双方进行了两年的拉锯战后，刘璋投降。刘备现在实现了诸葛亮当年的预言：得到荆州和益州，再图中央政府。

但他的麻烦也随着好运同时到来。孙权发现刘备已得到益州，于是索要他当初借出去的荆州四郡。刘备和诸葛亮商议后回复孙权说：“俗话说，好借好还，再借不难。可大家都知道你孙权是拿回去的东西再也不会借出来，所以我不能还给你。”

孙权大怒，向刘备的荆州四郡进攻。刘备慌忙从益州出兵援救，眼看刘备的荆州四郡就要陷落，曹操突然率领中央军攻入汉中。刘备马上和孙权重启当年的联盟，双方讲和，共同对付曹操。

为争夺汉中的控制权，中央军和孙、刘联军的战争持续了三年。公元219年，刘备转守为攻，命令关羽从根据地荆州城（江陵）北上，拔除曹操在汉中的前哨据点樊城（今湖北襄阳市汉水北岸）。关羽爆发出几十年来都不曾有过的战力，击溃曹操派去援救樊城的主力，把樊城围得水泄不通，天下震动，关羽名声大振，刘备的名声更是水涨船高。许昌方面居然有人恐惧得要迁都，曹操也震惊于刘备这几年的发展，想要把中央政府挪到更安全的河北。

但曹操的秘书司马懿深谙人性，他对曹操说：“关羽得志，孙权肯定睡不着，我们可以派人劝说孙权，如果他跟关羽开战，那中央政府可以把江南地区赏赐给他。”

孙权对中央政府允诺的赏赐毫无兴趣。在他心中，中央政府早已死亡，他只对刘备借去荆州四郡而拒绝归还愤愤不平。他秘密将已接替鲁肃的吕蒙召回建业（今江苏南京）商讨对策。吕蒙拿出计策："先稳住曹操，写信给他说我们要和关羽开战，以防他偷袭咱们，然后用重兵围攻关羽的荆州城，关羽必然回救，我们在他必经之路上设下天罗地网，关羽必死无疑。"

结果正如吕蒙所料，关羽在樊城得知孙权袭击他老巢，马上回军，中了东吴兵团的伏击，他只好败走麦城（今湖北当阳），最后被杀，头颅被孙权送到曹操处。关羽负责刘备从孙权那里借来的荆州四郡的防卫，他一死，四郡重回孙权手中。这件事给我们的启示是，借的东西必须还，如果不还，对方就会让你付出十倍的代价还回去。

孙权拿回荆州后，刘备只剩下了弹丸之地益州。中央政府的曹操、蜀地的刘备以及江东的孙权，开始了改变历史的进程，三国时代进入跑道。

孙权把关羽人头送给曹操时，还附带了一封信。信中他假惺惺地渴求回归中央政府，却对曹操称臣，这显然是大阴谋：他力劝曹操取代东汉政府称帝。

换作他人，肯定笑纳。但曹操头脑清醒，良知光明，他捂着胖肚子大笑说："孙权这小子是要把我放在火炉上烤啊。"

皇帝的宝座永远都是火炉，尤其当世袭制失去效力时，人人都会争抢龙椅。只有真正具备大智慧的人才能既看到利益又看到危险，这是曹操的过人之处。

赤壁之战失败后，曹操狼狈地逃回许昌，这次失败让许昌中央政府的保皇党（站在刘协一边的大臣）在长久的黑暗中看到了希望的流星，许昌到处流传着要曹操把权力还给刘协的"民意"，当然还有与此针锋相对的"民意"版本：大家都认为曹操要取代天子刘协。曹操杀掉一批积极分子后，发布了一封名为《自明本志令》的内部公开信。**历代领袖人物都曾发表这种抒发人生志向的政治性文告，然而都是假话、空话，端着装着，心理不一，知行不一。**唯独曹操这份文告，字字有良知，句句出本心，让古往今来那些知行不一的领导自愧欲死。

《自明本志令》和立志有关，在中国历史上，无数人都认为立志是列个大纲，没有这一步，后面会步步惊魂，步步踏错。曹操的思维却与众不同，他说出了人生真相。

他说自己平生并没有多大的志向，二十岁被举孝廉进入官场，后来做到洛阳北区的第一长官，已是欣喜不已。但宦官当道，黄巾贼起，董卓之乱，是持续恶化的局势把他推到台前。后来阴差阳错，在许昌积攒了家底，把皇帝刘协接来安顿。天下大乱，中央政府权威丧失，他只能硬着头皮维护中央政府，于是四处出战，平定叛乱。感到荣幸的是，皇帝刘协任命他为宰相，这已是人臣之极，直到这时，从前的小志向才慢慢进化成“平定天下”。

这段叙述的最后，曹操自豪地说：“如果国家没有我，不知道多少人称孤道寡，祸乱天下。”

他的话是正确的，因为他一直在维护中央政府，但只是部分正确，他没有平定所有叛乱，仍然有人“称孤道寡”。

《自明本志令》的中段，曹操明确指出：“我家世受皇恩，不可能像刘备和孙权那样背叛中央政府。”他重点强调说，自己不是王莽，更不是董卓，绝不会做出大逆不道的事情来。

但是，他在这篇文告的最后告诉世人，虽然他没有取代东汉王朝的心，但绝不能放弃兵权，无论是为子孙还是为国家，他都要掌握权力。**曹操已清醒地意识到，掌握大权多年的人，只要放弃权力，必然遭受灭顶之灾。中国历史上没有任何一个如曹操这样的权臣，可以全身而退。**

在中国专制政体下，一个人只要是有意识地走上高位，那他的手就必沾满鲜血，他的屁股就绝不干净。在高位上，为了实现理想和保住位置，树敌在情理之中。敌人不敢动他，是因为他大权在握，一旦他失去权力，敌人的反扑必是致命的。这正如骑到猛虎身上，只有等到死掉才能下来。

曹操的独到之处在于：肯承认自己天赋平常，没有大志，只是因为时势，他才慌不择路地走上现在这条道路。这种真心实意的自述，表示他和那些动不动就吹嘘天赋异禀、少年即有澄清天下之志的大人物有天壤之别。**曹操的可爱之处，正在此：他讲良知，不虚头巴脑，也不矫揉造作。**

公元 220 年，曹操以东汉王朝丞相、魏王的身份去世。东汉王朝在董卓立刘协为皇帝后，已经是上气不接下气，如果没有曹操，东汉王朝早已尸骨无存。曹操为东汉王朝延续了二十四的寿命（从 196 年刘协到许昌，至 220 年），后人对他的评价却差到极点。除了我们前面谈到的《三国演义》的影响，还有三点原因。

第一，传统思想的攻击。王莽是民选出来的皇帝，刘秀却将其贬为最大的叛逆，经过百余年这种思想的灌输，人们渐渐习惯了权臣不是“好鸟”的思想，王莽、董卓、曹操，都被强行纳入这个范畴，不管他们做对了多少事，都会受到诟病；第二，曹操名未篡汉，实际上却把皇帝刘协视为傀儡，这是名不副实，沽名钓誉，他不如干脆学王莽，取代东汉王朝，若是如此，恐怕不会有后来的三国；第三，赤壁之战后，曹操对人才的评价标准过于功利主义，乱世时，道德连锦上添花都不能，何况雪中送炭，所以曹操选用人才的标准是治理才能而不是道德。

中华世界行进至东汉时期，道德已成国策，而且是中华人的普世价值，尤其是政府人员，道德标准是金标准。**曹操却逆天而行，抛弃百无一用的道德标准，纯以能力取人，这无疑是给了那些标榜道德的知识分子一记闷棍，让无能的他们失去做官的机会。曹操砸了这些知识分子的饭碗，自然会受到他们的激烈报复，在后世写史的知识分子笔下，曹操成了“不德”的靶子，明枪暗箭全向他射出，把他射成了卑鄙小人。**

让诅咒曹操的人大失所望的是，曹操也没想成为他们笔下的圣人，公元 220 年，他去世前仍是一副不管天下舆论的天真模样，对他的继承人曹丕说：“我做周文王，我是你爹，你要做什么，应该清楚吧。”

曹丕说：“我做周武王。”

——周文王三分天下有其二，却不反商；他一死，周武王马上灭掉商王朝，建立自己的王朝。

曹操被一群榆木脑袋的知识分子诅咒了千年，不过越来越多的人渐渐喜欢上了他。这是因为他真诚而不虚伪，他更能与当时的实际情况结合，提出“唯才是举”，实事求是。更难能可贵的是，他懂得角色管理，知道自己应该站在什么位置。他对政治权力有炙热的欲望，从不掩饰，但他没有越过皇帝这个雷池。欲望不是人最大的敌人，虚伪才是。

仅这几点，就足以证明曹操是知行合一的圣人。

# 4／

# 三国：家家有本难念的经

公元220年阴历十月，曹操去世九个月后，曹丕废掉刘协，建立新帝国，国号魏，史称曹魏帝国。东汉王朝（25年—220年）在活了一百九十五年后灭亡，如你所知，这只是东汉王朝名义上的年纪，其实从董卓公元189年进长安起，东汉王朝的末代皇帝刘协就成了傀儡，刘协做了三十一年的招牌皇帝，东汉王朝的真正寿命只有一百六十四年。而这一百六十四年中，除开刘秀的三十二年、刘庄的十八年、刘肇的十八年，剩下的八个皇帝统治了不到九十年，这九十年中，中央权威被外戚和宦官你争我夺，皇帝半死不活，所以整个东汉王朝，刘氏皇族真正统治中国的时间不足百年。

随着东汉王朝的灭亡，中国人建立的第一个伟大的王朝——汉王朝（西汉、东汉）也永远进入历史。但汉王朝给我们留下的遗产太宝贵了，直到今天，我们仍受用无穷。我们今天自称汉人，人数最多的民族被称为汉族，我们的方块字被称为汉字，被两汉所定型的儒家文化成为中华文化的主流，两汉解决了当时最大的边患匈奴问题。

虽然在中华历史上有过称霸世界的唐王朝，我们在外国人那里被称为唐人，但我们永远都自称为汉人，两汉为中华世界所做的贡献，没有任何朝代可以比肩。在两汉消失后的几千年中，它总是被人提及和复活。继魏帝国之后，刘备的帝国自称为“汉”；不到百年后，匈奴人刘渊建立的帝国自称

“汉”（前汉帝国）；还有定都成都的“汉”（成汉帝国）；南北朝时期，北方的大将侯景在南方建立的帝国也称“汉”（侯汉帝国）；唐末五代十国时期，有三个国家自称汉帝国（十国中的南汉帝国，五代中的后汉帝国以及北汉帝国）；直到元王朝末期，明王朝开国皇帝朱元璋的劲敌陈友谅称自己所建立的帝国为“汉”（陈汉帝国）。

这些人似乎对汉王朝都有切入肌肤的感觉，“汉”成为中国人对中华的向往和深切感情的一种象征，只要有机会，就要复活它。从这一点而言，汉王朝永远都不会死掉，它代表了中华文明，永恒存在。

为什么人们对“汉”情有独钟？第一，汉王朝是中华世界第一个长久的统一王朝，它把“大一统”思想深刻植入中国人的基因中，从此，中国人认为所有的行动都是为了把中国统一，而且只能有一个领袖，中华第一帝嬴政没有做到的事，汉王朝的皇帝们做到了，由此，汉王朝成为大一统中国的化身，所有中国人都从骨子里认定，中国必须统一，即使有分裂，无论分裂多少年，最终都要走上统一的正道，这给了中国人以道路自信；第二，两汉时期，中国人的性情开放洒脱，光明磊落，不拘一格，敢想敢为，知行合一，敢和敌人斗争并取得斗争的胜利，铸造了中国人的基本性格，当之后的中国人在失败中沮丧时，一想到汉王朝，浑身就充满力量，汉王朝才是真正的中国，两汉的中国人才是真正的中国人；第三，两汉时期的开疆拓土，奠定中华世界，全由主体民族汉族完成，这是民族自信。两汉所创造的政治、经济、文化毋庸置疑地证明我们是东方文明的扛把子，也是世界文明的领袖，当时世界上东西方矗立着两个伟大的帝国，一个是西方的罗马帝国，另一个就是东方的汉帝国。罗马帝国失败后，分裂成无数小国。汉帝国退出历史舞台后，中华人延续它的血脉，将它变成中华的一部分，大踏步向前。

汉王朝的统治退出历史舞台，但精神长在，并且驾驭着前赴后继的其他王朝。曹魏帝国建立后不久，即迁都已恢复元气的洛阳，洛阳再次成为中华第一城。公元 221 年，刘备在蜀地听到东汉王朝灭亡的消息后，落下几滴眼泪，立即宣布继承刘协的帝位，所以他的国号是汉，史称蜀汉帝国。刘备称帝的第二年（222 年），孙权称吴王（七年后，孙权才称帝），国号吴，史称东吴帝国。

至此，三个帝国全部到齐，三国时代开始。三个帝国中，曹魏帝国最有力量，东吴帝国次之，刘备建立的蜀汉帝国最差。

我们先从最差的蜀汉帝国开始。蜀汉帝国是带着对东吴帝国的深仇大恨来到世界的，关羽被杀，荆州全失，刘备无论如何都咽不下这口气。公元 221 年一建国，蜀汉帝国就开始对东吴帝国备战，第二年，备战完成，刘备率领帝国全部力量对东吴开战。孙权看到刘备来势汹汹，意气大于理智，于是好言相劝，提醒刘备说："北方有虎视眈眈的曹魏帝国，咱俩不能玩命啊。"

诸葛亮也劝说刘备："当初'隆中对'最紧要的一条就是和东吴交朋友，而不是做对手。"刘备怒气冲冲地说："荆州都没有了，还隆中对策干什么，我必须消灭东吴，用孙权的人头祭奠关羽。"

孙权采用保守战略，命令凡是被刘备攻击的地区将领避而不战，刘备声嘶力竭地喊叫了大半年，一无所获。孙权也没有闲着，派遣无数使者到曹魏帝国，争取曹丕的支持，请他即使不支持也不要趁火打劫。曹丕喜欢坐山观虎斗，同意孙权的请求。孙权稳住曹丕后，秘密动员全国兵力进入正被刘备围困的猇亭（今湖北宜昌猇亭区）战场，并力排众议，任命毫无战场经验的年轻军官陆逊为总司令。

**孙权识人用人，正如他老哥所说，乃天下一绝。赤壁之战用周瑜，斩杀关羽的江陵之战用吕蒙，这一次又用陆逊，后来的事证明，孙权依旧没看走眼。**

陆逊抵达战场后，认真观察刘备的部署，他发现刘备连营百里，和当年的曹操把战舰连成一体一模一样，于是，采用前辈周瑜的方式——火攻。

刘备兵团被烧得七荤八素，仓皇逃到白帝城（今重庆奉节），在悲愤交加下，一病而死。他十七岁的儿子刘禅即位，但和东汉中后期的那群皇帝一样，刘禅并不能掌控老爹的帝国，因为刘备临死前，把诸葛亮叫至病榻，叮嘱诸葛亮说："小阿斗（刘禅乳名）若能辅佐就辅佐，不能辅佐你就取而代之。"

诸葛亮又是感动又是恐惧，发誓终生辅佐小阿斗，绝无二心。直到此时，诸葛亮才真正走上蜀汉帝国的舞台，才有机会鞠躬尽瘁，死而后已。

刘备的一生是颠沛流离、内心极度纠结的一生，他的儿子刘禅被称为扶不起来的阿斗。我们如果能把刘备的一生分析透彻，就能指导我们创建一个成功的人生。

第一，刘备务虚。自他起兵起就打着“吾乃中山靖王之后”的背景招牌。人不能没有背景，白手起家难度非常大。但刘备高估了已经失去光彩的背景，还把全部心力都用在这上面，自然就消耗了做实事的精力，其东奔西跑了二十余年才遇到好运，混到一块地盘，正是务虚所致。

第二，刘备固然有人性上的许多优点，诸如宽厚，每听到天下百姓受苦就落泪，还有就是重义气，能视三流人物关羽、张飞为亲兄弟，可人性上的这些优点必须以实力为基石才会产生价值。乱世之下，没有军事才能的人就等于废物。他几乎在所有的战场上都以狼狈逃亡为标志，跑起来后连自己妻儿都不顾，而且他的脸皮特别厚，特别喜欢寄人篱下。

第三，在很多人的印象中，刘备是个善于用人的主公，其实这是《三国演义》的失误。刘备真正所不疑而用的人都是关羽、张飞这样的三等人才，诸葛亮被请出山后，刘备只给了他一个军师将军的头衔，位尊却权轻，诸葛亮在刘备有生之年根本没有受到重用。如果他真重视诸葛亮，就不可能在关羽被杀后和孙权决裂。作为一个领导者，不会用人，是致命的，可以提前宣布死亡。

第四，刘备到处说他要复兴汉室，可当时汉室还没有亡，只是曹操在主导。他不奋发图强，向心内求取解决之道，反而总把自己无法实现理想的原因归到曹操头上。在他嘴中，曹操是曹贼，罪大恶极，他刘备才是正人君子。他无法发展起来，是因为总盯着曹操，愤恨得夜晚无法入眠而挠墙，可他自己比曹操还坏，明目张胆地和中央政府对抗。只看到别人的缺点，不检讨自己的缺点。

第五，刘备生不逢时。刘备的对手是雄才大略的曹操和善于用人的孙权，这两人都是一代豪杰，即使有十个诸葛亮辅佐，凭他的资质也不可能战胜两人中的任何一人。何况，他并没有重用诸葛亮。

然而，大多数人对刘备怀有好感，这源于《三国演义》的美化，“尊刘反曹”是这本书的价值观。

刘备死后，诸葛亮终于翻身做主人，他把蜀汉帝国的权力全部抓到手中，只让刘禅享受基本的皇帝娱乐生活，至此，诸葛亮成为蜀汉帝国的丞相，正如当初曹操是东汉帝国的丞相一样。以诸葛亮为丞相的蜀汉帝国开启悲壮的高潮。

诸葛亮和刘备一样，对之前以曹操为丞相的东汉政府和现在的曹魏帝国抱有天生的仇恨，不把曹氏杀掉永不开心。所以从刘备死的那一秒开始，诸葛亮就下定决心北伐，一次不行就两次，两次不行就三次，直到把曹魏帝国消灭，假装恢复汉室。

他的第一步就是和孙权重新缔结友谊，他站在孙权角度为其考虑说：“你如果和曹魏帝国交朋友，曹丕必然让你北上洛阳，你若去，是有去无回；若不去，曹丕会下令讨伐你。如果我们结盟，至少可以保证一点——天下三分。”

孙权只求割据江东，不想再有任何进取，如果能保证天下三分，他求之不得，于是他同意诸葛亮的建议，从此蜀汉帝国和东吴帝国言和，双方互不侵犯。

诸葛亮又进行第二步，清除刘备临死前安插的用于制衡他的李严。最后一步，稳定西南夷狄，当地最大的少数民族首领孟获被诸葛亮六擒六放，第七次被擒后，孟获终于服输，心甘情愿臣服蜀汉帝国。诸葛亮没了后顾之忧，公元227年，他按下了北伐曹魏帝国的按钮。

蜀汉帝国的皇帝刘禅对诸葛亮的行为感到莫名其妙，无论从哪方面来看，蜀汉帝国和曹魏帝国都没有可比性。蜀汉帝国能保住蜀地就已谢天谢地，居然要去主动挑逗庞大的曹魏帝国，这无疑是以卵击石，用大多数帝国臣子的话来说就是找死。但诸葛亮说可以就可以，因为是他掌控着蜀汉帝国，而不是刘禅和那些大臣。

诸葛亮的北伐相当励志，从公元227年到公元234年的七年中，诸葛亮对曹魏帝国发动了五次进攻。五次进攻中只有一次小有所成，然而对于雄厚的曹魏帝国而言，几乎是无关痛痒。

公元228年，诸葛亮北伐军的先遣军马谡在街亭（今甘肃秦安）会战中被曹魏兵团击溃，马谡是当时蜀汉帝国屈指可数的人才之一，即使对此次战事负有责任，也罪不至死，然而诸葛亮为树立权威，激发北伐军斗志，只好挥泪斩马谡。街亭之战，曹魏帝国轻松投入四倍于诸葛亮的兵力，只从这点而言，诸葛亮的北伐就不可能成功。

第一次失败后，诸葛亮没有做任何休整，而是快速集结兵力进攻陈仓（今陕西宝鸡），曹魏帝国坚守不战，诸葛亮补给出现问题，撤回蜀地，第二次北伐草草结束。在养精蓄锐一年后的公元 229 年，诸葛亮第三次北伐，这一次如有神助，攻破了曹魏帝国的两个郡（今甘肃成县、文县），他将两郡百姓迁入人口稀少的蜀汉帝国。

这场胜利给了蜀汉帝国和诸葛亮一针强心剂，在运筹两年后，诸葛亮进行第四次北伐，集中主力猛攻今甘肃天水。曹魏帝国惊慌失措地调动洛阳部队支援天水，天水方面也顽强抵抗，最终诸葛亮弹尽粮绝，又闻听曹魏帝国主力部队马上就到，于是心有不甘地撤退回国。

四次北伐，产出没有投入大，这在蜀汉帝国内部引起激烈讨论，诸葛亮用强权对付反对派。他从四次北伐的经验中得出教训，北伐之所以不成功，是因为蜀地到前线千山万水，粮草成本太高。公元 234 年最后一次北伐时，诸葛亮在成都和小阿斗说："此番前去，不成功便成仁。我要在前线屯垦，就地取材，消灭曹魏。"

这一次，诸葛亮率领大军沿渭水南岸开荒种田，这等于是把后勤基地搬到前线，曹魏帝国震动，有见识的大臣司马懿却说："不要听诸葛亮瞎咋呼，他把蜀汉帝国的主力全部拉出去，成都方面不可能对他放心，他都等不及明年庄稼丰收。"

正如司马懿所料，诸葛亮在前线专心务农，成都方面总有人告他的黑状。诸葛亮必须速战速决，不过他遇到的对手是老谋深算的司马懿。司马懿拒不出战，诸葛亮甚至给他送女人的衣服，司马懿也无动于衷。

在长期的煎熬和志向无法实现的打击下，诸葛亮终于在陕西岐山县五丈原病逝。诸葛亮用了十余年时间，把蜀汉帝国打造成了一个没有人才的国家。**诸**

**葛亮本人的才能毋庸置疑，然而他有致命的缺陷：开拓不足，谨慎有余，事必躬亲，绝不为任何人赋能。他只是个军师，不是导师。**诸葛亮是人臣楷模，希望用不停的北伐行动来耗费曹魏帝国的元气，念头固然美好，但并不正确。他没有实事求是地看清曹魏帝国的力量，更没有检讨自己的力量，知和行自然不会完美统一，凡是这种念头美好却不正确的人，都会成为悲剧人物。中国民间讲“好心办坏事”，正是念头美好而不正确却付诸行动的结果。

诸葛亮死后，二等才能的姜维继承衣钵，刘禅把权力抢回手中，蜀汉帝国抹去了诸葛亮北伐的一切痕迹，关闭山门，等待命运的安排，蜀汉帝国末路已现。

再来看东吴帝国。诸葛亮第三次北伐的公元 229 年，孙权才正式称帝。这足以说明，孙权小富即安思想浓厚，能保住江东，就乐不可支。弱小的蜀汉帝国曾对曹魏帝国发动五次北伐，孙权一次都没有。不过，他为南中国的基石做出了很多贡献。当时，今两广以及福建等地，虽受东吴统治，却远未开化，孙权派人到那里实行“仁礼大开发”，它包括两部分，第一部分是修建道路，第二部分则是把野蛮人教化成文明人。在孙权之前，中国东南部只是象征意义上的中国，经过孙权的大开发后，才终于成为中国实质性的一部分，那里的百姓也进化成了真正的中国人。

孙权掌控江东五十余年，公元 252 年去世时，已做了二十三年皇帝，绝对权力下，任何英明的人随着掌权时间的增长都会变得昏庸。孙权前期，用人如姜子牙封神，能在千万人中一眼识别高手。但后期，他对用人已失去兴趣，而且滥杀无辜，一大批东吴的人才，诸如沈友、张温等，全被他以莫须有的谋反罪名杀害。

老子偷窃，儿子杀人。在孙权身体力行的教育下，他的后代全都是屠夫。他去世后，位子传给幼子孙亮。六年后的公元 258 年，孙亮被哥哥孙休赶下台。五年后，孙休去世，孙权的孙子孙皓继位，这是个自以为是的暴君，专用小人，拒绝君子。他穷凶极恶，残暴不仁，最喜欢做的事就是把人的脸皮剥下，欣赏对方惨叫的样子。这种人注定要把东吴帝国带上悬崖。东吴帝国也坐等命运的合理安排。

最后来看曹魏帝国。和蜀汉帝国的打肿脸充胖子、东吴帝国的不思进取相比，曹魏帝国来势汹汹。曹操大半生征战杀伐，几乎甲不离身，他却生了二十五个儿子，这是个让人震撼的数字。二十五个儿子中，最有希望继承其衣钵的是次子曹丕和三子曹植。曹丕得到老谋深算的司马懿的协助，最终击败曹植，获得继承权。曹丕称帝后，基本能保持二世主的素质，曾多次对东吴帝国用兵，当他无法渡过长江时，就很没出息地感叹说："天老爷制造长江，就是要南北分治啊。"

曹丕虽是中才之主，但凭借老爹曹操打下的雄厚基础，又占据着当时中国最富裕的中原地区，所以曹魏帝国气势如虹，多次轻松粉碎了诸葛亮的北伐。曹操临死前曾提醒曹丕说："刘备、孙权不足虑，要小心司马懿。"他还特意警告司马懿："不可存非分之想。"**司马懿说："臣一路走来没有敌人，只有朋友。"**

司马懿是政治家、阴谋家和表演艺术家。他经常在曹丕面前表演忠贞，曹丕鬼迷心窍，将军权交付给他。司马懿和诸葛亮多次交手，诸葛亮感叹说："魏帝国的寿命，全在司马懿。"

公元226年，曹丕去世，儿子曹叡继位，司马懿成为辅政大臣。曹叡做了十三年皇帝，认真巩固祖先留下的遗产，曹魏帝国继续升级。他死后，养子曹芳继位，辅政大臣中仍然有司马懿，为了制衡司马懿，曹叡特意安排曹家的曹爽大将军联合辅政。曹爽精明地看到司马懿野心勃勃，于是主张改革，其实就是对司马懿的地位进行改革，司马懿遂装病不出。曹爽派人去侦察，司马懿装成偏瘫的样子出来接见曹爽的使者，喝粥时故意让粥顺嘴角流下，还假装听不懂使者说什么。使者报告曹爽，司马懿形神已分离。曹爽不再防备，之后司马懿趁曹爽陪同皇帝外出之机突然发动兵变杀死曹爽，彻底掌控了曹魏帝国军政大权。曹魏帝国此时成了当年的东汉帝国，而司马懿则成了当年的曹操。司马懿就是曹操的翻版，他临死前对接班人、他的儿子司马师说："我做周文王。"司马师正要说话，司马懿瞪眼指着他说："瓜未熟，你也要做周文王。"

司马师谨遵父命，公元 254 年，他踩着时间点废掉皇帝曹芳，立曹丕年仅十四岁的孙子曹髦为帝。第二年，司马师病逝，临死前他把兄弟司马昭叫到床边说：“我做周文王。”司马昭大喜过望，看他的模样，即使乱了辈分也要做周武王。但司马师重复老爹司马懿的话说：“瓜未熟，你也要做周文王。”

司马昭比老爹和兄弟更明目张胆，废掉曹家的渴望溢于言表，连大街上的流浪汉都知道他的心。公元 260 年，司马昭抢在曹髦干掉他之前先干掉了曹髦，随后立曹操的孙子曹奂为帝。曹魏帝国走上不归路。

东吴帝国有能臣却被皇帝干掉，等于没能臣；蜀汉帝国是彻彻底底地没有能臣；曹魏帝国则是能臣太强，总干掉皇帝。三个国家的经都很难念。对于这三个和尚而言，经如果难念，那和尚也就没有用处了。三个国家，不约而同地相见于黄泉。

# 5／
# 司马氏吃三国

最先走上黄泉路的是蜀汉帝国。诸葛亮死后，小阿斗刘禅发现掌握皇权其乐无穷，他讨厌诸葛亮的接班人姜维，看到姜维就让他想起诸葛亮。他喜欢宦官黄皓，因为在黄皓面前，他才能真实地感受到当皇帝的美妙。姜维没有诸葛亮的能力，更没有诸葛亮的担当精神，所以主动离开成都到地方上屯田。蜀汉帝国政治，一塌糊涂。

公元 263 年年初，司马昭抓住时机，派遣大将钟会、邓艾大举南征。姜维得到消息马上报告成都。刘禅惊慌失措，命令姜维率领帝国主力据守剑门关（今四川剑阁北）。喜欢出奇制胜的邓艾对钟会说："剑门关易守难攻，蜀汉主力又在此，必须独辟蹊径。"

邓艾的独辟蹊径，是让钟会假装进攻剑门关，拖住姜维主力，他本人则从阴平郡（今甘肃文县）穿越岷山山脉，直捣蜀汉帝国重镇江油（今四川江油），攻陷江油后就进入成都平原。成都近在咫尺，立等可取。

钟会同意邓艾的冒险行动。邓艾知行合一，马上率领一支精锐楔入史前时代的岷山，克服人类无法克服的所有困难后，突然出现在江油城下。江油守军看到敌人犹如神兵天降，肝胆俱裂，立即投降。邓艾兵团全速向成都进发。

噩耗传到成都后，刘禅呆若木鸡，有人主张把姜维从剑门关调回，打响成都保卫战。可刘禅不同意，因为黄皓不同意，黄皓主张投降，刘禅立即投降，并且命令据守剑门关的姜维向钟会投降。

姜维服从刘禅的命令，投降于钟会。钟会问他："你为何来得这么迟？"姜维回答："现在来算是早的了。"钟会精通玄学，对姜维充满玄机的话顿生敬畏，姜维趁机劝说钟会据蜀自立，讨伐司马昭。钟会野心被激发，准备和姜维联手讨伐司马昭，可惜阴谋泄露，死于他带来的兵将的乱刀之下，姜维也随之被杀，蜀汉帝国彻底灭亡。小阿斗刘禅此时已成长为老阿斗，他被迫移居曹魏帝国都城洛阳，在这里安度晚年，和他的帝国一样寿终正寝。蜀汉帝国（221年—263年）寿命四十二年。

刘禅不作抵抗而投降，理解他的人说，刘禅有以生命为贵的价值观，如果抵抗，将有千万人死亡，刘禅不忍生灵涂炭，所以投降；不理解他的人说，刘禅全无心肝，面对敌人，即使砸锅卖铁战斗到最后一人，也要君王死社稷。

这显然没有实事求是。刘备是干掉了蜀地军阀刘璋后，在刘璋老家建立的蜀汉帝国。蜀汉帝国从建立那一刻开始就是个外来户，曹魏帝国进攻它时，虽然它已进行了多年消化，但由于缺少人才，群众基础仍然不稳。刘禅投降，正是认清现实、顺从现实的明智表现。从这一点而言，刘禅做到了知行合一：有自知之明，并肯用行动来承认。

在吃掉蜀汉帝国两年后，司马昭病逝，儿子司马炎继承他的遗产。临死前，他对司马炎说："咱司马家家法，只做周文王，但瓜已熟透，你可以做周武王。"

司马炎狂喜，立即下令给曹魏帝国末代皇帝曹奂，命他禅让。司马炎所建立的帝国被称为晋帝国，这是一个吊诡的帝国。曹魏帝国（220年—265年）寿命四十五年，仅比蜀汉帝国多活了三年，当然，曹魏帝国在司马懿干掉大将军曹爽后，就已死亡。之后的生命全由司马氏掌管。

蜀汉帝国和曹魏帝国走上黄泉路后，猛地停住，转身向东吴帝国招手。东吴帝国的皇帝孙皓立即从噩梦中惊醒，抽出宝刀杀掉门口的卫士，他认为卫士没怀好意，所以才有了那个噩梦。

杀人后，孙皓感觉很舒畅，于是召集百官，举行会议。官员们都提醒他，当初和我们相爱相杀的蜀汉帝国、曹魏帝国全去见了阎王，就剩咱们了。

孙皓找来占卜师，要他占卜。卦辞曰："庚子年，青盖入洛阳。"离孙皓最近的庚子年是 280 年；青盖，皇帝用的遮阳伞；洛阳则是晋帝国首都。

孙皓不用问占卜师，就明白是什么意思，他高兴地叫起来说："哇哦，庚子年，我会活捉司马炎，进入洛阳城。"

那些平时被他的凶暴吓破胆的大臣都齐声祝福他，愿他早日实现卦象。但转过头去，就都诅咒他赶紧死掉。东吴将士们都纷纷暗地里表态："只要敌人一来，我们立即投降。"

东吴上下都知道国不久矣，只有孙皓还蒙在鼓里。当听说司马炎正在整顿前蜀汉帝国水军时，他失声叫起来："司马炎这个老糊涂，死到临头还有这个闲心。"

谄媚他的人马上补充说："老天都要他灭亡，他还折腾什么。伟大的皇上，咱们什么时候攻打洛阳？"

孙皓大怒，抽出宝剑砍掉了谄媚者的脑袋，气咻咻地说："你这是教我做事啊，既然天注定我要进洛阳活捉司马炎，那我急什么？"

孙皓不急，司马炎很着急。280 年，司马炎准备完成，对东吴帝国发动总攻。东吴兵团稍作抵抗后就全部投降，孙皓被捉到洛阳，占卜师很靠谱：庚子年，青盖入洛阳。东吴帝国（229 年—280 年）存活了五十一年，但实际上从 221 年孙权称吴王开始，东吴帝国就已经出生。

孙皓被捉到洛阳后，司马炎请他吃饭。席间，司马炎指着他身旁特殊的座位对孙皓说："这个座位，我给你准备很久了。"孙皓居然冷笑说："我在建业（今江苏南京）也给你准备了这样一个座位。"

**孤立地来看孙皓这席话，我们会以为他极有气节，虽败犹荣。但我们绝不能孤立地看事物，必须看事物的前世今生，只要看孙皓的过往，就知道他这席话只是一个人渣失败后的冥顽不灵，与气节大义毫无干系。**孙皓如果不是拼命残杀自己帝国的精英，又怎么会被司马炎捉住？

人渣最大的特点就是永远认识不到自己有错误，即使失败了也死鸭子嘴硬，和正义永远不共戴天。

东吴帝国和蜀汉帝国又不同，蜀汉帝国前期，诸葛亮用不停地北伐刷存在感，东吴帝国不用刷，它和江东已融为一体。如果不是孙权的后代残暴不仁，东吴帝国不会如此轻易灭亡。**没有人可以灭掉你，只有你自己可以，这是东吴帝国留给我们的哲思。**

在司马炎对孙皓的不屑一顾中，晋帝国缓缓升起，但一升起就开始堕落。

进入晋帝国之前，让我们对三国时代做个简单的回顾。严格意义上的三国时代是从 229 年孙权称帝开始，在此之前，曹丕、刘备已先后称帝。但很多人都从曹操带着东汉皇帝刘协迁都许昌算起。这就是中国人的春秋笔法：**曹操虽然没有称帝，却是不称已称。**

我们对春秋笔法下的这个三国时代至少有以下几点需要提出。第一，三国乱世，英雄豪杰在历史舞台上表演，其所占据的舞台却用千万白骨搭建而成。黄巾军造反前，东汉帝国人口 5600 万，曹魏帝国末年统计人口只有 1400 万，短短百余年，中华人死掉了 4200 万。曹操在他的作品《蒿里行》中说，“白骨露于野，千里无鸡鸣”，正是这种人间地狱的悲凉写照。

4200 万人并非全死于频繁的战争，青壮年被拉去打仗，死于战场；家中妻儿老小无法维持生活，死于饥饿；尸体遍地导致瘟疫横行，死人无数，建安七子（孔融、陈琳、王粲、徐干、阮瑀、应玚、刘桢，这七人代表了当时文学的顶峰）中有五人（陈琳、王粲、徐干、应玚、刘桢）死于瘟疫，让曹操抱憾终身的赤壁之战，也是因为军中起了瘟疫。

当我们钦羡三国时期“滚滚长江东逝水，浪花淘尽英雄”的壮丽诗篇时，必须想到那 4200 万人的尸体。那都是中华人，他们暴尸荒野，被浪花淘尽。中国人一直主张和平，不顾一切地保卫和平，原因在于他们经历了太多战争和战争造成的劫难，于是产生两个坚定的信仰。一、宁做太平犬，不做乱离人；二、永远为和平而战，也只为和平而战。

最后，我们要谈的问题是，为什么是司马家族吃掉了三国，而不是三国中的一国吃掉其他两国？换个问法则是，为什么司马家族只能出现在曹魏帝国，而不能出现在其他两个国家？

首先是司马家族的缔造者司马懿，司马懿只能出现在曹魏帝国，因为三个国家中，只有曹操缔造的曹魏帝国有力量，它占据的是当时中华文明的中心，人口比其他两个国家多，经济复苏快，只有大海才有大鱼，蜀汉帝国和东吴帝国的小河沟，只能产生小鱼小虾。

其次，曹操重视人才，曹魏帝国人才济济，而且他只重视人的能力，忽略人的道德。这种用人风气下，才会产生能力超群且有野心的司马懿，蜀汉帝国的刘备打着仁义忠孝的幌子，培养了一批以道德为能事、轻视能力的人，诸葛亮虽然把持朝政，却从未有取代刘禅之心。东吴帝国更是如此，有人才而杀之，根本出不了司马懿这样的权臣。由此可见，一个组织的文化有多么重要！

最后，司马家族人才众多，前浪后浪诸如司马师、司马昭，都是能力超群的人，如此保证了家族理想的稳固和进化。**同时，它始终在曹魏帝国的壳中悄无声息地繁衍发展，避免了很多不必要的攻击，最终能借壳上市，破壳而出。**

司马家族吃三国，和曹操家族吃东汉帝国异曲同工。对于曹操家族而言，这是天道轮回，报应不爽。对于蜀汉、东吴和曹魏三个国家而言，这是竹篮打水一场空，最终都为司马家族的功成名就做了嫁衣。

人类历史就是如此，人生也是如此。人有千算，天只一算。人即使机关算尽，也永远算不到“螳螂捕蝉，黄雀在后”的天道。

# 6／
# 仲长统与陈群——帝国的反思

西汉的灭亡、王莽的灭亡以及东汉的灭亡，让儒家那一套治国理政方式遭到重击。本来，儒家的政治思想态度极为乐观，孔子和孟子都生于乱世，然而孔子说“如有用我者，三年可成”，孟子则说，“只谈仁义，就足矣”。虽然孟子说“五百年必有王者兴，一治一乱”，但仍然坚持追求治道，并以治道为主。所有的儒家知识分子都认为天下即使乱成粥，也大有可为。

儒家追求的政治理想是圣君贤相，归仁化义，和法家最大的不同是，它虽然尊君，但以民为贵，政治的主体是人民，而不是君主。当秦灭亡时，儒家知识分子攻击的正是这点：**秦并未把法律看作凌驾于所有人之上的普世法则，而是只当成了君主统治的工具。所以，法家之秦就成了专制之秦，专制和法家是两回事，如同牛和蜗牛。**两汉时期，儒家鼓吹圣君贤相、归仁化义的政治口号，可一旦君不圣，相不贤，仁难归，义不化，儒家知识分子就只好干瞪眼。为了弥补仁义之政治的不足，两汉政治高层又引进法治，并和仁治并驾齐驱，然而，又出了各种问题，天下大乱。

儒家知识分子此时彻底丧失信心，由乐观急转直下为悲观，仲长统即是代表人物。仲长统少时好学，对各种礼仪则深恶痛绝，在很多人眼中，属于狂生。后来到曹操帐下效力，论说古今，著书十余万字，可惜大部分失传。仲长统悲观地认为，秦汉两朝既非纯法也非纯儒，更不是外儒内法，而是君主专制。天下常发生大乱，不是儒家的问题，也不是法家的问题，而是君主专制的问题。仲长统讽刺那些拿儒法说事的蠢材知识分子：譬如一把刀，儒家说不能随意使用，法家说要经常使用，砍杀坏人，只在刀的使用上争得面红耳赤，却忘了刀的主人不是儒也不是法，而是专制的帝王。

天下之乱就乱于帝王，国家富有，帝王奢侈浪费，乱动刀兵，搞得国家破败贫穷后，帝王又搜刮民财，无所不用其极。这种没有良知的浑蛋往往会激发人性中的恶，使世间出现所谓的英雄豪杰，提刀挎剑，斩杀同类，让人间变成地狱。仲长统说，人经不起考验，更经受不住诱惑，见别人杀人而荣华富贵，自然也要去杀人，见别人称王称霸，美女如云，自然也要去血流漂杵。而一旦乱起，纵然有天降圣人，也只能维持短暂的和平，终归还会回到乱世。

仲长统一针见血地指出，天下之乱不乱于外敌，也不乱于知识分子的无能，更不乱于乱民造反、军阀野心，恰好乱于专制政体。皇帝权力无限，不受制约，永远心想事成，他给人树立了恶的“榜样”，人们自然会群起效仿。但遗憾的是，仲长统没有给出限制君主权力的破解之道。他只是断定，倘若中国仍坚持这种政体，那必然是一治一乱永无停歇，而且比孟子悲观的是，仲长统认为，乱才是常态，治只是变态。他更认为，君主专制导致的结果是人才不能尽其用，所有人上升的大门的钥匙都控制在君主手中。

中国从夏王朝开始直到春秋末期，政府由最高领导人和他的家人统治，进入战国，平民开始进入政府，这些新鲜血液的输送，加速了战国的进程。秦王朝时，人才的选拔并没有固定的形式，大多依靠功勋。两汉时期，各地政府举荐人才成为主流，然而，这种方式仍有随机性，主动权还是掌控在君主手中。

直到伟大的人物陈群的出现，中国帝制时代的人才选拔才有了一定的标准，这个标准就是“九品中正制”。陈群是曹操的重要幕僚之一，在曹丕建曹魏帝国后期担任吏部尚书（组织部部长）。陈群本为当时的大世家子弟，有学识，有被知识分子吹捧的道德，他所创立的“九品中正制”的性质虽由其出身决定，但仍然给中国帝制政府提供了一个标准，这就要比没有标准好很多。

“九品中正制”规定：每州设大中正，郡设小中正，将辖区内各级官员按才德分为九品，即上中下三等，每等又分三级：上上、上中、上下；中上、中中、中下；下上、下中、下下。中正的职责就是决定人的品等，标准就是才和德。评定品等后，小中正把名单上报给大中正，大中正再上报给中央政府，中央政府就将名单作为官员的升降标准，知识分子若要进入政府，这是重要途径。

由于“九品中正制”成为一种制度，所以就限制了皇帝随心所欲用人的权力，这对君主专制政体无疑是一种纠正。同时，“九品中正制”避免了一些无才无德却和皇权有关（比如外戚、宦官）的人进入政府，干扰朝政，更为重要的是，“九品中正制”确立了中国帝制时代“精英治国”的理念和现实。不经过政府的评级，就算你能呼风唤雨、撒豆成兵，也进不了政府。从此，中国走上了一条独特的治国理政道路：精英治国。

然而，任何一种制度都有弊端，只要它是人创建的。因为人就是有弊端的动物，出于出身、见识、私欲这些方面的原因，制度本身有好处，也必有坏处，正如中国传统哲学所说的那样：有阴必有阳，有阳必有阴。

陈群出身世家，其所创建的制度当然会为世家着想。如果是个负责的中正，那他在评定官员品等时，会按照才和德的标准；如果他不负责，那就会阳奉阴违，以被评定人的家世为准绳。

**东汉后期的门第已是潜规则，陈群用“九品中正制”将其显化为制度。**从此，被中正评定为高等级的官员都出自门阀世家，他必须选定门阀世家中的子弟，因为他就出自门阀世家，为了让后代也能成为上等之人，他要先培养将来可以推荐自己后代的人，而这些人必然出自门阀世家。于是，就出现了“上品无寒门，下品无世族”的现实。现实是残酷的，所以它才是现实。一个人的政治前途与社会地位不是靠品德和才华获取，而是由家世血统决定。上到中央政府，下至地方政府，掌握权力的人都是一类人，他们就是门阀世家。这就是化国为家，由于手中的权力不是靠努力奋斗而是靠投胎得来，所以很多官员并未把国事当成家事，相反，他们对国事置若罔闻，于是出现了清谈。

所谓“清谈”，就是不处理政府的俗世事务，只探讨虚无缥缈的哲学问题。

中国其实没有哲学，因为没有思辨，模棱两可的学术问题遍地都是，而且谈上几万年也谈不出个所以然来。这就让官员们心甘情愿、乐不可支地深陷其中，产生了“嘴炮”千千万。

作为国家中流砥柱的知识分子如此，那国家肯定好不到哪里去。于是，司马家族虽然气势如虹地灭掉了三个国家，建立晋帝国，但支撑帝国的基石早就注定腐烂，晋帝国如同建在沙堆上，一建成就飘摇起来。

# 第三章

# 西晋：假装的统一

## 1／

# 君不君、臣不臣的晋帝国

我们从司马炎和孙皓那段关于座位的沾沾自喜的谈话，就可精准地推测出司马炎不是合格的开国君主。中国历史上的大一统君主，除了元、清统治者，其余几乎全来自民间。即使是隋王朝开创者杨坚、唐王朝开创者李渊，出身贵族，也是在权力中心之外摸爬滚打过来的。而司马炎在祖先的庇护下生长于权力中心，他不需要做任何事，就可一言九鼎。因为围绕在他身边的人都是一人之下、万人之上的豪门贵胄，**可以说，司马炎就是个与世隔绝的花花大少。**

严格意义上，司马炎根本就不是开国君主，他爷爷、伯伯和老爹不遗余力地为他的帝国添砖加瓦，如同曹操不遗余力地为曹丕添砖加瓦一样。和曹丕一样，司马炎只是个坐享其成的公子哥儿。

但他和曹丕有着本质的不同。曹操是个英雄人物，以天下为己任。曹丕亲眼见证了老爹开创大业的艰辛，虽然他未参与多少老爹的事业，但耳濡目染仍可让其感慨事业来之不易，于是会产生谨慎之心。况且，曹丕的位子是和兄弟曹植争夺许久才落入袋中，所以曹丕能珍惜这来之不易的权力。司马炎的祖辈在英雄事迹和品格上远逊于曹操，司马炎没有受到多少家族熏陶，他的位置几乎是张着嘴巴接到的，所以做皇帝和不做皇帝，对他来说，权力并没有本质上的区别。

司马炎开国后，脑子里只有两件事，一是和所有大臣空谈，二是性欲。司马炎未开国时，家中就美女如云，做了皇帝后，更是大肆“扩招”。这种“扩招”当然不是被动招聘，而是强抢，听闻哪个大臣家中有美女或者是民间谁家有美女，司马炎从不迟疑，立即命人去抢。美女众多，每到黄昏，司马炎就头痛，他不知该去哪里夜宿。

为了解决这个重大问题，司马炎让人制作一辆花车，用羊拉车，羊停在哪个佳丽门前，他就在哪里住宿。许多熟悉羊的口味的美女就把盐汁洒到自己门前的竹叶上，引羊舔食，羊自然也就驻足在此。所有美女都用这一招数，导致后宫食盐迅速消耗，太监们只好每天皱着眉头特意去宫外买盐。

中国历史上所有统一王朝的开国之君，都有品格上的瑕疵，很多开国君主能自我克制，而司马炎永远在迁就欲望，放浪形骸。他常常搞些小动作，让人感觉他是明君，比如三番五次下令勤俭节约，有次甚至把一件价值不菲的袍子当着大臣的面烧毁，断定这是奢侈浪费，大臣们正要惊喜，他又穿起了更名贵的长袍。他又下令减少膳食，也是当着大臣的面搞四菜一汤，大臣们正要心弦振动，他转头就给自己加了几十道生猛海鲜。

心学大师王阳明说，皇帝治理国家的秘诀有两个字：教化。教化分为两部分，第一部分是以身作则，第二部分是以道诲人。“则”是良知，“道”也是良知，若想做到以道诲人，必须以身作则。以身作则是知，以道诲人是行，知行合一才是有效果的教化，如果你做不到以身作则，或者是假装以身作则，这就是不知，是虚伪，那底下的人就不可能被道所诲。

司马炎的行为很容易就让人知道了他的虚伪，他表演出来的“以身作则”非但起不到任何效果，反而让晋帝国高层对良知无所顾忌而变本加厉。

其他帝国都有朝气蓬勃的开国气象，只有晋帝国缺乏。晋帝国迅速变成了“君不君、臣不臣”的荒唐、腐朽的帝国。整个权力上层充斥着豪侈、贪污、放荡、清谈，呈现出人不像人、鬼不像鬼的衰败气象。

大臣石崇生活奢侈腐化到极致，住则豪华府邸，仆从如云，出则车如流水马如龙，吃则必须珍禽异兽，连卫生间都要精雕细琢，比中等人家的厨房还要干净奢华。石崇因其生活方式成为所有官员的致敬对象。然而石崇并不快乐，他叹息说：“我好寂寞。”于是，就有人把外戚王恺介绍给他，王恺的豪奢程度和石崇不相上下，两人展开对决。

王恺先发力，用麦糖洗锅——麦糖在古代是超级奢侈品，因它不易提炼和保存，所以只有高级官员和富豪才能吃到。王恺认为自己出手不凡，但石崇马上还以颜色，他用百姓只有在春节才舍得点燃的蜡烛当柴烧。王恺用高级紫丝绸制作屏障四十里，石崇技高一筹，就制作五十里。王恺气愤不过，重新装修房子，用名贵的赤石抹墙，石崇也装修房子，涂墙材料用更加名贵的香椒泥。这种隔空对决，王恺显然输了，但他不服。于是他请石崇吃饭，在饭局上，他让人搬出一米高的珊瑚树，正当他得意扬扬时，石崇一铁棍把珊瑚树砸得粉碎。王恺正要发火，石崇已命人搬来六七株一米多高的珊瑚树，施舍给王恺。王恺当晚大口吐血，有人让他去找皇帝司马炎帮忙。王恺认为司马炎的宝贝还不如他的多。

除了炫富拼富，晋帝国那群富豪官员的其他玩法，已超越了我们匮乏的想象力。石崇经常请客，宴席上，他会让家中美艳的侍女劝客人喝酒。客人如果有肠胃炎，不能喝酒或者是喝得少，石崇就当场把美女杀掉。这种玩法简直丧心病狂，而更丧心病狂的则是有些客人，故意不饮酒，他们喜欢看美女花容失色、梨花带雨地哀求他，然后又不帮助美女，云淡风轻地看着美女被杀掉。

帝国丞相王导和他的兄弟大将军王敦曾赴石崇宴会，石崇让美女劝酒，王导知道石崇的规矩，所以不停地喝。王敦却搞恶作剧，尽管美女在一旁用尽全身妩媚，他如同盲人一样看不见。石崇连杀了三个劝酒的美女，王敦不为所动。王导偷偷劝他："你喝一杯能死啊，救一个人能死啊！"

王敦瞪起牛眼说："他杀自己家的人，和我有什么关系。"

王敦说得对，那些美女都是石崇的财产，石崇处置私产当然和外人没有任何关系。

晋帝国上层社会，除了石崇、王恺这种豪奢标杆人物，其他人也是各显神通，希望能在豪奢上有突破性的进展。司马炎曾到大臣王济家做客，吃到一只蒸乳猪，司马炎感觉味道纯美，不似他吃过的猪肉，于是询问烹饪之法。王济自豪地说："烹饪之法普通，这猪却不普通，它是吃人奶长大的。"

司马炎叹息说："你真会吃。"

王济是会吃，另一个宰相级官员何曾是玩命吃。他每天仅三餐饭菜就要花掉普通人家两年的伙食费，他的餐桌相当于半个篮球场，每次吃饭时，他都要站着来回走动。如此吃来吃去，最后居然嫌弃没有下饭的菜。

如此豪奢的生活，仅靠俸禄当然无法支撑，所以官员们竞相贪污，但凡手中有点儿权力有资格贪污，就绝不浪费。像石崇，不但大肆贪污，而且让手下装扮成强盗，到处抢劫。晋帝国上下对钱的热爱如火如荼，好像苍蝇见到屎一样奋勇向前。时人所著的《钱神论》中讽刺说，"执我之手，抱我终始。凡今之人，唯钱而已"，爱钱成为晋帝国的核心价值观。

除了豪奢和贪污爱钱，晋帝国最致命的价值观就是放荡。东汉三国时期，北中国已经出现了一种"行为越放荡，名声越高"的变态风气，贵族子弟群聚狂饮，披头散发，赤身裸体，互相交换妻妾玩耍。进入晋帝国，更是不可收拾，所有符合礼仪的价值观全部被抛弃，中国当时进入癫狂时代，而整个贵族则成了"垮掉的一代"。

有个叫胡毋彦国的人关着房门饮酒，被儿子胡毋谦之偷窥，儿子大声叫嚷："彦国老儿，不该独乐。"直呼父亲名字实属大逆不道，想不到他非但没有生气，反而邀请儿子进房间共饮。乱伦、同性恋在晋帝国上层根本不是新鲜事，反倒是那些循规蹈矩遵守中华传统礼节的人被看成异类，每次上朝时总被人指指点点。这大概就是传说中的"衣冠禽兽"时代。

人人都以金钱为第一等事的价值观或许还有救，但晋帝国使"清谈"变本加厉，从而雪上加霜。三国时期，清谈就成为贵族们的一项精神运动，晋帝国把它带上巅峰。司马炎在开国第三年（268 年）发布诏书说："为永葆我大晋的江山，现以无为之法作为治理国家的核心（永惟保乂皇基，思与万国以无为为政）。"

司马炎的思路是正确的，西汉、东汉建国后都以"无为"为治国理政方略，**但司马炎和他那群饭桶官员显然扭曲了"无为"的智慧，无为是不折腾，晋帝国却认为是不理政。**在国家意识形态的推波助澜下，清谈几乎成为国策。

清谈之风在东汉末期就已开始，然而只是微风，曹魏帝国时期，微风升级。以何晏、王弼为首的知识分子开始大吹特吹，他们从《易经》《道德经》等经典背后探究出了虚无和无为思想，何晏的一句“天地万物以无为本”就是清谈家们的宇宙观，在这种宇宙观下，人生价值观必然受到影响，那就是一切都应该以“无”为价值体现。简单而言就是，天下是虚无的，百姓是虚无的，政治是虚无的，连君主都是虚无的。**对于虚无，你只能做一件事，那就是不要理它。而不要处理任何事务，只“知”不“行”才是大道，才是天理，才是当时人心中的“知行合一”。**

清谈家们虽然口口声声谈虚无、无为，但贪欲极强。正因为贪欲极强，不肯舍弃屁股下面的位子，所以拒绝做实事，以免被人捉到把柄，如此，物质利益和价值观二合一，最终，清谈成为国家意识形态。清谈之风风靡整个晋帝国，随之而来的就是对清谈的践行：清虚无欲。亲王司马干就是典型代表：他把俸米布帛放在空地上，让它们腐烂。他的小老婆死掉，棺材不钉盖，隔几天就揭开棺材板探望，有时哭伤心了，就跳进去和尸体搂抱并奸尸，直到尸体腐臭不堪才埋葬。

我们不禁要问的是，为何清谈飓风会在魏晋时期刮得天昏地暗？原因就在于司马家族的人喜欢杀多嘴的知识分子，篡权的道路上，司马懿、司马师和司马昭一听到有知识分子对他家不满，就立即手起刀落。知识分子们又不能不说话，为了避祸，只好用清谈秘术。

如此的帝国以及如此的皇帝臣子，君臣全成了贪婪暴戾的甩手掌柜，如果它不灭亡，绝无天理。司马炎的晋帝国，没有人为他分忧，因为真有能力的人全被他几个祖宗当成绊脚石铲除了。能从司马炎几个祖宗那里活下来的人，要么是谄媚的小人，要么是清谈的混账。一群行尸走肉涂脂抹粉，手摇纸扇，自称生于天地间而不是国家中。

厄运如果不降临晋帝国，那厄运之神会羞愧而死。为了惩罚这个歪门邪道的帝国，厄运之神派了八个王爷来摧毁晋帝国，是为八王之乱。

## 2／
## 八王之乱（上）

**晋帝国建立于公元280年，灭亡于公元317年，在三十七年的短暂寿命中，八王之乱（291年—311年）就占了近二十年，超过它寿命的一半。**八王之乱义无反顾地摧毁了自己的帝国，它的出现源于两点，一是八王，二是司马炎的接班人问题。这两点都体现了司马炎的政治弱智。

先谈八王。司马炎建国不久，和一些大臣假惺惺地谈论治国之道。大臣们各抒己见，司马炎听了半天也没听明白。这自然不怪他，自司马家族控制曹魏帝国后，稍有反对司马家的臣子，立即会被处死。长此以往，在曹魏政府中，就没有人敢说真话了，后来连假话和奉承话都不敢说，大家只好抓耳挠腮地说车轱辘话，说了大半天，听者也不知说的是什么。大家一致认为，这就是保身之道，这种说话方式后来发展成优美的传统，如你所知，它叫"清谈"。魏晋风流中，清谈是必不可少的风流之一。

司马炎听不懂大臣们在说什么，其实也不想听。他得意扬扬地分析说："曹魏为何这么快就丢了江山，因为没有对亲戚实施分封，如果曹氏有很多亲戚都在中央政府之外有权有兵，我们司马家怎么可能夺取其江山？"

众大臣频频点头说："皇上您英明啊。"

司马炎乐不可支地宣布他的"高度智慧"的结晶：封司马家族的男人到各地为诸侯，大国两万户，拥兵五千人；次国万户，拥兵三千人；小国五千户，拥兵一千五百人。文武官员皆由诸侯任命，这俨然已是割据一方的军阀。

皇帝把军政大权放手给诸侯，刘邦做过，但那是迫不得已，司马炎没有刘邦面临的尴尬处境，何以有如此胸怀？大概是他的权力来得太容易，所以不懂珍惜。他的家族将为他的愚蠢行为付出昂贵的代价。

如果司马炎的接班人合格，八王之乱可能不会发生，至少不会在司马炎死掉的一年后就发生。但司马炎把后人认定的白痴儿子司马衷立为接班人的决策，无疑是给八王之乱制造了机会，这就叫神鬼难逃。

在世人眼中，司马衷的白痴程度板上钉钉。他听说民间闹饥荒，连粥都吃不上，于是疑惑地问：“怎么不吃肉？”宫中池塘中有青蛙叫，他问身边的人：“它们是为公叫还是为私叫？”

仅他问青蛙是为公还是为私而叫这件事，不能充分证明他是白痴。这是一种后来的王阳明心学的最佳体悟：天地万物皆为人类存在，青蛙叫不是客观存在的，我们人类赋予它意义，意义本身就是事物本身，因为心外无理，心外无物。换个说法，问青蛙是为公还是为私而叫，是一种老子所谓的赤子之心。你可以说司马衷这一问充满了哲学意境。

至于他问“何不吃肉”一事，更不足以证明他是白痴。清王朝末期，慈禧太后向西方列强开战，当西方军队抵达北京城外时，有学富五车的大臣自信地说：“洋鬼子最怕的是污秽，可以收集北京城的粪便，从城墙倒下去，洋鬼子就会如同野鬼见到道符一样，惨叫着四散逃亡。”

你当然不能说这个学富五车的大臣是白痴，司马衷问的“何不吃肉”，是信息单一化造成的盲人摸象之问。

司马衷长于深宫，从未接触过外面的世界，深邃广大的皇宫就是他人生信息的全部来源。他都不如同样在深宫中长大的老爹司马炎，司马炎还有机会和外面的大臣聊天，通过大臣透露的信息了解外面那个虚构的世界。人的判断力固然不来自闻见，而来自内心光明的良知，可如果没有任何闻见，那良知绝不可能自我光明，司马衷的闻见太少，其信息来源是单一的，即皇宫中的一切，除此之外，没有其他。所以他不可能具备正确的判断力，判断出遇到饥荒的百姓没有任何食物。他脑海里存储的所有信息只有粥和肉，吃不上粥，自然应该吃肉。

若想获取正确的判断力，必须接收更多信息。然而这种论调显然有太大的缺憾，人喜欢舒适圈，正如司马衷不想离开衣食无忧的皇宫而去民间体验挨饿受冻一样。所以凡是不能具备正确判断力的人，其掌握的信息来源都十分单一，司马衷就是最好的例子。

当然，司马炎也不可能让他去体察民情，这和当时帝国崇尚清谈的价值观相违背。于是，司马衷就被帝国价值观训练成了“白痴”。**心外的任何障碍都不足以把我们训练成白痴，所以，司马衷是被自己训练成了白痴。**

前面我们谈到过，任何家族都有固定的命数，这命数就包括运气和智商。司马家族从司马懿开始，运气和智商出奇地优秀，司马懿和他两个儿子司马师、司马昭把家族命数用得差不多了，司马炎就成了二把刀，到他的儿子司马衷，家族命数连渣滓都没有剩下，司马衷的智商肯定高不到哪里去，然而，智商低和白痴是两回事。司马炎也知道儿子司马衷智商不高，可他只能硬着头皮把遗产交给司马衷来继承。

第一，司马炎当初继承老爹司马昭的遗产时，经历了一点小风波。司马昭的老哥司马师没有儿子，所以司马昭把自己的儿子司马攸过继给老哥。司马攸的才能和名声要高于司马炎。司马昭始终想把位子传给司马攸，但司马攸名义上已不是他的儿子，所以最终下了狠心，把位子给了司马炎，但他叮嘱司马炎，百年之后要把位子还给司马攸。司马炎同意老爹的意见，因为司马昭的位子也是哥哥传给他的。可司马炎做了皇帝后，马上就改变了主意，283 年，司马攸生病，司马炎马上派医生去问诊，结果医生按照司马炎的命令宣布：“司马攸的病不需要治疗，靠自身免疫力即可痊愈。”结果，司马攸的免疫力偷懒，被动拒绝医疗救助后他一命呜呼。很多大臣都对司马攸的去世抱有同情，司马炎趁势说：“如今司马攸已死，接班人传递就要改了，我要传给自己的儿子。”

第二，司马炎的长子早夭，司马衷是次子，司马衷还有二十几个兄弟，智商都比司马衷高。司马炎本来也想越过司马衷，在其他儿子中挑选一个作为继承人。可司马衷的生母、皇后杨琼芝死活不同意，对司马炎软磨硬泡，终于让司马炎立了司马衷为太子。杨琼芝知道自己儿子的智商水平，于是把她叔叔杨骏的女儿杨季兰送到司马炎怀抱中，杨琼芝一死，杨季兰就成了皇后。看上去，司马衷的前途一片光明。

第三，如果事情只发展到这一步就刹车，后来的八王之乱也不可能发生，杨琼芝处心积虑稳定儿子的宝座时，又做了件愚蠢透顶的事。权臣贾充用重金贿赂杨琼芝，把自己的女儿贾南风嫁给司马衷为太子妃。司马炎第一次见儿媳贾南风时，吓得屎尿齐下，贾南风的相貌几千年才能一见：又矬又肥，脸黑如炭，眉毛上一颗出乎意料的黑痣，这容貌如果不是生于富贵豪门，注定孤独一生。见识过无数美女的司马炎当然不能同意未来的皇后是这副德行，所以坚决不同意，杨琼芝故技重演，又是软磨硬泡，终于让司马炎点头。

表面上看，司马炎对杨琼芝言听计从，实际上，当时支持司马衷的势力已根深蒂固，司马炎只是无能为力。

贾南风是表里如一的人，司马炎死后，她就开始作妖，最终引起八王之乱。

第四，司马炎把遗产交给司马衷，其实或多或少地发自本心，司马衷虽然智商低下，他儿子司马遹却聪明绝顶。某次皇宫失火，司马炎站在高处查看，当时火光冲天，司马炎被烤得浑身发热。司马遹扯着爷爷的衣袖说：“您不能站在光亮处，一旦有贼人行凶，恐怕不妙。”司马炎对孙子的智慧感到大为惊奇，他把皇位传给司马衷，其实是把希望押在了司马遹身上。

这种隔空打牛风险极大，司马炎才死一年，风云即起。挑起事端的正是表里如一的皇后贾南风和杨琼英的叔叔杨骏。公元 290 年，司马炎病重，杨骏脑袋一热，居然把司马炎软禁。司马炎本来要杨骏和汝南王司马亮共同担任司马衷的辅政大臣，杨骏又是脑袋一热，篡改诏书，把司马亮的名字划掉。杨骏辅政后，大权独揽，把一大批亲信送进要害部门，牢牢控制了朝政。

皇帝司马衷没有任何反应，贾南风却怒发冲冠。本来她就和婆婆杨季兰的关系很差，又因为杨季兰的老爹杨骏把持朝政，窝囊的丈夫听之任之，这让她气得脸色由黑变紫。她决心改变现状，于是秘密联络司马亮，要他带兵入洛阳，里应外合之下干掉杨骏。司马亮固然认为杨骏可杀，然而贾南风是妇人，她干政，更要不得。于是，他拒绝了贾南风。

贾南风一旦立下志向，绝不轻易放弃，她又派人秘密联络年轻气盛、刚愎好杀的小叔子（司马衷之弟）楚王司马玮，司马玮早就对杨骏看不惯，和贾南风一拍即合。贾南风与司马玮密谋铲除杨骏时，杨骏早得到风声，幕僚们劝他先下手铲除贾南风，可杨骏好像突然失去当初争夺权力时的果断，变成了优柔寡断的笨蛋。就在他犹豫不决时，贾南风和司马玮准备完成，一天深夜，司马玮用贾南风伪造的圣旨骗开洛阳城门，率领他的兵团冲入洛阳城，把杨骏家族的人全部杀掉。这场政变来无影，去无踪，贾南风为自己的计划沾沾自喜，正准备接管政府时，政府官员们却未让她得偿所愿。经过大多数官员和亲王的一致同意，汝南王司马亮被请入京城，担任辅政大臣。

司马亮志大才疏，偏偏又喜欢运用少得可怜的智慧。贾南风和司马玮诛杀杨骏，本是一场见不得人的政变，但司马亮为了笼络人心，大肆封赏参与政变的人。这让贾南风和司马玮羞愧难当，恨意立起。司马亮又耍小聪明，把辅政的权力分给大臣卫瓘，对司马玮却十分吝啬。这更引起司马玮的愤恨。贾南风和司马玮再度联手，趁司马亮得意扬扬时，诬告司马亮和卫瓘要废掉太子司马遹，未等司马亮辩解，司马玮已将其拿下。司马亮就在迷迷糊糊中被乱兵砍死。

司马亮虽然智商不高，但是名声极好。他被杀后，全国各地的亲王都为他鸣不平，要求贾南风和司马玮给出合理的解释。司马玮给不出合理解释，贾南风同样如此。就在二人焦头烂额时，贾南风急中生智，快如闪电地假传圣旨宣布：司马玮假传圣旨冤杀司马亮，应该处决。

司马玮立即被活捉，不经审问即押赴刑场，司马玮在刑场上从怀中拿出诏书，眼含泪水地对审讯官说：“我是奉旨而行，如今却成了罪人，真是冤枉透顶。”审讯官也叹息流泪说：“杨骏、司马亮亲王何尝不冤！”

司马玮如五雷轰顶，对佛教一窍不通的他，脑海中突然蹦出一句话：善恶到头终有报。司马玮如此，天下人尽皆如此。

司马玮被无辜处决后，贾南风成为拨乱反正的女英雄，终于掌控大权。**她把司马玮当枪使，再把枪废掉，政治操作居然如此顺利，这让她对自己和未来充满着火焰般的信心。**特别是她每次看到那个白痴丈夫司马衷时，这种信心就腾云驾雾般升级，膨胀之下，她开始揪着自己的黑脸向地狱冲去。

## 3／

# 八王之乱（下）

司马玮死于公元291年，八王之乱上半部结束，贾南风至此绝对控制了她的白痴丈夫和朝政。她在朝中培养自己的党羽，成为如假包换的大姐大。众人很快发现，贾南风的亲信全是超级帅哥级别的。她根本不顾及丈夫司马衷的感受，常常把一大批帅哥官员引入后宫，释放着老女人的情欲。

然而，贾南风总会被噩梦惊醒。她浑身汗水，那张黑脸在烛光下熠熠生辉，她的噩梦源于对权力不能永久的担忧，因为她没有后代，而正牌太子恰好是司马衷和别的女人生的司马遹。贾南风痛恨司马遹，与他不共戴天。

聪明的司马遹早知道危险，所以他在太子宫中安分守己，多余的话从不多讲一句，弯路也从不多走一步。贾南风始终找不到他的失误将其置于死地。眼看司马遹渐渐长大，又透露着一股不易察觉的睿智，贾南风冷汗直冒，她决定用偷梁换柱的办法排除这颗地雷。

公元299年，贾南风突然宣布自己其实有孩子，之所以现在才公布，是因为她和司马衷生这个孩子时恰好在为司马炎守丧，这种违背礼制的事，当然不敢说出来。如今必须说出来，是为帝国未来着想。

顿时舆论哗然，连皇帝司马衷都认为贾南风搞得太过分了，贾南风能否生育，只有他和贾南风知道。但贾南风有证据：她偷偷把妹夫的儿子调入后宫，当成自己儿子。

众人正惊骇于她的蹩脚大戏时，她又宣布：“既然我已经有儿子，皇后的儿子才能封为太子，司马遹当然要被废掉。”

亲王和大臣们出奇一致地站在贾南风的对立面，激烈反对。有亲王甚至威胁贾南风：“太子司马遹没有任何过错，而且是先帝（司马炎）指定的皇太孙，谁敢废他，谁就是和司马家族作对！”

贾南风的走狗们也劝她说：“太子是国家根本，废太子等于拆房子，此事非同小可，它的麻烦程度要比宰杀几个亲王高得多，此事要从长计议。”

贾南风相貌惊世骇俗，做事也雷厉风行，她不喜欢从长计议，认为那是浪费时间，她只喜欢快刀斩乱麻，她毫不犹豫地在事隔十年后，重启八王之乱下半部，八王之乱进入高潮。

司马遹好像是为了配合贾南风，突然变得暴戾凶残。他在太子宫中常常发疯，用鞭子抽打下人，偶尔会动刀动枪，这就给了贾南风非废掉他不可的最佳借口。

公元 300 年，贾南风把司马遹诱骗进宫，强行把他灌醉，让他在酒醉迷糊之中写下“陛下宜自了，不自了，吾当入了之。中宫又宜速自了，不自了，吾当手了之”的字样，贾南风马上拿着这份罪证报告司马衷。司马衷看了半天才看明白，他亲儿子想要干掉他。可他不信，但贾南风不管他信不信，让他签字，认定太子的罪行。

多年以来，司马衷始终受贾南风的摆布，在宫中没有一个亲信，贾南风成了他的灵魂。他不得不听命于灵魂，只好签字。

贾南风狂喜地拿着这份已经被皇上认可的罪证，传给所有的亲王。亲王们明知这里面有鬼，却没有确凿的证据，不过这些亲王仍然认为不能轻易废太子，他们给皇帝司马衷（其实是给贾南风）回消息说：“太子是酒后胡说，这不能成为证据，此事应成立调查组详细调查，决不允许有人栽赃陷害太子。”

贾南风马上回复那些亲王说：“尔等心思正合我意，先把太子囚禁起来慢慢追查。”

于是，司马遹被囚禁，贾南风当时没有杀司马遹的心思，然而一些别有用心的人在她面前搬弄是非说："亲王们都中意司马遹，虽然司马遹现在被囚禁，但万一那些亲王有一天喝多耍酒疯把他释放，您可就危险了。"

贾南风想起"斩草不除根，春风吹又生"的格言来，二话不说，立即派人毒死了司马遹。司马遹一死，司马家的亲王们大怒，个个摩拳擦掌要来找贾南风算账，最先爆发的是赵王司马伦。

司马伦是司马炎的叔叔，虽然很老，但不学无术，尤喜美色、财宝和权力。司马遹被杀的消息传到他的封地后，他乐不可支，马上率领他的兵团向洛阳杀来，声称要干掉贾南风，为太子复仇。

司马伦的行动快如闪电，直杀入洛阳城，把贾南风活捉，不久后将其毒杀。贾南风自作自受，司马伦成为晋帝国的英雄人物，但他很快就露出狐狸尾巴。先是自封宰相，独揽大权，在做了不到半年的宰相后，他忽然灵机一动，想过过做皇帝的瘾。说干就干，公元 301 年，他废掉皇帝司马衷，宣称自己是正牌皇帝。他的祖辈篡权时，还曾阶段性地先废掉一个再立一个再废。司马伦心急如焚地连这套祖先法宝都省略了，自然引起其他亲王的大大不满，尤其是齐王司马冏。

司马冏是和司马炎争夺帝位的司马攸的儿子，司马攸后来生病，司马炎用"无为而治"的方式把他送上黄泉路，所以司马冏和司马炎、司马衷有杀父之仇，一直憋着劲儿要报仇。司马伦讨伐贾南风时，曾和司马冏联合攻打洛阳城。但事成之后，司马伦这个浅碟子把他放逐到许昌（今河南许昌），司马冏愤愤不平，如今得到机会，迫不及待地打出讨伐叛贼司马伦的口号，集结兵团从许昌出发向洛阳进攻。

司马伦怒不可遏，宣布司马冏才是叛贼，号召天下亲王对付司马冏。但司马冏比他先动手，向亲王们倡导大义，请他们讨伐篡位逆贼司马伦。各路亲王都站到司马冏这边，河间王司马颙、成都王司马颖、长沙王司马乂、东海王司马越纷纷起兵响应，八王全部到齐。

几方约定，谁先杀掉司马伦，谁就做晋帝国的宰相，其实就是东汉帝国的曹操、曹魏帝国的司马懿。大家为了这个位子，奋勇向前，最先和司马伦交火

## 八王封国及军阵图

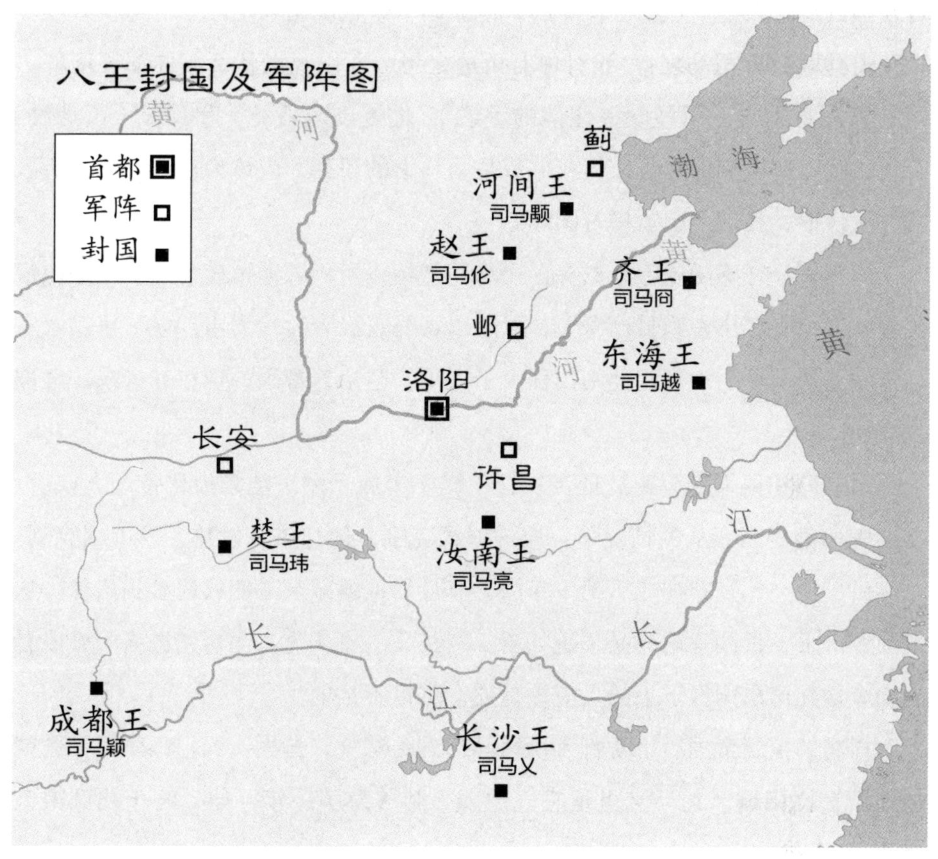


的是河间王司马颙和长沙王司马乂。两个亲王使出吃奶的力气扫荡地方上效忠司马伦的势力，司马冏则绕过司马伦在地方上的势力范围，直插洛阳，正面和司马伦搏杀。司马伦屡战屡败，又听说各路亲王都在奔赴洛阳的路上，于是打开洛阳城投降，迎接司马冏进城。

司马冏进城后，先把司马伦监禁，然后关闭城门等待其他亲王的到来。当那些亲王气喘吁吁地抵达洛阳城，司马冏向着城下的他们鞠躬说："大局已定，诸位请回，功劳人人都有，我来分配。"

众亲王只好按照约定，拥戴司马冏为宰相，司马冏又把惶恐不安的司马衷扶上宝座，司马炎一系的晋帝国复活。和一年前的司马伦一样，司马冏也成为晋帝国的英雄人物。在稳定秩序后，他立即下令处决司马伦。

司马冏告诉司马衷："我对你有再造之恩，所以我做什么，你都要理解。"司马衷浑身发抖，司马冏握住他的手说："你爹（司马炎）和我爹（司马攸）有仇，我也应该和你有仇，但我们都是司马家的子孙，应该为长远考虑，所以我放下仇恨，我们一起治理帝国。"

司马衷只好感激涕零地点头，司马冏开始无所顾忌地施放大招，先是把帝国军政大权全部集中到自己身上，然后以司马衷没有后代为由，立了年仅八岁的清河王司马覃为太子，他则担任太子太师，整个晋帝国的现在和未来，全被他掌控。

司马冏和他大部分家族成员一样，属于半瓶子醋，他掌控晋帝国大权后，在亲王们都表面服从的情况下，应该以柔克刚，他却头脑发热，要以刚克刚。一年后，他突然宣布在之后的十年内，有计划地缩减亲王们的地盘和俸禄。这道命令一下，长沙王司马乂暴跳如雷。司马乂一直认为，当初先进洛阳城或者说如今坐在司马冏位子上的人应该是他，可惜不是他。

司马冏控制帝国后，常听人说司马乂满脸怒气，苦大仇深，以防万一，就把他留在洛阳城。司马乂更是怒气冲天，憋气憋了一年，如今终于找到渠道释放。

他对司马冏心怀不轨时，和他有同样想法的河间王司马颙在封地给他写信，希望他能做内应，里应外合干掉司马冏。司马乂一口答应下来，并且秘密做准备。然而司马冏一直盯着他，发现苗头不对，马上命令他入宫觐见。

司马乂不能往火坑里跳，他等不及司马颙，一咬牙一跺脚，集结他所能集结的全部兵力，就在洛阳城中和司马冏展开生死对决。双方在洛阳城展开惨烈的巷战，一日之间，血流漂杵，三天后，司马乂略胜一筹，司马冏被活捉。当他把司马冏拉到皇帝司马衷御座前，声称要斩杀他时，司马衷流下眼泪，哀求司马乂放过家人。司马乂也流下眼泪说："司马家叛徒败类一大把，我只能尽心尽力为家族铲除祸害。"说完，他擦掉眼泪，命人把恐惧成一团的司马冏拉出去砍头。

现在，晋帝国的实际主人又换成了司马乂。

司马乂掌控晋帝国时只有二十七岁，他相貌英俊，身材颀长，飘飘然有神仙之姿。他更有司马家族大多数人没有的优点，开朗果断，才智过人，谦以下士。在和司马冏开战前，他曾对河间王司马颙说：“祖宗留下的基业，要好好维护！”

干掉司马冏后，他开始履行誓言。通过一系列的立法清整混乱的政治，清除诸王之乱造成的诸多恶果，让皇帝司马衷拥有一定的自主权，希望通过循序渐进的长时间操作，使司马衷能参与政治。

一切都朝着好的方向发展，但司马乂毕竟年轻，对人心的了解远不如他祖先们那般深刻。他豪气干云，认为诸王之乱的原因是诸王常常往来于封地和首都洛阳之间，于是他命令所有逗留于洛阳的亲王在规定时间内必须回到封地，并且没有国家的命令，不许出封地半步。

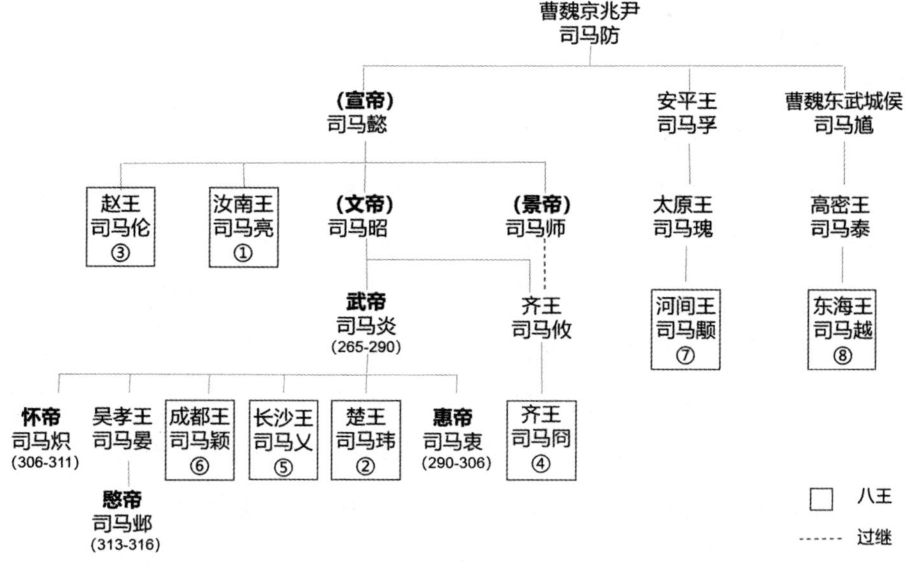

公元 303 年，司马颙痛恨司马乂的忘恩负义，派刺客潜入洛阳城刺杀司马乂，但没有成功。两人翻脸。司马颙知道以一己之力无法对付司马乂，于是联合司马颖进攻洛阳。司马乂给弟弟司马颖写信说："你我是亲兄弟（二人都是司马炎的儿子），而叛徒司马颙只是我们的堂兄弟，你去打听打听，哪里有不帮亲兄弟而帮堂兄弟的人？"

**司马颖眼中没有兄弟之情，他讽刺老哥司马乂说："司马家族互相残杀到今天，还谈什么亲情，亲兄弟不能反目，难道堂兄弟就可以反目？你杀了司马冏又怎么说？！"**

司马乂还是希望弟弟能悬崖勒马，派政府高官们去劝说司马颖，只要司马颖可以放下屠刀，自己可以把陕地割给他，司马颖被老哥的态度深深感动，然而他断然拒绝。他喜欢革命，尤其是革亲哥哥的命。

该说的话已说尽，该尽的心已尽完，除了开战，司马乂想不到别的路径。公元 303 年末，司马乂和司马颖、司马颙联军在洛阳城外开始厮杀。司马颖不停地吃败仗，但司马乂困守洛阳也面临弹尽粮绝的局面。

双方僵持不下时，在洛阳任职的东海王司马越决定站队。他看到司马颖的援军源源不断而来，又看到首都士兵个个饿得面黄肌瘦，于是判定司马乂无法支持，公元 304 年，司马越突然发动政变，率领一支突击队冲入皇宫，活捉司马乂，并把司马乂送给司马颙的部将张方。张方为了避免不必要的祸患，就在营中将司马乂活活烧死。司马越打开洛阳城门，迎接司马颖和司马颙进城。

司马颖和司马颙骑着高头大马，昂首进入洛阳城。皇帝司马衷用娴熟的礼仪迎接这两个叛徒。司马颖进城的第一件事就是搞职业生涯规划，他先自封为宰相，然后废掉司马冏所立的太子司马覃，自封为皇太弟。这显然把自己当成了候补皇帝，至于候补皇帝的期限是多久，他自己可以决定。

司马颖有雄心壮志，也有做大事必不可少的意志力，就是没有智力。控制晋帝国后，他发现之前的几个亲王都是在洛阳被杀的，所以认为洛阳是凶地，他脑袋昏沉地把洛阳留给司马颙主持，自己则跑到根据地邺城（今河北临漳）主持大局。司马颖本以为这样做万无一失，想不到司马颙和那个功勋卓著的司马越会反水。公元 304 年阴历七月，距司马颖夺取帝国权力只过去三个月，司马越让司马颙留守洛阳，自己以皇帝司马衷的名义传檄四方，宣称司马颖犯上作乱，废掉太子，天下人有义务诛杀司马颖。

司马越有些小聪明，他先把司马覃复位，扫平司马颖留守洛阳的军队后，他并未孤身前往邺城，而是带着皇帝司马衷一同前往，美其名曰：御驾亲征。

司马颖见司马越声势浩大，又带着皇帝前来，就想逃跑。幕僚们劝阻说：“逃跑无用，人人都知道皇帝司马衷是个傀儡，受司马越挟持而来。您要么投降，要么迎战，没有第三条路。”

司马颖思前想后很久，决定迎战。双方在荡阴（今河南汤阴）混战，司马越山崩一样溃败，连皇帝司马衷都被乱箭射伤，摔在乱草中。司马颖把司马衷抢进邺城，对这个倒霉皇帝说：“你不在洛阳好好待着，偏要跑来让我挟持，那我就挟你令诸侯。”可这一留，留出了问题。蓟城（今北京）镇守官王浚认为他俘虏了皇帝，于是发兵进攻邺城。司马颖打不过王浚，放弃邺城，匆匆逃亡，连皇帝司马衷都不管了。

远在洛阳的司马颙发现这是个好机会，于是派兵将皇帝司马衷控制，此时，被司马颖击败的司马越卷土重来，进攻洛阳。司马颙无法抵挡司马越的攻势，只好宣布迁都长安。在此期间，穷途末路的司马颖被忠于司马越的人所杀，而司马颙在长安城苦心坚持了几个月后，亦被司马越击溃，逃亡途中，也被忠于司马越的人所杀。司马越成为八王之乱最后的赢家，他开始结束八王之乱，当然也是结束自己。

司马越把司马衷从长安带回洛阳后的第二年（306 年），即废掉司马衷，并且把他毒杀，立司马衷的弟弟司马炽（晋怀帝）为帝，自然，全部权力都掌控在司马越手中。司马衷是个倒霉透顶的皇帝，从他登基开始到死去，始终是众多人手中的玩物，大家都把他当成一件价值连城的艺术品，参观展览，取得利润。然而无论是多么贵重的艺术品，都有他的宿命，司马越就是他的终结者。

**司马越本以为掌控了权力就可以其乐无穷，其实被人如击鼓传花般传来传去的权力已是地雷。**“八王之乱”对晋帝国的伤害太大，乱民四起，各种野心家露出水面，而且开始称帝建国。新兴的前汉帝国名将石勒脱颖而出，用游击战把洛阳周围的联络线全部剪断，洛阳成为孤城。

司马越在洛阳半死不活地熬到公元 310 年，再也不想坐以待毙，于是带领主力部队南下，准备打通洛阳通往南方的补给线。第二年，他在和各种反政府武装的频繁冲突下走到河南许昌，所有的消息都告诉他，没有办法再走下去。他悲惧交加，一病而死。八王之乱正式结束。晋帝国的厄运却刚刚开始。那支失去领导人的部队顿时没了主意，不知方向，漫无目的地乱走，走到河南鹿邑时，被穷追不舍的石勒兵团合围，乱箭如雨，全军覆没。

在这次由石勒主持的屠杀中，晋帝国宰相王衍被石勒训斥。石勒说："晋帝国走到如此田地，全拜你这种不过问政事、喜欢清谈的官员所赐。"王衍辩解说："这都怪司马家族的人心。"石勒立即将他处死。王衍是清谈高手，据说能三天三夜不停地讲庄子，而没有人知道他讲了什么。王衍是当时名震天下的琅琊王氏带头大哥，他能进入政治舞台中心，都是司马越的功劳。司马越是司马家族的远亲（司马懿的弟弟司马馗的孙子），他掌控晋帝国，很担心威望不够，于是就拉来琅琊王氏给他站台。王氏家族成批成批地进入中央政府，晋帝国遂出现"王与马共天下"的局面，这种局面到东晋形成制度，牢不可破。马（司马）没有智慧，王（琅琊王氏）没有担当，这不是什么强强联合，而是两头蠢驴的抱团取暖。

对于被司马越留在洛阳的皇帝司马炽和高级官员们来说，石勒的残暴行径犹如晴天霹雳。司马越的儿子和少量部队长官认为洛阳已是绝境，于是丢下皇帝司马炽，慌慌张张出城，准备回东海封国。就在路上，他们被石勒兵团包围，早已失魂落魄的这个兵团霎时覆没，晋帝国的全部力量在八王之乱中用尽，石勒轻轻一推，帝国轰然倒塌。

**八王之乱持续了近二十年，这二十年是一个帝国建立之初的黄金二十年，西汉帝国用这二十年休养生息，酝酿了日后耀眼的强汉，东汉帝国也用这二十年无为而治，缔造了汉王朝的伟大复兴，晋帝国却用这二十年窝里斗。**

司马家族是个把中国传统美德踩踏成烂泥的家族，中国传统中最基本的美德是孝悌，对父母孝顺，对兄弟友爱。而且在中国儒家知识分子眼中，这两种美德与生俱来，非后天习得，知孝悌是良知的基本要素，而司马家族良知泯灭，叔侄、兄弟互相残杀，好像野狼因抢夺食物而互相残杀一样。王阳明曾说，人皆有良知，纵然是盗贼，你若喊他是贼，他还扭捏，你让他举刀向父母兄弟，他还因良知发动而浑身发抖。司马家族却是人类的例外，全无良知。

归根结底，人性本善，却仍需要后天的教化，晋帝国血流成河的八王之乱就是教化缺乏的结果。这教化不仅是学校教育，还有国家价值观的教育，晋帝国缺乏正确的国家价值观，所以才出现了连禽兽世界都很难发生的亲戚之间自相残杀的八王之乱。

**晋帝国的统一是最虚幻、最具有黑色幽默的统一，是假装的统一，接下来，就是悲惨的五胡乱华和大分裂时代，一段苦难史上演。**晋帝国快速地灰飞烟灭，再一次证明分封制的弊端所在。嬴政留下的宝贵财富，再一次证明，违反者必遭天谴。

## 4／
# 西晋帝国灭亡

司马越对司马颖发动进攻的公元 304 年，一个叫刘渊的匈奴人脱颖而出。刘渊据说是冒顿单于的直系后裔，冒顿娶了汉王朝公主，汉王朝的公主姓刘，所以这一支匈奴投降中国后就改姓刘。刘渊少年聪慧，又受中国文化影响，很快在司马颖的队伍中站稳脚跟。

司马颖把办公室迁到河北临漳时，刘渊建议司马颖返回洛阳主持大局，司马颖对刘渊很是器重，但并不同意刘渊的意见。北京镇守官王浚进攻临漳，司马颖坐困愁城，刘渊再次向他建议说："王浚所用的是骁勇的鲜卑兵团，你的部队打内战可以，恐怕无法对付他。我愿回匈奴旧地（公元 216 年，曹操把南部匈奴汗国分为五部，让他们和汉人杂居于山西地区）集结五部人马，为您效劳。"

司马颖从未把刘渊看成外人，由于形势危急，他痛快地答应了刘渊。刘渊就带着司马颖伪造的诏书前往山西，召集他的族人。

刘渊临行前嘱咐司马颖："如果被王浚击败而我又未返，你要向北（山西）逃，我来接应你，千万不可向南（洛阳）逃。"司马颖点头。

可刘渊前脚刚走，司马颖就被王浚击败，他也没有听刘渊的嘱咐，拼命地向南逃往洛阳。没有人能搞懂司马颖的脑袋，也许他认为刘渊并不可信，或者认为回洛阳要比去陌生的山西更稳妥。

司马颖被击溃的消息传到山西，刘渊已神奇般地组建起五万人的纯种匈奴兵团，他们意气风发，决心恢复祖先的荣耀。然而刘渊毕竟是守信的英雄人物，他说：“司马颖真是蠢材，但我与他有言在先，不能不救。”

族人们劝他说：“晋帝国已日薄西山，你能解救一个司马颖，不能解救司马家族，倒不如趁此混乱，自立为王，恢复我匈奴江山。”

刘渊大概真如自己所说，开始的确抱着高尚的情怀欲帮助司马颖，可权力的诱惑太大，让他终于把初心放下，所以在考虑良久后说：“你只说对一半，我们要恢复江山，但不是匈奴的，而是刘家的。”

公元 304 年秋末，刘渊在左国城（今山西方山县境内的南村）祭祀天地，称汉王。在建国诏书中，刘渊大义凛然地说：“我迫不得已称王，非为私欲，而是要复兴汉室（两汉），董卓、曹操、司马家族全是叛汉的罪臣，我要恢复‘我太祖高皇帝’（刘邦）的大业。”

**这简直就是个黑色幽默，刘渊是匈奴人，他的祖先和大汉不共戴天，现在，大汉的基业居然要一个仇人来恢复，不能不说历史有时候比小丑戏还要可乐。**

刘渊王国自诞生之日起就光芒四射，他趁着八王之乱的空隙通过一系列军事行动控制了山西。公元 308 年，他在平阳（今山西临汾）由国王升级为皇帝，国号汉，后人把他所建立的帝国称为前汉帝国。

前汉帝国一建立，就开始对洛阳城内司马越主持的晋帝国进行猛烈攻击。双方展开数次大规模搏杀，刘渊虽未攻陷洛阳，但已把洛阳对外交通线全部剪断，洛阳危在旦夕。刘渊没有亲眼见到他覆灭晋帝国的伟绩，公元 310 年，他一病而死。这位看准机会就敢发家致富的匈奴人，从某种意义上，可谓知行合一了。刘渊的儿子刘和接替他不久，即被另一个儿子刘聪杀掉，现在，由刘聪来完成老爹未竟的意愿。

刘聪是个文武全才，不但骁勇善战而且饱读诗书，受中国文化濡染极深。他登基不久，即制定灭晋战略，先派大将石勒消灭司马越全部主力，然后死死困住洛阳城。公元 311 年阴历六月，洛阳城中的皇帝司马炽带着老弱残兵出城逃往长安，就在半路上，刘聪将其擒获。

司马炽本是司马衷同父异母的弟弟，根本没有做皇帝的资格，但八王之乱把他推上龙椅。刚登基时，他还沾沾自喜，可被刘聪活捉后，才发现那张龙椅不是龙椅，而是执行死刑的电椅。刘聪也没有想过有一天能活捉中国的皇帝，小人得志的情态溢于言表。

他问司马炽："你们司马家骨肉相残，怎么那么厉害？"

司马炽只好沉痛地说："这大概是上天的意思。大汉（刘聪帝国）将应天意受命，司马家的人事先为您铲除了障碍。况且如果我们能奉行武皇（司马炎）大计，各家和睦，陛下怎么能得到天下？！"刘聪感慨万千，两年后命人将他毒死。

晋帝国本来就此灭亡，但司马炽被活捉后不久，长安城中的一批晋帝国官员见缝插针，拥戴司马炽的侄子司马邺为皇太子。司马炽一死，司马邺（晋愍帝）登基称帝。当时的长安城不满百户，司马邺的登基大典举行得非常简陋，像是小超市开业。司马邺坐在临时制作的龙椅上时，心中升腾起不祥的预感，大典才举行一半，司马邺就坐不住了，大臣阎鼎和亲王司马保小声劝他说："忍耐一下，很快就完了。"

这是一句悲伤的预言，司马邺和他的帝国的确很快就完了。

以长安为首都的晋帝国只是个空壳，它连一场野战都打不起。但除前汉帝国的山西外，全国大部分地区名义上还在晋帝国的统治下。皇帝司马邺一心要恢复江山和秩序，不停催促司马保召集仍然效忠中央政府的军队，司马保是司马越的侄子，但并不是个能担当大任的亲王。他总是以各种借口推脱，甚至对司马邺说："您想多了，北中国各地的世家大族都在向南方迁移，北中国完蛋了，咱们只要能守住长安就谢天谢地吧。"

司马邺对这种没志气的话深恶痛绝，可司马保说得没错。晋帝国气数已尽，纵然老天爷下凡也无力挽回，因为凡是自作孽的行为都要受到天罚，人力无可奈何。公元 316 年，刘聪向长安发动进攻。司马邺登高呼唤，没有一个人理睬这位末代皇帝。在困守了三个月后，司马邺拿出了司马家族皇室的骨气，向刘聪投降。

司马邺被带到前汉帝国的首都平阳，刘聪警惕地问他：“你们司马家族还有谁？”

这话的意思是：“我干掉了司马炽，又出了一个你，干掉你后，还会冒出个谁来？”司马邺悲痛万状地说：“再也没有人了，司马家族已被您杀光。”

刘聪很满意，却又很生气地说：“你们是自相残杀光的，不是我杀光的。”

说完，就让司马邺脱掉衣服做他的奴隶，在折磨羞辱了几个月后，刘聪把司马邺杀掉，晋帝国灭亡。但它仍没有完全灭亡，公元 317 年，司马家族亲王司马睿被琅琊王氏搀扶着在建康（今江苏南京）坐上龙椅，司马睿和王氏家族对外宣称，他们继承晋帝国血脉。这就是东晋帝国，由司马炎建立、被刘聪灭亡的晋帝国则被称为西晋帝国。

更大的风暴随之而来。

# 第四章

# 五胡乱华（上）

## 1／
# 前汉的建立

西晋之后就是五胡乱华，五胡指的是匈奴、鲜卑、羯、氐、羌五个少数民族。羯是匈奴的一支，氐则是羌的远房亲戚，所以严格意义上，应该是匈奴（羯）、鲜卑、羌（氐）三胡乱华。**五胡不是主动进入中华世界，而是被两汉帝国出于政治目的强行迁入内地。**西汉时期，投降后的匈奴人大部分被安置在汉地的边疆地区，三国时期，出于增加兵源的目的，大量的羌人（未被东汉消灭的羌人）和氐人被北中国的曹魏政府强行迁入内地，所以，五胡乱华不是外患，而是内乱。

对于胡人被邀请进入中国，有识之士早有危机感。公元 280 年，西晋帝国官员郭钦就主张把长城以南的胡人迁出中国，再将中国本土的汉人移居到此地，并严禁胡人返回。郭钦简直是吃了熊心豹子胆，把早已将居住地当成故乡的近百万胡人赶到长城外，这是任何政府都不敢试验的险事。况且，西晋帝国也没有这种敢于担当的官员来做这件事。即使有人站出来做这件事，也会因西晋帝国的腐朽政治和快速大乱而前功尽弃，于是，五胡乱华成为必然。五胡乱华并非在西晋灭亡后才发生，早在公元 304 年苗头已露，建立前汉王国的刘渊自然是急先锋。

前汉帝国在刘聪手中因灭掉了西晋帝国而走上顶峰。刘聪和老爹刘渊一样，从小在中华世界长大，耳濡目染了中华文化，学富五车，文武双全，性格孤傲，自诩是战国时期燕王国名将乐毅和西汉帝国丞相萧何的合体。刘聪可真不是自吹自擂，他在位期间，很重视国内教育，又征服了西北边境的羌、氐等族，算是一位合格的国家领导人。但他有着大多数独裁者的缺陷，那就是好色与嗜杀。

灭掉西晋帝国后，刘聪的第一件事就是充实后宫，他设置三位皇后（上皇后、左皇后、右皇后），每个皇后又管理几千个刘聪的嫔妃，刘聪只能在女人堆中处理政事。他把权力全部交给宦官，宦官仗其势大肆诬陷那些帝国忠臣，刘聪从来不做任何调查，只要是宦官说谁有问题，他就立即诛杀。

前汉帝国本来力量有限，人才更有限，经过刘聪的诛杀后，政府中有能力的官员已是凤毛麟角。更致命的是，刘聪杀掉了帝国最有前途的继承人——皇太弟刘乂。

刘乂是刘聪同父异母的弟弟，公元 310 年，刘聪和刘乂联手干掉了老爹刘渊指定的接班人刘和。按法理，继承皇位的应该是刘乂（刘乂的母亲是刘渊单皇后之子，刘聪的母亲早死），但当时刘聪的兵力比刘乂强，于是法理作废，力量即法理。兄弟二人达成口头协议：刘聪先做皇帝，年幼的刘乂为候补皇帝（皇太弟）。等刘乂有独立意志后，刘聪再把皇位还给刘乂。

然而，刘聪即位后，发现做皇帝这件事其乐无穷，所以对当初的诺言感到懊悔，随着刘乂年纪越来越大，刘聪认为只有一个办法可以不把皇位还给弟弟，那就是干掉他。刘聪行动迅疾，说干就干，先是让自己的长子刘粲担任相国，刘乂略有不满，刘聪立即将其诛杀，刘粲自然而然成为皇太子。

公元 318 年，刘聪病逝，刘粲继位，前汉帝国走上危路。

刘粲比他老爹刘聪人渣十倍，上任后的第一件事就是把老爹的小老婆全部抱上龙床，毫不过问政事。大权在握的宰相靳准发现了成为九五至尊的绝佳时机。靳准这个人极有意思，他的女儿靳月华是刘聪的一位皇后，所以靳准是刘聪的老丈人。刘聪死后，刘粲把靳月华抱上自己的床，靳准又成了刘粲的老丈人。以一个女儿当了两个皇帝的老丈人，靳准可谓“一石二鸟”。

接下来，靳准坚定地执行着篡权的计划，先是让女儿给刘粲吹枕边风，说外面的某人、某人以及某人要废掉他，刘粲被挑拨得像疯狗一样，不分青红皂白干掉了被靳月华指名道姓的那些官员，这些人自然是靳准铲除刘粲的绊脚石。接着靳准又让女儿故技重演，把刘氏皇族几个亲王的名字也说给刘粲听，刘粲又中招，杀掉了他唯一的保护伞。最后，靳准亲自出手，公元318年夏末秋初，靳准发动军事政变，带领他训练已久的兵团冲入后宫把刘粲剁成肉泥。接着，靳准下令将首都的刘氏皇族，不分男女老少，全部斩杀。同时把刘渊和刘聪的墓挖开，劈棺抛尸，焚烧了刘家的宗庙。

靳准这套凶残的操作，我们实在不明其缘由。靳准是屠各胡，也是匈奴人，他没理由为种族大义而如此对待刘渊家族，唯一的解释可能是他大女儿靳月光。靳月光是刘聪的另一位皇后，后来和侍卫私通，给刘聪戴了顶绿帽子，刘聪在老丈人靳准的苦苦哀求下仍未放过靳月光，后来逼其自杀，也许靳准就此怀恨在心，所以才用开棺抛尸这种极其恶毒的手法对付刘氏家族。

事实上，靳准的很多操作都让人摸不着头脑。掌控前汉帝国后，他又做了件让人死都搞不懂的事，他写信给东晋帝国，声称要把刘聪在洛阳抢来的传国玉玺（战国时期的和氏璧，被秦帝国宰相李斯刻上了八个字：受命于天，既寿永昌，成为正统帝国必需品，谁拥有它，谁就代表了正统）还给晋帝国。晋帝国上下惊异得张大嘴巴，还未闭上时，刘渊的养子、前汉帝国最能打的亲王、镇守长安的刘曜得知首都平阳发生巨变，立即率领大军向平阳全速进击。

刘曜非常受刘渊的喜爱，刘渊喜欢中国文化，刘曜也喜欢，和他的兄弟刘聪一样，也常常把自己比作乐毅和萧何（他们好像只知道这两个人），刘曜在前汉帝国功勋卓著，很多大仗和硬仗都由他亲自指挥。所以他是前汉帝国的顶梁柱，也是前汉帝国的镇国宝刀。

刘曜的到来让靳准懊悔不已，当初应该让刘粲先把刘曜干掉。他的亲信们也惶恐起来，说："不如投降刘曜。"靳准一个月前还心狠手辣，高度自信，如今却成了蔫掉的茄子。他让人快马加鞭给刘曜送信说："我投降，你有什么条件？"

刘曜回答他："你不要害怕，刘粲荒淫无度、扰乱朝纲，你杀他，有功无过，只要放下武器，你拥立我为帝，我就赏你从前的荣华富贵。"

靳准的亲信松下一口气，可靳准仍然心中忐忑，因为刘曜的老娘和哥哥都被他杀掉了，刘曜纵然再无心肝，杀母之仇总要报的。就在靳准思来想去时，他的亲信们等不及了，一个深夜，他们带兵冲入靳准的房间，把靳准剁成肉酱，如同当初靳准剁刘粲一样。

刘曜进入平阳后，如法炮制，把靳准家族的人全部诛杀，靳准这个奇怪的人物和他的家族来去匆匆，给人一种世事无常的荒唐感。

公元318年末，刘曜为家族报仇雪恨后回到长安城，马上称帝。**他拒绝刘渊认定自己是汉人的价值观，而把自己还原为匈奴人，改国号为赵，奉匈奴单于为祖先，后人称他所建立的帝国为前赵帝国。**前赵帝国的建立意味着前汉帝国（308年—318年）的灭亡，加上刘渊建王国的四年，它的寿命短得可怜，只有十四年。

我们在这里很容易就注意到，按照“夷人用我中华文化即中华”的传统价值观，刘渊虽是匈奴人，但其所建立的前汉帝国属于中华，刘曜虽是他儿子，可奉匈奴为祖先，修改国号，那么前赵帝国就不属于中华。于是，真正的五胡乱华可以从318年刘曜建前赵帝国算起。

刘曜似乎是刘渊家族的另类，他不像刘聪、刘粲那样沉湎女色，更不滥杀。为稳固他的帝国，刘曜在境内修建学校，挑选大儒做校长，同时发挥他能征善战的本领，征服了中国西北的羌、氐诸族，并把他们中的二十余万年轻人迁入关中。前赵帝国在他的经营下，达到顶峰——精兵二十余万，学校数万所。看起来，刘曜是英明神武的皇帝。

但这些成绩不足以抵消他的致命缺点：他嗜酒如命，不是在喝酒，就是在去喝酒的路上。所以他无一日不醉，一醉即一日。很多亲信大臣都注意到了主人的这个弱点，只有刘曜认为喝点小酒没有任何影响，他认为自己的帝国固若金汤，夜深人静时，他从沉沉的醉梦中醒来，看到头顶的星河洋溢着紫气，就自豪地跪在匈奴单于的雕像前，诉说他的伟大，凭借他族人口口相传的匈奴辉煌，再喝上一大碗酒。

就在他徜徉酒桶而乐不可支时，帝国迎来了劲敌。这个劲敌当然不是跑到南方半死不活的东晋帝国，而是在他眼皮子底下的超级红火的大将军石勒！

# 2／

# 奴隶皇帝石勒和他的帝国

中国历史上以奴隶身份跃迁至九五至尊的只有石勒一人。石勒是匈奴分支羯族人，年轻时家在山西北部，西晋八王之乱后期，并州（治所在今山西太原）发生饥荒，军政长官司马腾发现了胡人的人口红利，于是大肆掳掠胡人，贩卖到河北地区为奴，以此来购买军粮。

倒霉的石勒也在其中，从并州到河北，山遥水远，奴隶们受到饥饿、疾病的冷酷侵袭还有司马腾押送兵团无尽的凌辱，抵达目的地后活下来的人仅十之一二，石勒是其中一个，后来他又巧言说服买主免除了他的奴隶身份，重获自由。得到自由后的石勒认清了残酷的人生，普通人若要在这种混账透顶的乱世活下去，只有一条路可走，就是杀人放火与抢劫。**凭借骨子中就带有的阴狠基因，石勒聚集一批和他遭遇类似的族人，开始打家劫舍，靠暴力获取生存权。**

石勒这种人常常在人类历史中出现，他们饱经忧患，受尽人间苦难，所以心中没有怜悯和同情，冷酷无情地摧残他人的生命和尊严，就像是踩死蚂蚁一样地无动于衷。然而也正是这样的人，在没有慈悲、只有暴力的乱世，能够获得成功，**因为患难困苦，正是实实在在的生存学问。**

随着抢劫团伙势力日益壮大，石勒被另一支造反的农民军首领汲桑看中，汲桑把他收入麾下。公元 304 年，成都王司马颖被北京军区司令王浚的鲜卑兵团击败，司马颖的老部下公师藩决心为主子分忧解难，到处招兵买马。汲桑和石勒商议说："咱们白手起家，辛苦创业，图的就是喝酒吃肉。如果能进入体制内，将少奋斗十年。"石勒同意汲桑的判断，两人投靠公师藩，进入体制，开始为司马颖卖命。

石勒原名不明，进体制内要有档案，汲桑就给了他一个名字，叫石勒。

不过体制内这碗饭好像很难吃，汲桑与石勒进入体制不久，司马颖被东海王司马越击败，很快被杀，汲桑和石勒成了没有组织的孩子，石勒想起司马腾把他变成奴隶的恨事，于是主张打击正困守邺城的司马腾，夺取他的地盘。汲桑同意，进展异常顺利，石勒把司马腾杀掉，复仇成功。两人开始打着已成死尸的司马颖的招牌，和司马越势力作对。在和司马越势力的战争中，汲桑战死，石勒成为这个久经战争的兵团的首领。

刘渊称帝后，声势浩大，石勒审时度势投靠刘渊，从此，他成为前汉帝国的一员大将，捧起了坚实的铁饭碗。他的任务就是毁灭那个把他变成奴隶的晋帝国，经过数年和西晋兵团的较量，石勒迅速进化为当时最有本事的将军，他掌握了打仗的精髓，把游击战和运动战运用到极致，最后把晋兵团主力摧毁。

奴隶石勒是个天才人物，他不但懂军事，而且懂政治，刘渊家族多次让他到中央政府任职，石勒都以各种借口婉拒。在他眼中，放弃军权就是放弃生命，政治比战争要残忍千倍，他宁愿在外栉风沐雨为前汉帝国开疆拓土，也不愿到中央政府享受奴隶做梦都梦不到的清福。当然，刘渊家族已看出他的心机：石勒表面上是在为前汉帝国开疆拓土，其实是在为自己积攒雄厚的实力。

刘曜建前赵帝国后，石勒派遣一支使团到长安向刘曜表示自己会继续臣服刘家，刘曜冷笑。他的笑还未收起，石勒使团的副团长马上对刘曜说："石勒心怀不轨已多年，他派我们来探听您的虚实，使团中午回去，他晚上就会向你发兵。"

刘曜大怒道："若要战就来战，何必搞这些虚头巴脑的伎俩！"

他下令诛杀石勒派来的使团，只有一个机灵鬼跑回石勒的大本营襄国（今河北邢台），把刘曜的言行报告给石勒。石勒大怒，骂道："我侍奉刘家尽心尽力，他们的基业都是我帮着打下来的，今日得势竟想谋算我。什么狗屁赵王、赵帝（指刘曜），我自己也能给自己。"

他的部下都劝他称帝。但石勒想步步为营，稳扎稳打，于是公元 319 年阴历十一月，他自称赵王并建国。我们称他所建立的国家为赵王国，石勒的赵王国和刘曜的前赵帝国注定势如水火，必有一战，而且是国运之战。

从公元319年石勒建赵王国到公元329年和刘曜开战，两国皇帝都没闲着。石勒在黄河以北继续扩大战果，把仍然效忠晋帝国的残余势力用暴风般的手段扫除，刘曜则在长安城把自己浸在酒桶里，好像他已经统一了中国。

十年时间对于个人而言，足够进化或是腐化，对于一个国家而言同样如此。赵王国在石勒的精心运营下茁壮如牛，而前赵帝国则在刘曜的美酒沁润下变得脆弱不堪。

公元 328 年年末，石勒准备完成，立即向刘曜发起挑战。他派从子石虎大举攻击前赵帝国的重镇蒲阪（今山西运城永济），刘曜惊慌失措地从酒桶中爬出来，发现石虎来势凶猛，决心亲自率领主力救援蒲阪。双方在蒲阪城外展开激战，刘曜好像突然被祖先匈奴单于附体，激发了百倍的战斗力，把石虎打得落荒而逃。刘曜挟战胜余威，率领他的兵团南下进攻赵王国的重镇洛阳。

抵达洛阳城下，刘曜就发起猛攻，洛阳城危在旦夕。这回轮到石勒惊慌了，他也效仿刘曜，率领主力兵团救援洛阳。两国皇帝，短兵相接。

公元 329 年年初，石勒率领主力兵团悄悄渡过黄河，把围困洛阳城的刘曜反包围。刘曜得知石勒如此迅疾抵达后，立即解除对洛阳的包围，掉转枪头和石勒针锋相对，大战一触即发。

大战前一天晚上，刘曜突然犯了酒瘾，于是在营中把自己喝得大醉。第二天，将军们进来发现皇帝已烂醉如泥，只好把他抬到马上，他就趴在马上，打着震天响的呼噜进入战场。

石勒发现了刘曜的丑态，在马上狂笑不止。他兵分三路，中路猛攻刘曜主力，东西二路夹击。群龙“无”首的前赵军团面对石勒的猛攻，霎时崩溃，几十万精锐全军覆没，刘曜直到被俘，还没有醒酒。

石勒只一战即定乾坤，前赵帝国（318 年—329 年）灭亡。石勒回到襄国后，于公元 330 年称帝，赵王国自动升级为赵帝国，为了与刘曜的前赵帝国区分，我们称石勒所建立的帝国为后赵帝国。

后赵帝国至此统一了北中国本土，和南中国的东晋帝国对峙。**石勒出身贫苦，又因为贫困而成为奴隶，因缘巧合下成为一方霸主，所依靠的，除了冷酷无情、顺应时势，还有他必不可少的学习能力，以及通过学习而得到的智慧。**

石勒拥有大多数人所不具备的精准判断力，他不识字，叫人读《汉书》给他听。当他听到郦食其劝刘邦把六国的后代立为王侯，刘邦要马上刻印时，他惊骇地叫起来："这种做法是狗屁，怎能最终得到天下呢？！"而当听到张良劝阻刘邦不能这样做时，便如释重负地说："幸亏有这个家伙啊。"

人具备的精准判断力首先建立在自知之明上。石勒有次得意扬扬地问大臣："我属于从前开创基业的哪一类君主？"有人拍马屁道："您比汉高祖刘邦和魏武帝曹操强多了，可以说仅次于黄帝！"

石勒大笑说："人要有自知之明啊，我知道我几斤几两，我如果遇到刘邦，必当北面而侍奉他，可如果遇到光武帝刘秀，我就和他较量一番，还未知鹿死谁手。"

众臣都点头称是。

石勒接着开始道德说教，讽刺曹操和司马懿："大丈夫行事要光明磊落，不能像曹操、司马懿父子，欺侮孤儿寡妇，以卑鄙的手段来夺取天下。我应当处在二刘（刘邦、刘秀）之间，不能与黄帝相比！"

这番话，纵然是统一王朝的开国君主也说不出来。石勒之所以能说出来，是因为他受过太多苦，在战场上吃过无数次亏，多次死里逃生。但他凭借顽强的意志活下来，笑到了最后，他深知创业艰辛，自然也知道了自己的能力。中国人有句话叫"英雄莫问出处"，出处即依靠，有依靠就有顾虑，就不能破釜沉舟、背水而战，人类历史上很多本应伟大的人物都因此沦落于平庸。泰戈尔有盆鸡汤说："你现在所受的苦、吃的亏、担的责、扛的罪、忍的痛，到最后都会变成光，照亮你的路。"

石勒就是这盆鸡汤的证明人。

后赵帝国建立初期，雄踞一方，对当时北中国的三股势力（前凉王国、辽西国、辽东国）形成压倒之势，石勒虽是奴隶，却极懂治国，他通过复兴中国传统文化笼络知识分子，取消赋税以赢取民心，以礼相待还困守北中国的世家大族，这让后赵帝国成为北中国的正统。

然而，他的帝国只有他略具备这种头脑，他的接班人全是暴徒。

建立后赵帝国三年后的公元333年，石勒一病而死，长子石弘继位，但帝国权力全部掌控在侄子石虎手中。

石虎人如其名，甚至比老虎还要残暴。他常常屠城，妇女、婴儿都不放过。在为石勒打江山的艰苦岁月中，他不停锻造自己，终于成为石勒不可或缺的一员猛将，也成了后赵帝国中无人敢和其争锋的恶虎。石勒去世前，叮嘱他说："你好生辅佐石弘，你生性残暴，以后要改。"

石虎才不会改，他认为这是与生俱来的天赋，既然是天赋，就有存在的合理性。石弘在位不到一年，石虎就将他拿下诛杀，自己称帝，后赵帝国迎来危机。

石虎和石勒不同，石勒虽然没多少文化，但对历史和人类还有点敬畏心，石虎虽然有文化，却认为历史全是虚构的，统一天下、造福民生等使命感，全被他判定是干扰他及时享乐的恶虎。他夺取皇位后，认为襄国不足以显示帝国威风，于是迁都邺城（今河北临漳）。在邺城，他将目光所及之处全部划为禁区，禁区中豢养无数猛兽，这些猛兽除了吃牛羊肉，还经常吃人肉，当然，这是它们的主人石虎赏赐的。

石虎的凶暴毫无预兆，他总是突然杀人，突然把尸体堆成山，然后放出猛兽来吞噬。他又把杀掉的人剁成肉酱与牛羊肉同煮分给大臣吃，让大臣猜测是何种动物的肉。大臣们如果猜不到，就会成为下一批大臣食物的原材料。

石虎不仅对没有血缘关系的人如此变态，就是对亲儿子也同样如此。他废掉石弘称帝那年，立长子石邃为太子。石邃恐惧老爹石虎，所以凡事都要请示。石虎就用鞭子抽打他说："这么点小事也问我！"石邃改变策略，在许多小事上自作主张，老畜生石虎又用鞭子抽打他说："你还没有做皇帝，就敢如此！"

石邃被抽得精神错乱，于是决定干掉石虎，但消息走漏，石邃被捉。石虎咆哮如雷，当着全体大臣的面把石邃和其老婆孩子二十六人全部诛杀。做完这一切，他抱着最喜欢的两个儿子石宣和石韬的头痛哭，哭完就立石宣为太子，石韬为第一亲王，是所有亲王中的万王之王，地位和权势不在石宣之下。

这种处理方案，必然引发巨变。石宣发现石韬是他通往皇权之路的最大障碍，于是突袭石韬，将其杀掉。杀掉石韬后，石宣才想起老爹绝对不会轻饶自己，索性一不做二不休，决定把老爹干掉，提前登基。但和当年躲过石邃的谋杀一样，石虎又事先得到消息，他先发制人把石宣擒拿。

面对石宣，石虎肝肠寸断。石虎问石宣："你杀你弟，我没有说要惩罚你，为何你还要杀我？"

石宣回答："向你学习。"

石虎险些精神崩溃。他曾经因司马家族自相残杀的事而大惑不解，还对大臣们吹嘘说："亲人之间自相残杀，简直是杂种才做得出的事。"可他忘了，他就是杀了亲人才得到的皇位，他儿子要杀他，是他言传身教的结果。石勒死后，石氏家族的家风似乎就是自相残杀，直到灭亡。

如今听到石宣的话，石虎恼羞成怒，先是命人将石宣剖腹诛杀，之后又毫无人性地下令把石宣一系灭族，连他最喜爱的石宣的儿子、他五岁的孙子也不放过。

这场灭绝人性的屠杀也刺激得石虎精神崩溃，他每天在噩梦中被动惩罚自己，349 年，石虎抑郁而死。这个残酷的暴徒并未受到病痛的折磨，让我们唏嘘愤怒，不过我们仍然要对因果报应持乐观态度，作恶之人，报应即使不落在他本人身上，也必然在他后代身上生根发芽。

石虎死后，石家自相残杀的家风裂变式爆发。石虎指定的接班人石世在位一个月，就被兄弟石遵杀掉，石遵在龙椅上坐了六个月，又被他的兄弟石鉴拉下龙椅斩首，石鉴在那张血迹斑斑的宝座上魂不附体地坐了三个月，本以为万事大吉，可和他的几个兄弟一样，他也被诛杀。诛杀他的人不是他的兄弟，他的兄弟都快死绝了。

杀他的人是大将冉闵，冉闵是汉人，北中国自公元 317 年西晋帝国灭亡直到公元349年石鉴被杀，还没有一个汉人掌控一个国家，冉闵打破了这个局面。他干掉石鉴后，宣布建立魏帝国，而石氏家族的漏网之鱼石祗在老根据地襄国称帝，声称要延续后赵帝国。我们称冉闵所建立的帝国为冉魏帝国，它在几十万胡人的血海中升起。

## 3／
## 冉闵的战斗

冉闵是石虎的养孙，力大无穷，是项羽式的人物，因英勇善战而成为后赵帝国不可缺少的将军。石虎死后，石家自相残杀，冉闵出力不少。他先是帮石遵干掉了石世，又帮石鉴干掉了石遵，接着又干掉石鉴，自己称王。冉闵一连串军事政变的得力帮手正是大名鼎鼎的乞活军。

乞活军是五胡刚刚乱华时，山西地区的汉人为自保而组成的一支武装自卫队，他们的主张是“求生存”和“勿事胡”，由于意志坚定，纪律严明，很快就成为当时最耀眼的一个兵团。乞活军首领冉良后来和石虎合作，到他儿子冉闵当领导时，已充分具备了反击胡人的能力。

冉闵灭亡后赵帝国后，宣布建立自己的帝国——冉魏帝国，他发布“杀胡令”：凡杀一胡人，官员升三级，士兵升牙门将。这道命令是恐怖的，在他的奖赏下，北中国各地掀起杀胡风暴，高鼻深目的人全被汉人杀死，石勒的族人——羯人在中国灭绝。仅在后赵帝国首都邺城，就有二十余万羯人被杀。

冉闵一面杀胡，一面向南中国的东晋帝国报告说：“逆胡作乱，现在正被我诛杀，残余小丑仍有，请派兵来共同讨伐，扫清中原，复我华夏。”

但东晋帝国并没有回音。冉闵不管，即使一个人，他也要和胡人战斗到底。公元 350 年，冉闵对以襄国为首都的后赵帝国皇帝石祗发动全面进攻。石勒家族在各地的亲王轮番上场，都被冉闵打成了落汤鸡。石祗眼看不能抵抗凶猛的冉闵，只好寻找外援，他把希望寄托在东北方冉冉升起的前燕王国身上。

东汉后期，北部匈奴逐渐向西迁，文化水准比匈奴还低的辽东鲜卑人鬼鬼祟祟进入北部匈奴原来驻扎的地区，凭借强盗本性，很快成为北方强大的部族。当时鲜卑分为三部，中部为慕容氏，东部为宇文氏，西部为拓跋氏。最先和中华世界有接触的是中部的慕容氏，他们羡慕中原的花花世界，于是不停地向南移动，最后将根据地迁至今辽宁锦州，并学习中国的先进文化，从事农业生产。

慕容氏强大时，正是西晋帝国忙于八王之乱时，西晋无暇顾及它的蛮横，为了稳定它，就封其首领为王，名义上算是藩王。到慕容皝时期，西晋帝国已摇摇欲坠，公元 337 年，慕容皝索性称燕王，建立燕王国（前燕王国），王都设在龙城（今辽宁朝阳）。这个燕王国就是后来前燕帝国的前身。

前燕王国在东北的突然崛起，让后赵帝国大为震撼。公元 343 年，后赵皇帝石虎率领精兵二十万进攻前燕王国，但大败而归。慕容皝遂再进一步，灭掉他的同族宇文氏，袭破高句丽，正式统一辽东。后赵帝国不停地内乱让前燕王国对中原垂涎三尺，这个从苦寒的东北崛起的国家有着坚韧不拔的意志和海阔天空的野心。石祗向它求救时，刚上任两年的国王慕容儁心花怒放地伸出援手。

他兵分三路向襄国进发，其中两路在和冉闵交手后溃败，只有他率领的中路军在没有遇到冉闵的情况下安然抵达襄国。冉闵得知慕容儁到来，并不惊慌，他派人告诉慕容儁："你先别急着动手，看一下我的战斗力再说。"

慕容儁也想看看这个神奇的冉闵兵团到底有多恐怖，于是他在襄国城外静观。冉闵下令对石祗布置在襄国外围的兵力做毁灭性打击，战鼓一响，冉闵冲在最前，石祗兵团万箭齐发，所有的箭矢都躲着冉闵走，只半个时辰，冉闵就把襄国外围扫荡干净。慕容儁对冉闵的用兵如神和兵团的超级战力瞠目结舌，不过他也发现了冉闵的致命缺陷：冉闵只是个勇冠三军的大将，不是运筹帷幄的统帅。

石祗眼见慕容儁到来，又眼见慕容儁坐视不理，不禁哀号叹息。公元 351

年年末，冉闵对襄国发动最后一击，襄国应声而落，第二年，冉闵杀掉石祗，后赵帝国（330年—351年）灭亡，算上石勒公元319年建王国，共计三十二年，它的寿命要远高于刘渊的前汉帝国和刘曜的前赵帝国。

冉魏帝国灭掉后赵帝国后，自己也迎来了灭亡。正如慕容儁所说，冉闵只是个将军，不是战略家，而作为皇帝，首先应该是战略家，但冉闵不是，他灭亡后赵帝国返回首都邺城后，不知抽什么风，杀掉了他的战友李农。冉闵是乞活军的领导，李农则是乞活军的灵魂。灵魂一死，乞活军大失所望。冉闵又头脑简单，不善治理后赵帝国留下的辽阔领土，只好眼看着国土被前燕蚕食鲸吞。

公元352年阴历四月，前燕国王慕容儁向冉魏帝国的心脏邺城发动进攻，军事天才、亲王慕容恪把邺城周围的交通线全部剪断，冉闵困守孤城。此时他重新想起真正的祖国东晋帝国，再派人冲出重围去向东晋帝国求救，但东晋帝国仍然没有答复他，原因很简单：**冉闵已经称帝，是叛徒，而慕容儁名义上仍是晋帝国的藩王，所以，慕容儁攻冉闵，等于是东晋的藩王在平叛。**

冉闵得不到祖国的救援，只好悲愤地出城决战，但他那支百战百胜的乞活军已失去光辉，冉闵在乱战中落马被擒，慕容恪把他押送到督战的慕容儁那里。

慕容儁以一副小人得志的嘴脸训斥他：“你这个奴仆下人，为何妄自称作天子？”

乍一听，胡人慕容儁这句话可谓贼喊捉贼，而且是那种极不要脸的贼。他说出这句话时，竟然面不红心不跳，并没有因为自己是胡人而自惭形秽。

冉闵冷笑着对他说：“天下大乱，你们这群杂种，人面兽心，尚意欲篡位谋反。我乃一世英雄，为何不能做帝王呢？”

慕容儁发现冉闵戳破了他的种族身份，大怒之下抽打冉闵三百鞭，然后送回王都龙城，斩首祭告祖先。

据说冉闵被杀那天，龙城郊区方圆七里草木全部枯萎，蝗虫大起，从此开始大旱，直到第二年年初。前燕王国首都百姓饿得抓耳挠腮，慕容儁只好派使者祭祀冉闵，追谥其为“武悼天王”，仪式刚结束，天降大雪。

冉闵是货真价实的一代英豪，然而在胡人泛滥成灾的北中国，他完全是孤军奋战。再因为他没有一点儿政治头脑，所以把本该复兴的汉人事业彻底搞砸。冉魏帝国（350 年—352 年）建立不足三年，这三年时间，冉闵无日不战，百战百胜，可正如项羽一样，越胜越弱，最后灭国。**而这短短的三年也是对五胡来说最震撼的三年，冉闵就像一个雷神，拿着锤子到处劈胡人，把他们劈得魂飞魄散，永世难安。**

从公元 304 年刘渊建前汉王国到公元 351 年冉闵灭后赵帝国，四十七年的时间，匈奴和其分支羯人建立的三个帝国（前汉帝国、前赵帝国、后赵帝国）全部退出北中国历史舞台，五胡乱华的国家已有三个退场，匈奴人近半个世纪的复兴只是回光返照，他们不可能有力量长期统一北中国，因为他们没有为人民着想的情怀。三个帝国的皇帝中，除了石勒还算称职，其他皇帝都是人渣，他们每天的所思所想全在个人欲望的放纵上，根本想不到百姓。**这样的领导人，让他迅速进入坟墓，才是历史正道。**

匈奴人退出历史后，接下来则是鲜卑慕容儁家族的走过场，当然还有炫目的前秦帝国的登场。

先来看慕容儁家族。慕容儁灭掉冉闵后，继承了后赵帝国的全部遗产，成为北中国实际的主人。此时，戏剧性的一幕发生：东晋政府五迷三道地派使者来祝贺慕容儁平乱有功，赏赐给他南中国特有的一些水果，并暗示慕容儁，他仍是晋帝国的藩王，应该进贡，以表示臣服。

慕容儁笑出了猪叫声，对使者说："回去告诉你们的狗皇帝，我承担了百姓的困苦，被中原人推举，已经称帝了。"

使者屁滚尿流地跑回东晋帝国向政府报告。东晋政府上下抱头痛哭，鼻涕眼泪齐下地懊悔道："当初应该帮助冉闵的。"

这是蠢驴般的忏悔，于事无补。慕容儁说到做到，公元 352 年秋初，他称帝，建都邺城，前燕王国升级为前燕帝国。慕容儁理想远大，深受中国"大一统"思想影响，决心用手中强大的帝国消灭东晋，统一天下。

慕容儁审视了东晋帝国的家底，发现必须集结起一百五十万人的军队才能将其消灭。于是他下令调查户口，用强硬的手段把全部青年驱入军营。但是，他的理想直到公元 360 年去世时也没有实现，因为北中国当时根本没有那么多人口。

东晋帝国也给他捣乱，浑水摸鱼，冉魏帝国灭亡后，黄河以南出现真空地带，慕容儁还没来得及派军队驻守，东晋抓住大好时机迅速出兵占领，如此，东晋帝国和前燕帝国接壤，冲突自然不可避免。

公元 369 年，双方在经历边境持续不断的小摩擦后摊牌，东晋帝国主动出击，前燕帝国第二任皇帝慕容暐命令亲王慕容垂迎击，双方在枋头（今河南鹤壁浚县）展开决战，如果慕容垂是一头猛兽，那东晋兵团司令桓温就是一头偏瘫的蠢驴，双方一接触，东晋兵团山崩一样地溃败，黄河以南全部落入前燕帝国的口袋。

可胜利并不代表长寿，前燕帝国在取得辉煌胜利的一年后，出人意料地灭亡，灭亡它的正是偷偷摸摸崛起的前秦帝国。

## 4／
# 以王猛为丞相的前秦帝国

前秦帝国的创建者是氐民族的贵族苻健，羌氐人（羌、氐同族，羌族在东汉羌乱中几乎被灭族，人口所剩无几，更多的是氐民族）散居在今甘肃一带，西晋灭亡前夜，羌氐人民开始悄无声息地崛起，氐民族领导人苻洪集结十余万族人打家劫舍，开创新天地。

但他们运气很差，遇到了气势如虹的后赵帝国，苻洪只好委曲求全为后赵帝国效力。石虎在位时，意识到了这些人的威胁，为了根绝隐患，他把苻洪部众拆散，后来又把苻洪毒杀。公元 350 年，后赵帝国崩溃，苻洪的儿子苻健抓住机会带领族人回到关中，恰好赶上冉闵屠杀胡人，胡人纷纷西逃，苻健趁机收留这些人以补充兵源。公元 352 年，慕容儁灭冉魏帝国时，苻健在长安称帝，宣布建立大秦帝国（史称前秦帝国）。

苻健建前秦帝国时，前燕帝国根本没把它放在眼里。自西晋八王之乱，匈奴人崛起又衰落的半个多世纪中，关中已成废墟，常常白日可闻鬼哭狼嚎。前秦帝国恰好就在关中，地盘虽然很大，质量却差强人意。

前秦帝国当时的确没有力量和前燕帝国争锋，可它有出人意料的好运气。公元 355 年，苻健去世，把遗产交给纨绔儿子苻生。苻生的畜生程度远在石虎家族之上，石虎还知道规划固定的兽场，苻生干脆把长安城当成兽场，他把捉来的老虎纵入长安城，老虎见人就咬，苻生就在路人被老虎吞吃的惨叫声中哈哈大笑。

石虎杀人，偶尔还会找不到杀人的武器，苻生则随身携带铁锤刀斧之类的凶器，正和你快活地聊天，突然就朝你脑袋甩出流星锤，把你的头砸个稀巴烂。他和前赵帝国的开国皇帝刘曜一样，酗酒成性，刘曜喝酒从不劝酒，苻生喜欢劝酒，如果你不喝，就马上用斧子砍你，但如果你喝多，他仍然会砍你。苻生凶残到把当时的政府官员几乎杀光，很多官员上朝时都会跟家人交代后事，在他的杀戮下，前秦帝国成为坟墓。

苻生的凶残带有恶作剧性质，他曾问官员："我是什么样的皇帝？"耿直的官员也只能委婉地说："您是明君，就是杀的人有点多。"苻生大怒说："你诽谤我啊！"下令杀掉。他再问另一官员，官员为了保命只好说谎："您就是明君。"苻生狂怒说："你谄媚我啊！"下令杀掉。

他对杀人有着强烈的嗜好，苻氏家族成员几乎被他团灭，让人惊异的是，苻生从未意识到自己滥杀是错误的行为，他为了解释自己的杀人举动，颁布诏书说："我当皇帝，乃受上天之命，坐的是祖宗传下来的宝座。我视天下百姓为一家人，可不知为什么，总有人诽谤我，说我杀人太多，可我看到大街上行人如织；又说我杀人太残忍，可我只是剥下罪人的面皮，他是自己失血过多而死。从今以后，无论他人是指责我还是诽谤我，凡是我认为合理合法的事情，我就要坚持到底。因为我要对国家负责，百姓的快乐就是我奋斗的目标。"

对付疯子，你只能用疯子的方法。在他毅然决然准备继续为国家负责时，公元 357 年，他的堂弟苻坚率领一支训练有素的特种部队冲入皇宫，把他乱刀砍死，苻坚自立，前秦帝国迎来光辉时刻。

苻坚是个英明的君主，至少他善用人，并且用人不疑。他即位伊始，就任命盖世英才汉人王猛为宰相。**王猛是中国五千年历史中屈指可数的能把一个国家快速化腐朽为神奇的伟大政治家之一，和春秋时期齐国的管仲、战国时期秦国的商鞅不分伯仲。**

王猛是今山东潍坊寿光人，寿光盛产苹果，苹果红扑扑的，敦实可爱，王猛的容貌也是如此。王猛出身贫寒，博学而好读兵书，善于谋略和用兵，文武双全，能轻而易举地降维打击当时天下所有智谋之士。

慕容儁建前燕帝国两年后的公元354年，东晋帝国发现前秦帝国在关中未站稳脚跟，于是大举北伐前秦帝国。那个后来被慕容垂打得落荒而逃的东晋兵团司令桓温运气极好，用重兵逼退了前秦帝国巡逻队，屯军灞上（今陕西省西安市东）。此时，南北中国分裂已近四十年，可北中国沦陷区内的汉族百姓仍对祖国怀有高度热情，他们拿出家底购买酒肉犒劳桓温的部队，男女夹道欢迎王师北归。

正在茅草屋中读书的王猛听到胜利的消息十分激动，于是毛遂自荐，主动去拜见桓温。桓温以礼贤下士的态度请王猛吃大餐，同时请王猛分析天下大势。王猛大概是自出生以来就没有洗过澡，他的身体成了虱子的乐园，所以他一面谈话，一面在衣服上"缉拿"虱子，这个画面被后人称为"扪虱而谈"。

桓温看到王猛这副形象，恶心得想吐。但为了体现对人才的重视，他只能忍住，饭局进行到一半时，他叹息说："我奉天子之命，统率十万精兵举大义讨伐中原逆贼，为民除害，而关中人才多如牛毛，却只有你来了，这是什么缘故？"

王猛扬起苹果一样肥嘟嘟的脸说："自胡人乱华以来，我汉人政权南迁几十年，北中国百姓日夜盼望王师北归，等得肝肠寸断，好不容易把您等来了。长安近在咫尺，您却不渡灞水进攻，明眼人都看出来您这次北伐不是为了中华，而是为您自己捞取政治资本，所以不来。"

桓温被他戳破心思，脸红得如猴屁股，一个月后，正如王猛所说，桓温撤退回南方。临行前，他希望王猛能跟随，王猛讥笑说："从你身上即可看到你的政府，去也无用。"

桓温说："你是汉人，有义务为汉人政权效力。"王猛捧着自己的肚子大笑，险些笑岔气，他说："可我心里不舒服啊。"

王猛的话告诉我们，大丈夫做大事万不可被别人的高帽子扣住。有人曾问知行合一的提倡者王阳明："什么是知行合一？"

王阳明回答："大丈夫做事当行则行，当止则止，当生则生，当死则死，斟酌调停，无非是行其良知，以求内心舒服（无愧于心）而已。"

**我们在人生中会面临无数选择，如果有一条选择标准的话，那就是内心的舒服。这种内心的舒服，不是物欲所带来的舒服，而是发自心灵的认可，心灵上的舒服。**

王猛没有去南中国是他生命中最正确的选择，因为凡是发自心灵认可的选择都是正确的，他和日后的苻坚大帝注定要创造神话。苻坚是五胡乱华时期屈指可数的英明君主之一，他宅心仁厚、良知光明，仰慕汉族文化，并深入学习儒家经典，意识到必须用仁政才能治理好一个国家。他希望能给帝国治下的子民带来秩序和富强。

这种心情是急切的，他身边的人发现了这一点，于是就把王猛推荐给了当时还是亲王的他。苻坚和王猛一见，正应了那句话：所有的相逢，都是久别重逢。两人相谈甚欢，并在政治意识上达成共识。苻坚杀掉苻生登基称帝后，马上把王猛请进政府，由此，君臣二人掀起一场北中国的华丽风暴，名垂青史。

苻坚毫不顾忌地把前秦帝国交给王猛，让他担任宰相，大展拳脚。王猛坚信“治宁国以礼，治乱邦以法”的政治信条，于是对前秦帝国进行大刀阔斧的改革：制定全面的法律，提拔他所信任的官员来执行法律，对任何违法者绝不宽恕，尤其是贵族阶层，王猛似乎专门针对他们。

豪帅出身的姑臧侯樊世是前秦帝国开国元勋，他对王猛遏制贵族的手段非常反感甚至是仇恨。某次会议，他跳出来侮辱王猛说：“我们在座的都曾与先帝共兴大业，却不能参与机密要务。你小子无汗马之劳，凭什么管理我们，这不是我们种庄稼而你白吃粮食吗？！”

王猛那张苹果脸马上变色，他道：“你说错了，不仅是你种我收，我还要让你做好饭端给我吃！”

樊世何曾受过这样的嘲讽，气得死去活来，一跳三丈高地叫嚣道：“捉虱子的蠢货，我迟早让你的头悬在长安城（前秦帝国首都）门，否则我就自杀！”

但王猛不给他机会，他对苻坚说：“不诛杀此人，改革很难成功。”苻坚权衡许久，同意王猛的判断。王猛迅速派人将樊世捉拿，当场宣布他的横行不法后，下令将他处死。这一招，让那些氏族权贵吓破了胆，从此，他们都老老实实，遵纪守法。

除法制外，王猛重视儒家教育的推行，强制氏族贵族和平民百姓进入政府创建的学校学习仁义礼智信之道。几年后，前秦帝国壮大。苻坚高兴得手舞足蹈地说："您日夜操劳，忧勤万机，就像当初周文王得到姜太公，我就是周文王，你就是姜太公啊。"

王猛拿出他的计划："接下来，咱们要统一北中国。"

当时的前秦帝国四面全是敌人，北方是神出鬼没的鲜卑人；西面是前凉王国和氐族杨氏仇池政权，还有分布于今甘肃、青海间的，把战斗当成吃饭的吐谷浑；东面则是前燕帝国；南面就是东晋帝国。

王猛的战略是先扫西北，再搞东方，把北中国统一。在苻坚的支持下，王猛通过一系列政治联盟和迅捷的军事手段，很快扫平了北方的鲜卑人和西面的杨氏仇池政权，同时又安抚了吐谷浑，再把前凉王国变成前秦帝国的卫星国。

接下来自然就是东面的前燕帝国，在暴风一样的前秦帝国面前，慕容家族避无可避。

公元 369 年，东晋桓温北伐，被前燕亲王慕容垂击败。慕容垂作为帝国英雄受到百姓的热烈欢迎，而长了一张老奸巨猾脸皮的亲王慕容评对此很嫉妒，于是挑拨离间，对皇帝慕容暐说："慕容垂名望要超越您，这不是好事。"

慕容暐惊惧得跳起来，要宰杀慕容垂。慕容垂扼腕悲叹，举目四望发现只有苻坚那里可以容身，于是向苻坚投降，苻坚用隆重的仪式欢迎他，慕容垂非常感动。

公元 370 年年初，桓温得知劲敌慕容垂已不在前燕帝国，于是再度北伐。没了慕容垂的前燕兵团，如同没了獠牙的野猪，被桓温打得头破血流。前燕只好向前秦求救，允诺事成之后割让领土给前秦帝国。

王猛发现机会已到，立即派兵团东进。桓温自知前期的胜利只是侥幸，所以当他听说前秦出兵时，马上南逃，前秦兵团还没有抵达战场，前燕兵团已不战而胜。此时，没有脑子的慕容评马上毁约，拒绝割让领土给前秦帝国。

王猛哈哈大笑，公元 370 年阴历三月，王猛集结经他改革后的前秦兵团主力对前燕发动总攻。苻坚要御驾亲征，王猛又哈哈大笑说："荡平前燕，如暴风扫落叶，不劳您亲受风尘之苦，您只需要命令有关部门给燕国被俘君臣建造房子即可。"

慕容评听到王猛吹的这个牛皮后，咆哮如雷："我准备先给王猛和苻坚造房子呢！"

任何人都会吹牛皮，重要的是，是否有智慧实现。王猛兵团势如破竹，接连攻取前燕帝国多处军事重地，直逼其首都邺城。皇帝慕容暐心急如焚，催促慕容评迎敌。慕容评只好硬着头皮率领首都卫戍部队出城迎战，双方在潞川（从今山西东流入河北、河南交界的浊漳河）展开决战，慕容评兵团以绝对的数量优势惨败。王猛兵团趁势进逼前燕帝国首都邺城，在清除了邺城外围的抵抗力量后，对邺城完成包围。在围攻了几个月后，公元 370 年年末，前燕帝国皇帝慕容暐带着他的家族全体成员开门投降，纵横北中国几十年的前燕帝国（352 年—370 年）灭亡，寿命只有十八年。但算上慕容皝建前燕王国的十五年（337 年—352 年），这个慕容家族建立的国家寿命为三十三年。

以王猛为宰相的前秦帝国进入巅峰，它的卫星国前凉王国脑子忽然混沌，在前秦帝国最强盛时宣布拒绝履行卫星国的义务。王猛大笑，挟灭亡前燕的余威，向它开战。

前凉王国的祖宗是西晋的凉州刺史（军政官）张轨，凉州军区名义上是西晋的地方行政单位，实质上是独立政权。西晋灭亡的三年后（320 年），张轨的后代张茂称王，建凉王国，史称前凉王国。前凉王国极盛时期牢牢控制了包括今甘肃、宁夏西部、青海以及新疆大部分地区，是中国西方最有力量的政权。

前凉王国非常奇葩，它对内已经自称独立王国，对外却仍然效忠晋帝国。司马家族逃亡到南方建东晋后几乎是苟延残喘，前凉王国仍然暗暗期盼它北归。北中国各个帝国你方唱罢我登场，前凉王国虽然是这些国家的卫星国，内心深处却依然思念晋帝国。为了证明自己效忠于晋帝国，前凉王国的国王常常取消王号，再恢复，再取消，再恢复。

这是个特别爱国的独立政权，它非常有意思。前秦帝国成为北中国的主人，前凉王国国王张天锡做了几年前秦帝国的奴隶后突然觉得张家应该改运，于是宣布视前秦帝国为敌人。

公元376年，以王猛为宰相的前秦帝国向它发起全面进攻，前凉王国只稍作抵抗，信仰佛教不杀生思想的国王张天锡马上逃去东晋帝国，后来死在那里。前凉王国以模糊的面目出现（因为它总是反复地取消和恢复王号），又以模糊的结局退出历史舞台，所以你根本不知如何计算它的寿命，正如它境内大肆建造的神秘佛像一样。

灭掉前凉王国后，前秦帝国现在的敌人只有一个，那就是南方的东晋帝国。两个帝国，势必有你没我。

王猛临死前（375年），苻坚向王猛请教帝国的未来。这位有超人智慧的伟大政治家看到苻坚高昂的头颅、自信的大脸，不答反问道："您如何规划帝国的未来？"

苻坚说："先统一北方，然后南下干掉晋帝国，统一中国。"

王猛沉思许久，说："咱们的敌人不在外而在内。"

苻坚不明白，王猛先伸出一根手指——鲜卑，再伸出一根手指——羌。

苻坚假装恍然，鲜卑指的是慕容垂，羌指的是姚苌。这两人虽然都投靠了前秦帝国，但他们毕竟是外族，而且都是只要登高一呼，族人就立即响应的潜在敌人。

这个信息，苻坚懂。可让王猛在赴黄泉路上叹息的是，苻坚只是假装懂。王猛一死，苻坚就开始执行他的重大国策：军事移民。

王猛为苻坚建立的前秦帝国如同当年管仲为姜小白建立的霸主齐国一样，前秦帝国的灵魂是王猛而不是苻坚，正如齐国的灵魂是管仲而不是姜小白。

如果没有汉人知识分子王猛，苻坚的前秦帝国根本没有壮大的可能。当时氐人太少，前秦帝国的领土面积又太小，苻坚固然气度不凡，但能力绝不出众。王猛用了不到十年的时间，帮助苻坚对前秦进行了翻天覆地的改革，这些改革措施最重要的就是压制氐贵族的特权，提高行政效率，改革立竿见影，改变了氐人的价值观。

**王猛用事实证明了一件事：儒家知识分子只要肯把知识和行动结合起来，就必能做到知行合一，产生奇效。**中国儒家发展到五胡乱华时期，已被诸多聪明的知识分子改进，从前的儒家注重德礼教化，兼带着法律，后来的儒家知识分子把两者合二为一，教化是建立国家价值观，法律则是实现价值观，双管齐下之后，儒家思想从迂腐的学说变成了立竿见影的法术，王猛之才华，非他一人之力量，而是近千年来中国思想的力量。

不过，即使是王猛也没有想到，前秦帝国会那么快统一北中国，对于一个大帝国而言，这是好事，可对于前秦帝国而言，这很危险。吃得太快、太多，需要消化。苻坚统一北中国后，境内国民成分相当复杂。国境西北是羌族，陕西、山西北部是匈奴，山西东部以及河北北部是鲜卑的拓跋氏，辽东一带则是鲜卑的慕容氏，还有广大的汉人。

苻坚的氐族在中原地区没有根本，也没有那么多人来帮助他掌控这一复杂的棋局，王猛如果能多活几年，就可以通过其高度智慧进行一系列有效地整合，但王猛死了，苻坚立即抓瞎。

左思右想后，苻坚才想到了自认为很高明的军事移民：他把本民族十五万户氐人分批派驻到全国各个重要的地方，然后把十万户非氐人的胡人迁入关中，这其中前燕故地的鲜卑人和西北的羌人占了一大半。

这显然是个愚蠢的决策，因为苻坚吃到胃里的鲜卑人和羌人还没有完全消化，把这些人放到眼皮子底下，固然可以监视，但他又把监视的力量——本民族的氐人迁出，等于是把炸弹放在身边，又把拆炸弹的人赶走。

在完成军事移民后，苻坚下令全国军事总动员。公元 383 年，苻坚的百万大军（步兵六十万，骑兵二十七万，禁卫军三万，后勤部队不计其数）集结完毕，他命弟弟苻融率领步骑混合兵团二十五万人当前锋，他本人则统领主力从首都长安出发，直指东晋帝国边境重镇——临近淝水的寿阳（今安徽寿县）。南方的东晋帝国得知此事后，立即炸了锅。

现在，我们终于有机会来谈谈这个在公元 317 年就建立的半死不活的东晋帝国了，看它为何会炸锅。

第五章

# 五胡乱华（下）

# 1／
# 烂糟糟的东晋帝国

从317年司马睿（晋元帝）在琅琊王氏王敦、王导的拥护下建国直到公元383年苻坚南征，东晋帝国已走过六十六年。这六十六年中，北中国金戈铁马，打打杀杀，东晋帝国所掌控的南中国也没消停，一片烂糟糟。

作为流亡到南方江浙一带的政权，东晋帝国注定先天不良。江浙本是孙权东吴帝国的老巢，即使经过了东吴帝国多年开发，在北中国人眼中，仍是文化水准极低的蛮荒之地。晋帝国曾灭亡东吴帝国（280年），吴人对晋有亡国之恨，短短的三十余年，这种仇恨根本没有消融，当初的征服者如今却来此避难，吴人又喜又怒，再加上双方语言有异，沟通有极大的障碍，所以，逃亡来的北方人不可能和吴人相处融洽，大家各怀心思。

跟随东晋逃亡来的北方世家大族有一百余个，还有数不胜数的北方流民，东晋政府为了解决这些难民的问题，在南方各地设置“流亡政府”来管理这些难民。难民没有生活来源，南人又不肯救济，为了生存下去，北方难民只能和南方人争夺吃食，激烈的冲突在所难免。同时，流亡政府过多，且根本不听东晋中央政府的话，这就导致东晋中央政府无法做到集权，成了幌子帝国。

司马家族的运数被司马懿父子全部用光，早在西晋时期就已有白痴司马衷和八王之乱这种荒唐的表征。进入东晋帝国，司马家族运数更是惨不忍睹。东晋帝国共十一帝，寿命一百零三年。除开国皇帝司马睿还算正常外，其他皇帝要么短命，要么就是被司马衷附体的白痴。第二任皇帝司马绍（晋明帝）活了二十七年，第三任皇帝司马衍（晋成帝）和第四任皇帝司马岳（晋康帝）都活了二十余年，第五任皇帝司马聃（晋穆帝）活了十九年，第六任皇帝司马丕（晋哀帝）活了二十五年。这些皇帝寿命短，在位时间自然不会长，所以很难有大规划，即使有也难以实现。

好不容易有活得略长一些、在位时间久一点的皇帝，竟然又是白痴，比如第九任皇帝司马曜（晋孝武帝）是个酒徒，喝酒还能说人话，不喝酒就如行尸走肉般，他的儿子司马德宗（晋安帝）更离谱，能心外无物得不知冷暖，也不会说话。东晋帝国有这样一群皇帝而又身处南人的仇恨中却能不迅速灭亡，简直就是奇迹。

但这个世界上没有奇迹，如果有，那一定是人创造的。东晋帝国没有迅速灭亡的原因有两个：一是北中国胡人政权的无能和互相残杀，所以北方政权不能南征，东晋帝国得以苟延残喘；二是世家大族对东晋的加持。

司马睿是被琅琊王氏家族的领导人王敦、王导牵头勾连北方几十个世家大族共同推上龙椅的，所以司马睿是中国历史上少有的傀儡开国皇帝，帝国大权都在王氏家族手中，**于是当时就有东晋帝国是“王与马共天下”的政治流言和事实。**

王敦和王导虽出身富贵，却很有才能。他们拥护司马睿刚到南方时，南方的一批世家大族对他们恨入骨髓，但王敦和王导通过许诺其中最大的家族以超级特权，再干掉一大批小家族，从而稳定了南方上层社会。他们的思路自然是站在自己身份的基础上：代表贵族世家利益，共同对付下层百姓。

东晋的皇帝全是傀儡，一方面是因靠世家大族立国而没有拿到主动权，另一方面则是当时政治思潮的影响。魏晋时期，老庄思想复活，一批知识分子在此基础上宣扬“无为而治”的政治理念，更宣扬“虚君”，甚至是“无君”的政治信仰。竹林七贤的阮籍就是“虚君”和“无君”政治思想的鼓吹者，一大批知识分子认为，皇帝集权专制是所有帝国覆亡的祸根，若想中华天长地久，必须让皇帝无事可做（虚君），甚至可以没有皇帝（无君）。

在这种政治事实和思想事实面前，东晋帝国的皇帝成为傀儡是既成事实，无力改变。我们由此可以看出，思想的力量是多么强大，它要比坚船利炮强悍一百倍，可以摧枯拉朽，开天辟地。中华世界的思想，从魏晋开始即由之前的儒家后退为道家，你以为它只是建安七子和竹林七贤在过嘴瘾，其实它能血淋淋地影响天下。

王导和王敦一文一武，一内一外，坚不可摧地控制着东晋帝国。对于开国皇帝司马睿而言，这根本无法忍受。司马睿一直没有品尝到独掌皇权的神奇滋味，但他了解历史上那些有独立意志的帝王乾纲独断时的巨浪般的快感，他也想品尝这种快感。

于是，东晋皇帝和权臣的斗争，在所难免。

司马睿窝囊透顶地做皇帝的第五年，他下诏给镇守武昌（今湖北鄂州）、都督六州军事的王敦，责备他拥兵自重。王敦简直不能相信这个傀儡敢和自己这样说话，于是起兵进攻首都建康（今江苏南京）。司马睿这才发现夺回皇权的念头是幻梦，慌忙让王导出面替他向王敦求和，而且还说出了悲惨的话：“如果王敦大将军认为司马家的人不配做皇帝，我可以让贤。”

这番话，连王导听了都要流泪，王敦攻入建康后，王导好言相劝，王敦才没有把屁股放到龙椅上，但他任命自己为丞相兼武昌大将军，不久他退还武昌，遥控中央政府，经此一事，司马睿忧惧而死，司马绍即位。

司马绍认为老爹的死全由王敦引起，所以一登基就准备复仇。王敦当然知道司马绍不是善茬，于是公元324年，他以带病之躯决定再攻建康，废掉司马绍。司马绍先发制人，命令效忠中央政府的兵团攻击王敦，王敦惊恐，一病而死。虽然王敦死掉，可司马绍仍不敢铲除根基牢固的王家，于是以王导为首领的王氏家族仍然掌控着东晋帝国。

掌控帝国不等于掌控人民，王导与被石勒杀掉的他的族兄王衍一样，是清谈派掌门人。他能快速地大致稳定东晋帝国在南方的地位，就是采用了“镇之以静”的政治策略，这种策略的精髓就是没有策略：什么都不管，或者说是，只把世家大族（南北方）稳定好，看上去歌舞升平，就是天下太平。

众所周知，他稳定的天下只局限在上层社会，如果他去底层，就会发现那是个地狱。从北中国逃亡来的小地主苏峻就在东晋帝国的底层发现了可以燎原的星星之火，他把这些不革命就只能饿死的人团结起来，于公元 327 年，向东晋帝国开战。脆弱的东晋根本没有反抗的力量，苏峻很快就攻陷建康，焚烧皇宫，抢劫强奸，穷凶极恶。直到两年后的公元 329 年，随着苏峻于一年前战死和余众陆续被消灭，这场动乱才算结束。但帝国首都建康已残破不堪，如同当年西晋帝国被刘聪攻陷的首都洛阳一样。

从王敦、苏峻之乱到苻坚南征的公元 383 年的几十年间，东晋帝国内部如同被捅翻的马蜂窝，到处都是反叛，内战不断，帝国只能不停地对内用兵，才能保证它的存活，然而人人都看得出来，它就像得了肺痨，上气不接下气。

不过，它毕竟是被人驱赶到南中国的，丧失江山的耻辱感总能在一些人身上体现。东晋政府不是没有想过北伐中原，恢复晋王朝光辉。东晋的皇帝全是跑龙套的，当权者则是南逃的豪门世族。这些人初到建康时，常常对着北方抹眼泪，权臣王导每天都哭，哭得两眼红肿，最后哭成了蛤蟆眼。可他只是哭，也只是嘴上说说，没有任何行动，典型的知而不行。

真正知行合一的是那些英雄人物，比如闻鸡起舞的祖逖。他在公元 317 年发起复国行动，率百余人北渡长江，船到中流，他的战友刘琨看到政府只给了祖逖百余人，不禁悲伤地吟诗一句道："何意百炼钢，化为绕指柔。"这句诗后来被用来描述男女爱情中粗犷的爷们对待喜欢的女人时的行为，但在这里，它的意思是，祖逖北伐的意志是"百炼钢"，可惜东晋政府给的支援毫无诚意，钢铁般的北伐意志化为行动上受阻的"绕指柔"。

祖逖没有刘琨的伤感，他剑眉星目，高傲地立于船头，用船桨击打船体矢志道："不能清中原而复济者，有如大江。（我要是不能恢复中原，就如此水，一去不回）"祖逖不幸言中，他后来在中原集结了两千余人，就用这两千余人把石勒打得痛不欲生。然而，东晋政府始终没给他支援，公元 321 年，祖逖在弹尽粮绝后返回南中国，最后郁郁而终。

祖逖这样的英雄人物在中华世界不胜枚举，**如果一件事符合他们心中的正**

**义，他们就坚定地去做。没有勇气去做，是懦弱，有勇气去做，却考虑成败祸福，就是精致的利己主义者，一旦成为精致的利己主义者，那所有的事，都会去计算成败祸福，不但对的事不会做，还有可能去做错的事。**人类世界不缺少祖逖这样才能超绝的人，缺少的是祖逖那种不计身之祸福、见义当为的心。

祖逖北伐失败的十八年后（339 年），掌控长江上游军政大权的庾亮决心北伐，但主力军未出，后赵帝国皇帝石虎就把他的先头部队击溃，庾亮忧愤而死。十年后的公元 349 年，扬州军政长官殷浩欲趁石虎去世、中原大乱时恢复故土，但殷浩志大才疏，屡战屡败，这次北伐遂不了了之。

东晋帝国最雄壮的三次北伐由那个和王猛谈话的权臣桓温领导。桓温也出身北方世族（谯国桓氏），和其他世族不同的是，桓温在东晋政府内战中锻炼自己，把自己打造成了英雄人物。他和祖逖相同的是，都想恢复中华，强烈渴望青史留名，他最被我们熟知的一句话就是：**大丈夫不能流芳千古，亦要遗臭万年。**和祖逖最大的不同是，他有压倒性的兵权（都督四州军事）。

当然，人都有羞耻心，遗臭万年是最后选项，桓温的首选自然是流芳千古。于是，他在公元 354 年、公元 356 年、公元 369 年分别对前秦帝国、羌族首领姚襄、前燕帝国进行北伐。公元 354 年，他战败撤退；公元 356 年他占领洛阳，因得不到东晋中央政府的明确指示，所以撤回；公元 369 年，他惨败于前燕帝国慕容垂。

三次北伐两次惨败，再加上祖逖、庾亮和殷浩的失败，足以说明东晋帝国根本没有北伐的力量。

首先，东晋帝国由南逃的世家大族维持，世家大族不希望再回到战乱时代，所以对北伐极不支持。桓温两次北伐失败，全因为没有后续支援，而后续支援全部掌控在世家大族手中。

其次，东晋帝国的意识形态是“无为”，所有人都认为不争斗是最好的治国理政方式，自然瞧不起那些胡乱折腾的北伐，帝国由此形成舆论，北伐是罪恶。

再次，主张北伐的人全是锋芒毕露之徒，桓温说要么流芳百世，要么遗臭万年，殷浩则到处鼓吹“殷浩不出，奈天下苍生何”的口号，这在要求做人要低调、明哲保身的中国传统文化中根本没有市场，没有市场自然就没有流量，没有流量自然就没有支持。

最后，东晋帝国是一盘散沙，政府和民众不是鱼水关系，而是仇敌关系，所以永远不可能以举国之心力办成北伐这样的大事。军民鱼水情，这句话可真不是随便说说的，想要集中力量办大事，必须和百姓融为一体，唯有一体，才能爆发令人惊悚的动员力量。

还有一点就是，北伐组织者的动机不纯。除祖逖北伐的动机和行动合一外，庾亮和殷浩只是想借北伐捞取政治资本，至于桓温，他固然有青史留名的渴望，但青史留名的资本不一定是北伐，也可能是取代东晋帝国。把北伐本身当成手段，注定没有结果。就比如把拖布当成清扫房间的工具，拖布就只是拖布，也只能是拖布。

桓温并没有把拖布使用明白，但他还是想占据房间。第三次北伐失败的两年后，桓温愤愤不平地带兵进入建康，废掉皇帝司马奕（晋废帝），立司马昱（晋简文帝）为帝，又是两年后，司马昱病逝，朝中两大家族王氏和谢氏都不敢擅自对下一任皇帝的人选做主，桓温再带兵入建康，这一回，他想亲自做皇帝，然而，天不遂他愿，公元 373 年，他一病而死，没有遗臭万年。

桓温在历史上的评价并不好，人们认为他有篡位企图，这是典型的刘秀思维（任何伟大的人物都不能废掉皇帝，否则就是篡权，是乱臣贼子）。抛掉刘秀思维，对于脆弱不堪的东晋帝国来说，桓温自然是伟大的英雄。

然而英雄全部逝去，剩下的全是饭桶。公元 383 年，苻坚对东晋帝国发动全面进攻时，帝国就掌握在一群饭桶手中，大名鼎鼎的宰相谢安是他们的大统领。

## 2／
## 淝水之战

谢安家族和王导家族不是一个级别，王导家族在西晋时期就已开枝散叶，家族大佬王衍贵为宰相。谢安家族直到东晋建国二十余年（344 年）才开始在豫州（今河南）发迹，王导是庞大家族的传承人，而谢安是其家族的开创人。王导清谈天下无敌，谢安清谈宇宙无二。

谢安比王导高明的地方在于，他特别善于装神弄鬼，把所谓的魏晋风流发挥到极致，魏晋清谈分子喜欢嫖妓，都去妓院，而谢安是把妓女带进深山老林；清谈分子喜欢穿宽袍大袖，谢晋干脆用丝绸制作一个袋子套在身上。总之，谢安常常出奇制胜，让人叹为观止，名动当时的清谈圈。

他原本可以继续这样吊儿郎当，但公元 359 年，他的弟弟、家族的顶梁柱、豫州军政长官谢万跟随桓温北伐，结果大败，谢万被免职。谢家上下六神无主，只好把谢安从深山老林中刨出来，哀求他挽救家族命运。谢安惊恐万状，他只会装神弄鬼，从来不懂政治。可王导家族用一句话就让他如释重负："我们也不懂啊。"

谢安出山不久，即遇到桓温革命。谢安和王导没有办法对付桓温，只好采用"无为"策略，听之任之，让谢安走狗屎运的是，桓温在夺取皇位时一病而死，皇帝司马曜认为这是谢安的功劳，立即提升他为宰相。

做了宰相的谢安，第一件事就是安排家族成员的前途，谢家人除了白痴和未出生的人，全都被安排进入政府做官，吏部（组织部）官员因此事而忙得四脚朝天，不到两年时间，谢安家族担任要职的有百余人，很快就要追上王导家族。王导家族看到乌泱泱的谢家人，嫉妒地警告谢安：来日方长，小心噎着。

谢安拿出与生俱来的一副面瘫表情，仰头看天。谢安一遇事就毫无表情的样子，让人误以为他胸有成竹，其实那是他没有经历过大事而六神无主的表现。

公元383年，苻坚兵团南下的消息传入建康时，谢安就是这样一副表情。皇帝司马曜已急成失心疯，谢安却泰然自若，在召开的紧急防御会议上，司马曜因恐惧而哭成泪人，谢安却打起了呼噜。

宰相打起呼噜，其他官员都是世家大族的清谈分子，自然也有样学样地睡起觉来。散会后，司马曜想请谢安留下来单独谈话，可谢安早一溜烟儿跑没影儿了。

几天后，苻坚的先锋部队抵达寿阳，皇帝司马曜吓得瘫痪在床，派人去叫谢安。谢安却跑进深山老林里，没有人找得到他。

有好事者就一针见血地指出，谢安之所以如此淡定从容，是因为苻坚已在长安为他安排了吏部尚书（组织部部长）的职位，还有皇帝司马曜，苻坚也给其安排了左仆射（宰相）的高位。所以无论是皇上还是谢安，根本不必担心被前秦帝国消灭，人家已有后路。

谢安的弟弟、大将谢石和侄子谢玄费尽周折才在深山中找到谢安，两人焦急地要谢安拿主意。

谢安茫然若失地看着两人，然后将一根手指竖在嘴边，说了一个字："嘘。"

谢石瞠目结舌，对谢玄说："你叔伯（谢安）平时玩这些把戏也就罢了，这都什么时候了，还玩这个。"

谢玄屏气凝神思考了半天，才说："也许天机不可泄露。"

谢石只好如此认为，命令谢玄说："他玩天机，咱们也不能等着天机啊，还是要行动。"

两人极度忐忑地开始行动，他们率领快速集结起来的八万余人的兵团向寿阳进发，刚推进至淝水（东湖河），就传来了寿阳被攻陷的消息，两人魂不附体，大眼瞪小眼，已是“生无可恋”。

苻融兵团在攻陷寿阳后，继续向前进发。途中，他们捉到了从东晋中央政府逃出来的官员，经过审讯，苻融得知，东晋只有八万余人。他乐不可支地把这个消息报告给后面的苻坚，苻坚得此天大的好消息后，立即带着八千骑兵，撒丫子就奔寿阳方向而来。

苻坚和苻融挑灯夜谈，苻融说：“趁他们没有集结起更多的兵力，咱们赶紧打过去。”苻坚说：“我向来是先礼后兵，能用嘴巴解决的事不动拳头。找人去劝降。”

苻融不解道：“既然没想用拳头解决，那你为何集结这么多兵力？”

苻坚兴奋起来，没头没脑地说了句：“多么壮观啊，你看你的前锋已和敌人交火了，最后一支部队才出长安城。啊哈哈！”

**这是对力量的自信和炫耀，有人认为他不谦虚，但人生得意就该尽欢尽情，一味地在情感上谨小慎微，活着有什么意思！**

苻融无法对苻坚这段话发表意见，只能从臣子的角度夸奖苻坚：“皇上您脑洞大开，英明神武。”

苻坚让人去劝降，苻融就找了个叫朱序的东晋降将前去。朱序跑到淝水前线，对谢石说：“苻坚这次集结了百万大军，如果等他在寿阳集结完毕，你们注定失败。不如兵行险招，直攻寿阳，挫其前锋，可能还有取胜的希望。”

一旁的谢玄真想抽朱序一嘴巴，他气急败坏地说：“苻融有二十余万人，我们才八万余人，你让八万余人去进攻二十余万人，这不是兵行险招，是自掘坟墓。”

朱序说：“坐等人家集结百万人，这才是自掘坟墓，万一有奇迹呢！”

谢石只好同意朱序的建议，集结军队准备渡过淝水，向寿阳进发。让他们意想不到的是，苻融和苻坚提前来到淝水北岸，正在构筑工事。面对乌泱泱的二十余万前秦士兵，谢石发出了绝望的悲鸣。

谢玄此时突然浑身抽搐，用一种他从来不曾发出的声音对苻融喊话说：

“你们大老远从北方来，无非是想快速决战，现在咱们隔了条河，不如你们稍向后退，我们过河，咱们干脆点，一局定输赢。”

苻融以为自己耳朵出问题了，世界上还从来没有这种事，两敌相遇，弱小的一方主动提出想过河和敌人一局定乾坤。他看向苻坚，苻坚也认为自己的耳朵出了问题，让人确认。谢玄抽搐得更厉害了，这是魂飞魄散的典型体征。可恐惧给他带来了力量，他复述了自己的话。

苻坚和苻融狂喜，几乎要跳下马来一段西北舞蹈。两人快速商议：让队伍后退，等他们渡河到一半时，让骑兵冲击，把他们弄死在河里。

苻融不知是高兴得过了头，还是天生就智障。二十余万人向后退，阵势惊人，必须秩序井然，步调一致。要达到这种效果，只能将命令下达给每一个战斗单位的指挥官，让指挥官再下命令给战士。

可苻融抽风似的，突然在阵前向所有士兵下达了这道命令：向后退。致命的是，他也没有说后退的距离是多少。

士兵们只听到“向后退”的命令，如果严格按照命令执行，每个人都向后退，也没有问题。这些人却全部转身，小跑了起来。

谢玄的身体终于恢复常态，不再抽搐。他看到对面的敌人掉头小跑，多年来的战场经验让他猛地意识到，这是机会，因为敌人要出错。

他命令部队快速渡河，东晋士兵在水中的行进速度惊人，对面的前秦部队被吓个半死，小跑的速度加快。

就在这时，那个东晋降将朱序突然在阵营中大喊了一声：“秦军败啦！”

朱序大概练过中国古典内功，滚雷般低沉的声音在前秦军中激荡开来，前秦士兵撕心裂肺地吼叫：“完蛋啦，败了，快逃啊！”

小跑变成百米冲刺，速度慢的人被踩在脚下，速度快的人加速向前冲。苻融骑马在后面掠阵，希望这些胆小鬼能停下来，但他立即被逃命的士兵撞得人仰马翻，随后被踩死。苻坚在阵后远远看到洪水般的士兵冲过来，本能反应之下，也是掉头就跑。

这一跑，给东晋帝国跑出了奇迹。谢石和谢玄轻松地渡过淝水，开始追击。前秦兵团二十余万人，几乎全被东晋兵团从背后歼灭。这场因阵前后退而出现转机的战役被称为淝水之战，其实这根本不是战役，而是苻坚主动送给东晋帝国一批猎物罢了。

苻坚好像是没有带脑子出来，他后面还有主力近七十万人，前线吃个小败仗没有什么大不了的，他却当成灭顶之灾，一路狂逃到洛阳，还惊魂未定。前秦帝国的主力部队因听说前线惨败，又没有得到皇帝的明确指令，所以一哄而散。苻坚跑进洛阳收拾残兵，发现只剩下十万余人。洛阳当时正是黄昏，血色残阳慢慢下落，哀伤的洛阳城在黑暗中，悲愤地痛哭着。

此时他忽然想起王猛临终前的叮嘱：（此时）南中国不足患，小心鲜卑和羌。

苻坚同意王猛“南中国（东晋）不足患”的看法，所以他才迫不及待地南下灭东晋，而且信心满满。让他死都想不明白的是，怎么还没有战就败了，而且是大败。

苻坚当然想不明白，因为他的良知被遮蔽了。而遮蔽他良知的不是别人，恰好是王猛。前秦帝国看似在苻坚手中壮大，其实是在王猛手中壮大。因为有王猛在前，苻坚根本没有机会在帝国发展的过程中锻炼自己，换个说法就是，苻坚没有经过事上磨炼，遇到大事，必定抓瞎。

如果他真能在帝国发展中磨炼自己，那就不会只遇个小败仗就惊慌失措地逃起来没完。**人间有很多看似超级强大的人，在未经事上磨炼的情况下，或被别人捧上高台，或靠运气走上高台，但一遇大事，立即崩溃**，苻坚就是这样的人。

王阳明说：“人须在事上磨炼，才能立得住。”**在事上磨，不是做各种各样的事，而是在事上锻造自己的意志力、祛除得失心和贪婪心等私欲**，苻坚恰好没有这样的机会，似乎也没有这个意愿。

很多时候，帮助你的人过于强大，反而会害了你，比如王猛帮助苻坚，管仲帮助姜小白。王猛一死，苻坚就惨败；管仲一死，姜小白也惨死。人一定要靠自己，才有力量。

苻坚的失败，不仅是他个人的失败，还是前秦帝国的失败。前秦帝国有很多缺点，比如，虽然集结了百万大军，但民族成分复杂，苻坚和王猛没有时间做整合工作。中国历史上任何一个强大的帝国，都必须经过整合才能成为一个整体。整合需要出色的政治家兼思想家处心积虑，清点人口，实施全国性的规范，用文化改变人的价值观，统一思想，这一切都需要时间和耐心。而苻坚的前秦帝国不是这样，只从他的这支集团军就可看出，它不是一个整体，而是无数布块拼凑起来的一件光鲜的破衣服。

问题是，苻坚的百万兵团，其实真正和东晋接触的只有二十余万人，而这二十余万人，真正在淝水前线和东晋正面对战的只有几万人，剩下的那些士兵，全是跑龙套的。也就是说，前秦兵团的数量优势是个幻景，这场所谓的战役，是在双方力量相当的条件下发生的。

前秦帝国本身就不稳固，淝水之战成了它崩溃的导火索。**一场战役决定了一个帝国的命运，非但决定了一个帝国的命运，还决定了中国的命运。**

据说谢安在得知淝水之战大胜的消息时，正和友人下棋，友人看到他脸色由之前的惨白变得红润，问他："什么事？"谢安回答："小儿们已破敌。"

友人惊骇万分，这是起死回生的大事，谢宰相居然神态自若。可当下完棋，谢安走出房门时，由于过度兴奋，木屐被门槛磕断，他居然毫无意识。

东晋帝国掌控在世家大族手中，所以像谢安这样的人多如牛毛，他们以清谈为人生大旨，打着"镇之以静"的口号拒绝理会实际政治，他们像猫盖屎一样，永远掩盖矛盾，报喜不报忧，对迫在眉睫的事，他们因没有能力而做起甩手掌柜，幻想着可以实现老庄所谓的顺其自然。

这种没有担当、不负责任的人在中国历史上比比皆是，但谢安和他们不同的一点是，他有让老天爷都惊叹的狗屎运，因他这份狗屎运而得到的成功，却被人认定为泰然自若、不动如山的典范。这是中华文化和思想的奇耻大辱。

更吊诡的是，谢安这种人居然被历史认定为贤相，受万人追捧。当然，如果我们知道历史是由那些世家大族的人书写的，也就不足为奇了。

东晋帝国在苻坚的泰山压顶之下，本该灭亡，而它居然活了下来，这是天道的自我黑化，天道成了歪门邪道。天下价值观由从前孔孟所谓的正义必然战胜邪恶逆转成了邪恶必胜。

胡人所建立的国家，有三分之二是淝水之战后出现的。淝水之战前出现的国家有刘渊的前汉帝国、李雄的成汉帝国、刘曜的前赵帝国、石勒的后赵帝国、冉闵的冉魏帝国、慕容儁的前燕帝国、张茂的前凉王国和苻健的前秦帝国。淝水之战后，北中国的国家如雨后狗尿苔，层出不穷，陆陆续续全部到位。

第一个出现的就是前面提到的慕容垂于公元 384 年建立的后燕王国（386 年自动升级为后燕帝国），同年，慕容泓建西燕王国、姚苌建后秦王国。公元 385 年，陇西鲜卑人乞伏国仁建西秦王国。公元 386 年，被苻坚派去攻伐西域的大将吕光建后凉王国。公元 397 年，河西鲜卑人秃发乌孤以廉川为政治中心，建南凉王国，公元 399 年迁都至青海乐都。同年，匈奴人沮渠蒙逊自称河西王，建北凉王国。公元 398 年，慕容皝的儿子慕容德在滑台建南燕王国。公元 400 年，汉人李暠在敦煌建立西凉王国。公元 405 年，汉人谯纵在成都建立西蜀王国。公元 407 年，后秦帝国大将、匈奴人赫连勃勃建立胡夏王国，和它同年出生的是汉人冯跋在龙城建立的北燕王国。

至此，五胡乱华的所有国家全部到齐，名单如下：

**二十国兴亡表**

| 建立王国时间（公元） | 升级帝国时间（公元） | 国名 | 开国君主 | 民族 | 亡国时间（公元） | 存在年数 | 亡于何国 |
|---|---|---|---|---|---|---|---|
| 304 | 308 | 前汉帝国 | 刘渊 | 匈奴 | 318 | 14 | 前赵 |
| / | 318 | 前赵帝国 | 刘曜 | 匈奴 | 329 | 11 | 后赵 |
| 304 | 306 | 成汉帝国 | 李雄 | 氐 | 347 | 43 | 东晋 |
| 319 | 330 | 后赵帝国 | 石勒 | 羯 | 351 | 32 | 冉魏 |
| 320 | / | 前凉王国 | 张茂 | 汉 | 376 | 56 | 前秦 |
| 337 | 352 | 前燕帝国 | 慕容皝 | 鲜卑 | 370 | 33 | 前秦 |
| / | 350 | 冉魏帝国 | 冉闵 | 汉 | 352 | 2 | 前燕 |
| 350 | 352 | 前秦帝国 | 苻健 | 氐 | 394 | 44 | 西秦 |
| 384 | 386 | 后燕帝国 | 慕容垂 | 鲜卑 | 407 | 23 | 北燕 |

续表

| / | 384 | 西燕帝国 | 慕容泓 | 鲜卑 | 394 | 10 | 后燕 |
|---|---|---|---|---|---|---|---|
| 384 | 386 | 后秦帝国 | 姚苌 | 羌 | 417 | 33 | 东晋 |
| 385 | / | 西秦王国 | 乞伏国仁 | 鲜卑 | 431 | 37 | 胡夏 |
| 386 | / | 后凉王国 | 吕光 | 氐 | 403 | 17 | 后秦 |
| 397 | / | 南凉王国 | 秃发乌孤 | 鲜卑 | 414 | 17 | 西秦 |
| 397 | / | 北凉王国 | 沮渠蒙逊 | 匈奴 | 439 | 42 | 北魏 |
| 398 | 400 | 南燕帝国 | 慕容德 | 鲜卑 | 410 | 12 | 东晋 |
| 400 | / | 西凉王国 | 李暠 | 汉 | 421 | 21 | 北凉 |
| 405 | / | 西蜀王国 | 谯纵 | 汉 | 413 | 8 | 东晋 |
| 407 | 418 | 胡夏帝国 | 赫连勃勃 | 匈奴 | 431 | 24 | 吐谷浑 |
| / | 407 | 北燕帝国 | 冯跋 | 汉 | 436 | 29 | 北魏 |

由上面的叙述，我们可以一目了然，前秦帝国在淝水之战中的失败，对中国尤其是北中国的影响多么巨大。

**如果苻坚在淝水之战中取胜，中国将会统一，也就没有后来五胡乱华的高潮和分裂长达一百多年的南北朝。这就是定数，更是历史的玩笑，高深莫测。**

我们先来看和前秦帝国有关的三个国家：后燕、西燕和后秦。

苻坚逃至洛阳后，那个曾经投靠他的慕容垂适时跑来向他提出高明的建议："淝水之战后，黄河以北民心动摇，我可以去宣慰镇抚。"

苻坚当时流下感激的泪水，亲自送慕容垂到洛阳城郊，慕容垂就在城郊，对着苍天大地发誓永远效忠苻坚，苻坚更加感动。而慕容垂效忠苻坚的方式就是，渡过黄河后的第二年（384 年），招抚被苻坚灭掉的前燕帝国遗民复国，建立后燕王国。

如果慕容垂是个伪君子，姚苌就是个真小人。姚苌是羌族巨头姚弋仲的儿子，公元 357 年，前秦帝国讨伐姚家，姚苌见不是前秦帝国的对手，于是投降。苻坚上位后，把他当成最亲的战友，多次派他出外征战。

苻坚正懊恼放掉了慕容垂时，姚苌站出来说，他愿意去讨伐慕容垂。苻坚在淝水之战前用人不疑，对任何人，哪怕是敌人，只要来投靠，他都施以百倍信任，可慕容垂给他的一记闷棍，让他发现有些人的心全被狗吃了。所以他拒绝姚苌领兵出征。

但不久，慕容垂的族人、被苻坚强行迁到关中的鲜卑人，在领导人慕容泓的鼓动下，立即拥立他为大王，西燕帝国的前身西燕王国诞生。苻坚暴跳如雷，他终于发现慕容家族全是忘恩负义的白眼狼，对付白眼狼，只能用刀枪。姚苌再次请求让他去征讨慕容泓。苻坚这回同意了。

姚苌和慕容泓打了几场无关痛痒的战役后，立即逃到羌人的老巢陕西，聚集他的同族，建立后秦王国，姚苌自称“万年秦王”。

苻坚眼睁睁看着两个爱将成为叛徒，不禁想起王猛临死前让他小心慕容垂和姚苌的话来，可惜为时已晚。

公元 385 年，苻坚一生的运气全部用完，在和西燕王国的战争中屡吃败仗，最后西燕王国居然打到他的家门口长安城下。智力大幅下降的苻坚这才想起当初被他发配到全国各地的族人。他命太子苻宏守长安，自己率领一支为数不多的精锐杀出长安城，准备回氐民族的根据地甘肃动员兵力。

当他走到陕西岐山时，姚苌的边防部队将其擒获。姚苌，这个曾经被苻坚视为兄弟的无耻小人，把老哥苻坚勒死。苻坚死后不久，陕西青天白日雷声不断，然后是冰雹，把出门观望的姚苌打得头破血流。五胡乱华时期北中国的皇帝中，只有两个人受到老天的厚爱，一个是冉闵，一个就是苻坚。

苻坚死后，远在长安城中的太子苻宏吓破了胆，立即放弃长安投奔了东晋。苻坚的儿子、镇守晋阳的苻丕就在晋阳登基称帝，宣布继承前秦帝国的遗产。此时，前秦帝国已没多少遗产。公元 386 年，苻丕被权臣苻篡威胁，惊慌中逃出晋阳城，结果被敌人杀掉。苻坚的族孙苻登在氐族人的拥护下称帝，他用残破不堪的前秦帝国顽强抵抗仇人后秦的进攻，坚持到公元 394 年，苻登被后秦兵团杀掉。同年，前秦最后一位皇帝苻崇被西秦乞伏乾归所灭，前秦帝国正式灭亡。这个曾经强大到险些统一中国的前秦帝国（352 年—394 年）至此退出历史，算上苻健建王国的两年（350 年—352 年），前秦共存在了四十四年，这在五胡乱华的国家中是高寿。

前秦帝国灭亡后，北中国现存的国家（北魏除外）再也没有一个如苻坚的前秦帝国那样能给人以统一的希望，它们带来的全是互相攻伐的绝望。

时无英雄，遂使竖子成名，强大的前秦土崩瓦解时，继之上场的是慕容垂的后燕帝国和姚苌的后秦帝国。

苻坚被谋杀的第二年（386 年），慕容垂在中山（今河北定州市）称皇帝，将后燕王国升级为后燕帝国。姚苌谋杀苻坚后，王国也自动升级为帝国，后秦帝国诞生。现在，后燕帝国和后秦帝国东西对峙争霸。

两个帝国都意识到，要把对手消灭，就必须扩充实力，即是说，要先吞并其他国家。后燕帝国先动手，它六亲不认地把族人慕容泓所建立的西燕王国纳入自己的版图。

慕容泓建立西燕王国不久，就被他弟弟慕容冲干掉，慕容冲攻陷前秦帝国的长安城后在此称帝，把西燕王国升级为西燕帝国。慕容家族都希望慕容冲东归，但慕容冲喜欢关中的花花世界，于是，宰相慕容永杀掉慕容冲，此后半年内，在一番立帝然后废掉的鬼把戏后，慕容永成为西燕帝国的皇帝。

公元 392 年，慕容垂先对占据黄河流域的翟魏王国发难。翟魏王国的百姓主体是南迁入中原的祖居贝加尔湖附近的敕勒人（中国称他们为丁零人）。在大动乱时代，他们在列国的残杀中艰难生存，也因此锻炼出了巨大的战力。敕勒人原本依附前秦帝国，淝水之战后，起兵反抗苻坚，公元 388 年，丁零人的领导人翟辽建魏王国，史称翟魏王国。慕容垂攻击它时，翟魏王国第二任国王翟钊向慕容永求救，慕容永偷偷给予资助，慕容垂消灭翟魏王国后，得知慕容永吃里爬外，立即向他进攻。

西秦灭掉前秦的公元 394 年，慕容垂攻破西燕帝国首都长子（今山西长子西南），西燕帝国（384 年—394 年）只存在了十年。

后燕帝国在干掉带来后顾之忧的翟魏王国和西燕帝国后，准备和西方的后秦帝国摊牌，但老天没有赏赐它机会，后燕帝国遇到了比后秦还要厉害百倍的劲敌，它陷入从未遇到过的危机，在挣扎了十几年后灭亡。

这个劲敌就是后来统一北中国的北魏帝国。

## 3／

## 北魏的登场

我们谈过，鲜卑在中国东北部，匈奴强大时总欺负他们，匈奴西逃后，鲜卑接收了匈奴在北方的地盘，开始活跃。鲜卑分为三部，分别是慕容氏、宇文氏和拓跋氏，北魏帝国的建立者就是拓跋氏。鲜卑三部，慕容氏最先进入中原，成绩斐然，并灭掉宇文氏。拓跋氏不知什么原因，始终没有正式南下，而是在根据地山西北部不停地向北开拓。直到西晋初年，他们的族长才有幸到洛阳城，**这位族长在洛阳城学到用弹弓打鸟的奇技后回到部落炫耀，结果这种技能被惊恐的族人认定为妖术，可以想见，拓跋氏的文化水准还处于石器时代。**

但拓跋氏很有智慧，他们一面发挥游牧民族的先天优势把自己锻造成战士，一面模仿汉人农耕，使自己成为农牧一体的民族，双管齐下让他们快速成长，公元 338 年，族长什翼犍自认羽翼丰满，就在根据地盛乐（今内蒙古自治区和林格尔县）称代王，加速汉化。北魏的前身代王国诞生。

公元 376 年，强悍的前秦帝国在王猛的策划下进攻代王国，拓跋什翼犍战死，代王国灭亡，他的儿子带领残余族人东躲西藏。淝水之战后，慕容垂把后燕王国升级为后燕帝国的公元 386 年，拓跋什翼犍的孙子拓跋珪纠集旧部也复国称王，改国号为魏，它就是中国南北朝史上光芒万丈的北魏。复国之初，为了全力对付身后的独孤部族和贺兰部族，拓跋珪明智地向后燕帝国进贡，以取得后燕的保护。

后燕皇帝慕容垂根本没有把这个小国放在眼里，所以同意成为它的保护者。没有人看好这个复活的国家，当时拓跋珪才十六岁。可他经受过亡国之痛，吃过不少苦头，他奋发图强，凭借过人的智慧认真经营他的祖国，北魏王国很快就悄无声息地强大起来。

慕容垂灭翟魏王国的前一年（391 年），拓跋珪按规定派大臣拓跋觚到后燕首都中山进贡。后燕太子慕容宝发现贡品中没有约定的良马，于是像训斥狗一样训斥拓跋觚，拓跋觚也不是善茬，当场就和慕容宝闹翻，慕容宝一怒之下扣留了拓跋觚，拓跋珪得知消息后火冒三丈，要向后燕开战，可他马上命人当头浇下三盆冷水，冷静下来后，他认为时机未到。

慕容垂当时还没有时间收拾北魏，消灭翟魏王国后，慕容垂又和西燕开战，而拓跋珪立即吹起支援西燕的号角，这让慕容垂怒火中烧。灭掉西燕的第二年（395 年），慕容垂开始专心对付北魏王国这个叛徒。但他当时已七十岁高龄，又有病在身，所以不能亲自出战。于是，他让太子慕容宝率领九万精兵讨伐叛徒。

慕容宝不是庸碌之辈，可惜对手拓跋珪的能力要甩他几十条街。慕容宝率领九万大军长驱直入，进入北魏境内后，又推进四百余公里，连根毛都没有见到。这是拓跋珪的计策，用坚壁清野把人引进来。慕容宝再次推进百余公里后，面对这种诡异的状况，忽然心虚。就在他心神不安时，突然传来消息，他和首都的联系被拓跋珪的机动部队切断，慕容宝在马上大叫一声，倒栽葱摔下来。

侍卫们慌忙将其扶起，安慰道："我们带了足够的粮草，兵强马壮，拓跋珪纵然切断咱们和首都的联系又如何，咱们加快脚步，奔袭他的首都！"

慕容宝正犹豫不决时，拓跋珪又抓了后燕的巡逻兵，逼他回到慕容宝军中散播谣言说，慕容垂已经病死，首都中山已陷入混乱中。慕容宝闻听此信，来不及从马上摔下，慌里慌张命令部队原路返回。

拓跋珪要的就是这种效果，他远远围追，慕容宝兵团退到山西阳高时已失魂落魄，拓跋珪见时机已到，命令前线攻击。慕容宝兵团意料之中地崩溃，九万人战死一半，投降一半，只有慕容宝和他的千人卫队逃回首都。

慕容垂当然没有死，可听说九万人主力全部丧失，他急火攻心，已经和死人差不多。**慕容宝毫无孝心，认为这次交战是拓跋珪侥幸胜利，遂怂恿病重的老爹慕容垂继续北伐拓跋珪。**慕容垂神情恍惚，公元 396 年，他居然亲自带病出征。有多年战争经验的慕容垂不是吃素的，他率领主力快速推进，奇迹般地将北魏重镇平城（今山西大同）攻陷，但他无法彻底消灭北魏主力。拓跋珪此时才明白“姜还是老的辣”这句格言，于是率领主力向北撤退。他心情复杂，曾经设想的一切就要变成幻梦。可命运眷顾他，慕容垂一病而死，慕容宝没有巩固战果的能力，于是放弃大同，选择退兵。

拓跋珪趁慕容宝刚上台，政局不稳，对后燕发动全面反攻。这次反攻对于后燕而言是致命的，其所掌控的华北平原大部分（今河北、山西等地）被吞。慕容宝见帝国大势已去，只好撤回慕容氏的根据地辽西龙城（今辽宁朝阳）。公元 398 年，拓跋珪在平城称帝建国，史称北魏帝国。慕容宝逃回朝阳后，被他的族人痛恨，很快被杀掉。但后燕帝国如同一只蟑螂，生命力顽强得可怕。慕容宝的儿子慕容盛在龙城为后燕续命。在胆识过人的慕容盛经营下，后燕几乎翻盘。可惜，慕容盛的继任者却是慕容垂的小儿子——浑蛋慕容熙。

慕容熙登基不久，即开始大兴土木，虐杀臣民。他脑袋似乎被城门夹过，变得疯疯癫癫。他的老婆死后，他让大臣来哭丧，谁哭得不认真，就立即杀掉。公元 407 年，慕容宝的养子高句丽后裔慕容云在大将军冯跋的帮助下发动政变，杀掉浑蛋慕容熙，自立为帝。后燕帝国（386 年—407 年）灭亡，算上慕容垂做国王的两年（384 年—386 年），后燕帝国共存在了二十三年。慕容云也没有比慕容熙强到哪里去，他特别喜欢重用奸诈小人，公元 409 年，几个奸诈小人将他诛杀。

慕容云被杀后，大将军冯跋气冲牛斗，杀掉杀人犯，替慕容云复仇，众人发现慕容家族已无人可推举，只能推举他。于是冯跋顺水推舟，连国号都懒得改，直接称燕王，建立北燕王国。

事实上，后燕帝国被拓跋珪端了老窝后就已是半死，拓跋珪也这样认为，所以他根本不在乎慕容宝逃到哪里，慕容家族又立了谁或杀了谁。

拓跋珪头脑清醒，果敢坚忍，是当时中国少有的领袖人才。他称帝不久，即整合国家，统计户口，确定赏罚原则，重用儒家知识分子，北魏帝国开国气象如佛光普照。他曾问知识分子李先，天下什么东西最好？李先回答，最好的是书籍。拓跋珪立即命北魏帝国各郡县搜集书籍送到首都平城。北魏帝国的基业至此奠定。

但可能是慕容垂的鬼魂不放过拓跋珪，公元 407 年，后燕帝国灭亡的同时，拓跋珪患了一种奇怪的疾病，突然浑身发烫，又突然浑身发冷，几天后没有经过任何治疗又突然痊愈。痊愈后的拓跋珪如同恶鬼附体，性情大变，喜怒无常，动辄杀人，他身边的侍从和文武大臣都心惊胆战。随着时间的推移，拓跋珪越来越不像个人，经常吵闹着要把拓跋家族斩草除根，他幼子拓跋绍发现老爹已彻底中邪，正好拓跋绍生母被拓跋珪怀疑有奸情而被囚禁，拓跋珪絮絮叨叨地说要杀掉这个女人。拓跋绍爱母心切，公元 409 年阴历十月上旬，他发动军事政变，用乱刀解脱了中邪的老爹。

拓跋绍解脱了老爹，却没能拯救自己。太子拓跋嗣如法炮制，发动政变干掉了拓跋绍，登基称帝。拓跋嗣就是北魏明元帝，他追谥中邪的老爹拓跋珪为北魏道武帝。拓跋嗣天性淳厚，像一杯陈年普洱，他继续老爹的文治政策，如同西汉帝国的文帝、景帝那样，北魏帝国迎来巅峰。

北魏帝国青云直上时，北中国其他国家则江河日下，主动为北魏统一北中国让路。

苻坚大将吕光在公元 386 年所建的后凉王国最先灭亡，吕光是苻坚族人，骁勇善战，苻坚当初派他到西域，短短几年时间，吕光就降服了三十余国，西域诸国在东汉末年离开中国后，已经忘记中国，如今被中国来的吕光打得找不着北，终于记起东方巨无霸中国。吕光死后，他几个不成材的子孙互相砍杀，最后吕隆胜出。后凉王国本来实力雄厚，但过度的内部消耗让它失去力量。当你弱小时，周围的邻居就会成为你的噩梦。后凉持续不断地受到后秦、南凉和北凉的攻击，最后只能龟缩在首都姑臧（今甘肃武威）黯然衰败。

南凉王国是由河西鲜卑人秃发乌孤在公元 397 年所建，北凉王国也在这一年冒出，它的建立者是河西匈奴人沮渠蒙逊。秃发乌孤和沮渠蒙逊都曾受制于后凉的吕光，吕光在世时还能控制，他一死，两人立即脱离后凉的阴影，自力更生。

吕隆在三方（后秦、北凉、南凉）的不停攻击下进退失据，辛苦地坚持到公元 403 年，他取消王号，向后秦帝国投降，后凉（386 年—403 年）寿命十七年。后秦帝国第二任皇帝姚兴得意扬扬地问吕隆："你的国家和我的国家同一年建国，为何我如此强大，你却如此弱小？"

吕隆只好对他的狗屁问题回答说："因为您英明神武，我们只是蛆虫。"

姚兴大笑，就在他的笑声中，后秦帝国遇上了有生以来最难缠的恶鬼赫连勃勃。赫连勃勃本姓刘，是前汉帝国开国皇帝刘渊的族人，西晋末年天下大乱，赫连勃勃的祖上靠武力得到一片土地。赫连勃勃的父亲刘卫辰曾效忠前秦帝国，苻坚被谋杀后，刘卫辰带领他的族人自立，后被北魏所杀，赫连勃勃无奈之下只好投靠了北魏的劲敌后秦。赫连勃勃风度翩翩，又能征善战，心狠手辣，遂得到姚兴的赏识，被委以重任。

北魏帝国强盛后不停地和后秦帝国发生战争，姚兴让赫连勃勃率领十几万人镇守朔方（今内蒙古自治区乌拉特前旗）。由于父仇在身，所以赫连勃勃对北魏的战争非常上心。经过多次战争、多次失利，姚兴认定后秦暂时还不是北魏的对手，于是双方握手言和。

赫连勃勃怒发冲冠，拒绝和解，后燕帝国灭亡的公元 407 年，赫连勃勃在他镇守的朔方宣布独立，建大夏王国（赫连勃勃不知从哪里得到的信息说匈奴人是夏王朝开国君主启的后代），史称胡夏王国。

赫连勃勃建大夏王国后，所有人都认为他要和杀父仇人北魏帝国做殊死决战，他却出人意料地掉转枪头攻击老恩主后秦帝国，而且把攻打后秦定为国策。姚兴对这头白眼狼也毫不手软，双方展开殊死搏杀。

公元 409 年，姚兴亲自出马，集结后秦主力北上攻击赫连勃勃。两国主力在依力川（今甘肃平凉东南）决战，赫连勃勃用骑兵快速突击，两面包抄，后秦惨败。经此一役，后秦主力全被赫连勃勃消灭，后秦帝国末日已到。

## 4／

# 东晋的北扫

北魏帝国一直对北方各国虎视眈眈，欲扫平这些小丑。不过，还未等它动手，东晋帝国先行一步，替它出手，这次出手效果显著，出人意料。

东晋帝国在淝水之战的玩笑式胜利后，仍然一如既往的腐败放荡，皇帝司马曜突发奇想，欲把皇权从世家大族手中夺回，他看准了谢安家族不如王敦家族和桓温家族强势，立即拿下谢安的宰相之职，由其弟司马道子接任宰相。

按司马曜的指示，司马道子做宰相的使命有两个：一是清除世家大族在朝中的势力；二是把地方军政长官手中的军权收归国有。对于司马皇族而言，这是明智的决策，但风险极大，因为它注定要打破东晋自建立以来的平衡。司马道子坚定地履行这两项使命。

公元 396 年，司马曜被小老婆谋杀，太子司马德宗即位。司马道子大权在握，继续履行他的使命。他挑选了几个寒门出身的官员，设立了中央军事改革小组，在和他的同伙简单地商议后，就草草公布了几条军事改革意见。他把人心看得太简单，也把宰相权力看得太贵重。

收到改革消息的各地军区大哗，公元 397 年，京口（今江苏镇江）军区长官王恭起兵，指控皇帝身边有小人，他要清君侧。司马道子恐惧万分，立即撤销中央军事改革小组，杀掉了组员，王恭退兵。

但司马道子愤愤不平，撤销军改小组后不久又恢复，而且矛头直指叛徒王恭。王恭这回出离愤怒，其他军区长官也支持王恭。于是以王恭为首的司令员们，如桓温的儿子桓玄等，推举王恭为总司令，起兵向建康进发。

司马道子魂飞魄散，幸好他有个聪明伶俐的儿子司马元显。司马元显对老爹说："这些叛徒看似团结，其实各怀鬼胎，与其费力抵抗，不如让他们内讧。"

父子二人把叛徒名单展开认真研究后，选定了王恭的大将刘牢之作为突破口。刘牢之是今江苏徐州人，早年参军，凭借智勇双全在军界崛起，成为王恭的爱将。司马元显分析刘牢之说："此人从底层靠军功崛起，自然瞧不起那些世家出身的人。而且这种人都有正义感，对权力十分渴望。只要我们允诺，干掉王恭后把王恭的地盘给他，他绝对同意。"

司马元显虽然年轻（十七岁），但对人性的分析相当精准，在他的策划下，刘牢之果然反水，杀掉上司王恭，宣布拥护中央政府。桓玄等人群龙无首，立即撤退，司马元显不费吹灰之力就解决了一场声势浩大的兵变，刘牢之得到他想要的，中央政府度过危机。

东晋帝国虽消除了地方军区司令们的威胁，五斗米教教主孙恩却趁机掀起造反狂潮。司马道子派刘牢之镇压孙恩，刘牢之把这个任务交给他的爱将刘裕，刘裕也出身底层，靠纯粹的军功起家，他用了两年时间终于把孙恩武装消灭，名望大盛。

孙恩之乱才平息，祸不单行的东晋帝国又迎来一次叛乱。公元 403 年，桓玄起兵从他的根据地湖北江陵向首都进发，宣称要清君侧——清除皇帝身边掌控中央权力的皇族司马元显。

司马元显刚接替老爹成为宰相就遇到这种事，他气急败坏，孤身率领中央主力军阻击桓玄。桓玄轻易将其击败，进入建康。桓玄杀掉司马道子和司马元显，皇帝司马德宗泰然自若，因为他是个不知冷暖的白痴，任何时候对任何事都无动于衷。

桓玄高傲地站在建康城墙上，忽然想起老爹桓温的往事，老爹临死前的一幕跃上心头，他对着长江大喊说："老爹，我要完成你流芳百世的心愿。"公元 403 年年末，桓玄废掉司马德宗，自己称帝，国号楚。桓温没有实现的理想虽然被桓玄实现，但也给桓氏家族带来了灾难。

在龙椅上坐了八十多天后，曾经消灭孙恩的刘裕向桓玄发起进攻。刘裕是士族破落户，从小失去父母，生活贫苦，种过地，砍过柴，捕过鱼，和三国时蜀汉帝国的开国皇帝刘备一样卖过草鞋。**一切底层工作，他都做了个遍，这些险恶的事把他磨炼成了英雄。**后来，刘裕加入了东晋的精锐北府兵团，在战场磨炼了数年后，步步高升。桓玄造反时极力拉拢他，刘裕假装同意，暗地里却一直酝酿如何推翻这个叛贼。时机一成熟，他马上向桓玄开战。

刘裕在战场上摸爬滚打多年，实战经验丰富，桓玄根本不是他的对手，屡战屡败，最后自杀，司马德宗复位。刘裕如愿以偿地进入东晋帝国中枢，更让他心花怒放的是，经此一战，他掌控了东晋帝国全部的军事力量。

看到东晋帝国已入黄昏，刘裕内心起伏，他开始觊觎司马德宗屁股下那张高贵的龙椅。对于他的身份而言，这种心思简直大逆不道。他能有这样的心思，自然和北中国的混乱有关，在北中国，只要有实力就可以做皇帝。**中国人始终为社会价值观担惊受怕，原因就在这里，不好的社会价值观会改变人的善念，让人去为恶。**

不过，刘裕头脑很冷静，他知道南中国不是北中国，这里都是名门望族，得不到他们的支持就不可能坐稳皇位。而要得到别人的支持，不能靠取悦别人，必须靠别人无法反驳和不敢反驳的力量与威望。现在他有力量，用此力量建立威望是重中之重，而建立威望的路径只有一个：对外用兵。

公元409年春，刘裕完成准备，开始他的第一次北伐，目标是南燕帝国。南燕帝国是后燕帝国的半身，公元398年，后燕皇帝慕容宝被北魏拓跋珪击败，后燕的亲王慕容德在滑台（今河南滑县）称王，建立南燕王国。北魏帝国不允许后燕有翻身的机会，于是向它进攻。慕容德被驱赶到广固（今山东青州），公元400年，慕容德守着弹丸之地升南燕王国为南燕帝国。刘裕讨伐这个微型帝国时，第二任皇帝慕容超谜一样地自信，幕僚劝他割掉境内的麦子，刘裕得不到粮食自然会退走，但慕容超拒绝。当刘裕闪电似的清扫他的地盘时，他才惊慌失措地想起请后秦帝国帮忙。

后秦皇帝姚兴当时正意气风发，认为不久的将来就可以消灭北魏，统一北中国。他让慕容超不必担心，并派出一名使者去威胁刘裕说：“我们后秦帝国正准备集结十万骑兵攻击你们，你们居然还有闲心去打南燕？”

刘裕险些笑掉大牙，然后极其严肃地告诉使者：“你来得正好，回去告诉你家狗皇帝，我正准备去要他的狗命，如果他真能送上门来，那我感谢他。”

使者面无人色，跑回去告诉姚兴，姚兴也面无人色，突然大喊头疼，说是要闭关养病，慕容超的使者在宫门外磕头磕到流血，也没有等到养病的姚兴任何回复。

刘裕向南燕帝国发起猛攻，经他一手调教出来的军队威力无穷，南燕毫无还手之力，挣扎到第二年，慕容超被活捉送到建康处决，南燕帝国（400 年—410 年）灭亡，算上它作为王国的两年（398 年—400 年），南燕帝国只存活了十二年。

**复国好像是慕容家族的家训，前燕灭亡之后，后燕、南燕、西燕、北燕，各种乱七八糟的 × 燕前赴后继。**我们可以从金庸的小说《天龙八部》中看到慕容复和他老爹慕容博的复国行动，明知不可为而为之的精神让我们感动。

得知南燕皇帝慕容超被刘裕斩杀，刚被赫连勃勃打败的后秦姚兴摸着脖子紧张兮兮，浑身发抖。幸好老天保佑，刘裕被东晋帝国内部事务所缠，无暇来收取他的项上人头。缠住刘裕的正是他成名之事的余波。刘裕靠平定孙恩叛乱成名，孙恩失败后，他妹夫卢循隐忍未发，经过几年埋头苦干，公元 410 年，卢循趁刘裕北伐南燕时突然起兵。他势如破竹，很快就推进到建康城下。

东晋帝国把全部希望寄托在刘裕身上，刘裕果然不负众望，先解建康之围，然后毫不停息地追击后撤的卢循兵团，只一年工夫，刘裕就将这场声势浩大的叛乱平定。东晋帝国为刘裕欢呼，刘裕也在内心为自己欢呼，他离龙椅又近了一步。

消灭卢循后，刘裕休整了两年，公元 413 年，他向巴蜀的西蜀王国发起灭国之战。巴蜀是刘备的老巢，蜀汉被曹魏灭亡后，巴蜀始终是两晋维稳的高危地区。八王之乱爆发时，巴蜀暴发干旱，天灾持续多年，西晋无暇顾及巴蜀，当地巴氐族领袖李特于是揭竿而起，搞得巴蜀乌烟瘴气。刘渊建前汉王国的公元 304 年，李特的儿子李雄也建立成汉王国。中国有句话叫“天下未乱蜀先乱”即从此来。因为巴蜀战略位置易守难攻，一旦中原王朝有变，巴蜀人就会造反，凭借地理优势称王称霸。

李雄似乎是刘渊的跟屁虫，公元 308 年，刘渊把王国升级成帝国，李雄也把王国升级为帝国。刘渊说自己是刘氏皇族的后裔，要复兴汉王朝；李雄也说自己是刘氏皇族的远方亲戚，也要复兴汉王朝。两个人好像是一个人的南北分身，但李雄的成汉帝国要比刘渊的前汉帝国活得久，直到公元 347 年，它才被东晋桓温所灭。

但巴蜀始终是东晋日夜惦念的地方，它也没有辜负东晋的挂念，成汉帝国灭亡五十八年后的公元 405 年，巴蜀发生兵变，士兵们拥戴一个叫谯纵的中级军官称王（成都王），他所建立的王国即西蜀王国。西蜀王国建立第三年，谯纵就傍上后秦这条大腿，后秦帝国并没有给它任何实质性帮助，倒是西蜀王国，卖力地东进威胁东晋，这种热情的跪舔让后秦心花怒放，让东晋苦闷愤恨。

刘裕在平定卢循叛乱后，决心收服西蜀王国。公元 413 年，刘裕动员全部兵力向巴蜀进攻，西蜀王国自建国以来，从未对阵过如此强敌，谯纵在成都即将陷落时逃跑。在逃跑的路上，他见到刘裕兵团的巡逻队，吓得要死，急忙把自己吊死，西蜀王国（405 年—413 年）灭亡，只存在了八年，等于夭折。

西蜀王国在刘裕率兵来攻时，曾向后秦求救。后秦皇帝姚兴还沉浸在被赫连勃勃击败的痛苦中不能自拔。对于西蜀王国的求救，姚兴只派了一支杂牌军前去支援，结果被刘裕的阻击部队击溃。姚兴不仅没帮上西蜀的忙，反倒给自己惹来了祸，他派兵支援西蜀的行为成了刘裕讨伐他的重要理由。

公元 416 年，姚兴去世，他几个不成器的儿子和北中国其他帝王的儿子们一样，为争夺帝位互相残杀，首都长安血流成河。最后，长子姚泓胜出，后秦经过这次内乱已半死。刘裕发现这是千载难逢的消灭后秦的机会，迅速动员全国兵力，兵分两路进攻后秦帝国：一路经许昌取洛阳，进逼潼关；一路穿越北魏帝国重镇滑台，逆黄河而西进，向洛阳进发。这是件天夺其魄的人才敢做的事，一旦北魏帝国将其进攻路线从中切断，刘裕将万劫不复。但他看透了人性，确定北魏帝国会坐山观他和后秦斗。刘裕赌赢了，北魏帝国只是象征性地做了几次小规模拦截，然后就没有动静了。于是，刘裕的两路兵团在洛阳胜利会师。

姚泓惊慌失措地命令全国武装部队阻击刘裕，但无济于事。公元417年，刘裕以洛阳为跳板，攻陷了后秦帝国的心脏长安。姚泓投降，他老子姚兴当初担心的头颅被砍掉的事应验在他身上：姚泓被送到东晋帝国首都建康斩首。

刘裕两次北征，灭掉了雄踞中原东、西部近八十年的鲜卑和羌氐。东晋偏安后，没有一人可以达到这种成就，刘裕的威望，登峰造极。

## 5／
## 北魏的打扫

北魏帝国像看戏一样看刘裕横扫天下，在观摩这部大戏很久后不由得倒抽凉气，倘若刘裕以长安、洛阳为根据地，向北发动进攻，北魏帝国能否阻挡，这是个大问题。形势对于新兴的北魏帝国来说不明朗，然而，一切都是命数，北魏帝国想得有点多了。

刘裕正在长安高瞻远瞩、收复大好河山时，他留在司马德宗身边的谋臣刘穆之病重。刘穆之老成持重，是刘裕的左膀右臂，刘裕把他安插在东晋帝国中央政府，就是为了控制大局。如果刘穆之有什么闪失，刘裕在中央政府的布局会被政敌砸烂，思前想后多日，他做出艰难决定：留下十二岁的儿子刘义真作为第一执行官，大将王镇恶和沈田子为司令，指挥一半精锐镇守长安，而他则心急火燎地南返建康。

他这一走，注定了和全中国失之交臂，南北朝时期进入跑道。

刘裕留下的团队，是个火药桶。刘义真太年轻，未经战阵，刘裕留下他的目的不是让他指挥王镇恶和沈田子，他也指挥不动。刘裕是想借此向天下表明决心：“我把亲儿子留在这里，因为我还会回来！”

王镇恶是前秦帝国宰相王猛的孙子，凶猛而特立独行。沈田子更凶猛，也更标新立异。这两个人，除了刘裕，没有人可以驾驭。倘若没有战事，王、沈二人还能相安无事，但不可能没有战事，刘裕前脚刚走，那个忘恩负义的胡夏国王赫连勃勃就像狗嗅着屎一样向长安城摸来。

赫连勃勃在公元409年击溃后秦帝国主力后，发展得一帆风顺。他持续不断地蚕食后秦帝国领土，无限扩张，公元413年，赫连勃勃征发几十万民工在朔方水北、黑水之南修筑都城，名曰统万城（今陕西靖边北）。**统万城号称永不陷落之城，修建城墙时，赫连勃勃用锥子检验城墙，如果能插入一寸，就把修筑的工匠一并筑入墙中。确切地说，统万城是一座人泥混合之城。**

公元417年，刘裕灭掉后秦，进入长安，主动向赫连勃勃示好。赫连勃勃假惺惺地恭喜刘裕消灭叛逆，刘裕正准备和他发展进一步的友谊以联手对付北魏帝国时，建康发生变化，刘裕离开。赫连勃勃立即进攻长安。

如果不是沈田子和王镇恶内讧，赫连勃勃根本拿不下长安城。王镇恶先以抵抗不力为由杀掉沈田子，他本人又被沈田子部将谋杀，刘裕留在长安的二十万大军群龙无首，光杆司令刘义真没有指挥才能，长安城很快被赫连勃勃攻陷，刘义真仓皇逃回南方。

刘裕在建康得知长安城陷落后，只能遥望北方，默默流泪。这是一次功亏一篑的挫败，也是历史的宿命。

赫连勃勃在彻底扫荡了刘裕留在关中的其他军力后，公元418年，他升胡夏王国为胡夏帝国，成为五胡乱华时期最后一个建立的帝国，也为五胡乱华敲起丧钟。

在此之前，公元414年，西秦王国灭亡南凉王国。西秦由乞伏国仁于公元385年建立，其统治的区域很小，只有今甘肃西南部和青海部分地区。公元400年，西秦国王乞伏乾归（乞伏国仁之弟）被后秦兵团打败并归顺后秦，西秦短暂地灭亡。公元409年，后秦帝国主力被赫连勃勃全歼，乞伏乾归趁机复国。

刘裕收拾了南燕帝国和后秦帝国后，北中国只剩下了胡夏帝国、北燕王国、北凉王国、西凉王国、西秦王国。

北魏帝国接过刘裕的棒子，清扫最后的烂摊子。

北魏帝国还未来得及动手收拾烂摊子，北凉王国就先对邻居西凉王国动起手来。西凉的建立者是汉王朝大将李广的后裔李暠。西凉公元 400 年创建，公元 405 年迁都甘肃酒泉，之后和沮渠蒙逊于公元 397 年所建立的北凉王国发生冲突，两个邻居争吵不休。

公元 417 年，李暠去世，他那不成器的儿子李歆即位，两国势均力敌的局面被打破，三年后，李歆在与北凉国王沮渠蒙逊的战役中失败被杀，他弟弟李恂接过烂摊子，一年后，在北凉王国的凶猛进攻下，乞降不成，李恂自杀，西凉王国（400 年—421 年）灭亡，寿命二十一年。

公元 422 年，北魏帝国开始行动，拓跋嗣命太子拓跋焘清扫东晋帝国在中原的地盘。经过一系列闪电般的进击，北魏帝国把边界向南推进一百余公里，将军事重镇洛阳纳入兜中。第二年，拓跋嗣去世，拓跋焘（北魏太武帝）继位，他是位雄才大略的皇帝，把北魏带上了巅峰。

公元 426 年，拓跋焘对胡夏帝国的进攻准备完成，一年前（425 年），赫连勃勃去世，他的几个儿子效仿后赵、后秦那些领导人的儿子用血腥手段争抢王位，最后，赫连昌胜出。拓跋焘抓住胡夏帝国内讧之后短时间无法恢复元气的机会，以迅雷不及掩耳之势攻陷长安。第二年，拓跋焘再对胡夏的首都统万城发动进攻。统万城果然如赫连勃勃所说，是永不陷落之城，拓跋焘在持续攻击了几天后，一无所获。于是他乞灵于诡计，命令兵团撤退，在撤退的路上设下埋伏。

赫连昌大喜过望，认为这是超越老爹名望的大好机会，于是出城追击，结果中了拓跋焘的埋伏。赫连昌被俘后，于公元 434 年被拓跋焘杀掉，那个号称永不陷落的统万城只存在了十四年，就轻易陷落。赫连昌被拓跋焘活捉后，他弟弟赫连定逃到平凉（今甘肃平凉）为胡夏帝国续命。

赫连定心惊胆战地等着拓跋焘来攻击，可没有等到。因为拓跋焘掉转了枪头去解决更麻烦的对手，那就是柔然部落。

柔然部落是匈奴别种，本和鲜卑人一起在北方生存，鲜卑人大举南下进入中原后，其真空地带遂成为柔然的乐园。柔然的崛起如同当年北魏的崛起一样，都是悄无声息的。当北魏帝国在中原争夺地盘时，柔然部落就在北魏北境抢劫北魏的地盘和人民。这让北魏帝国异常恼火，两方战争年年不休。北魏第一任皇帝拓跋珪和第二任皇帝拓跋嗣都曾多次北上捕捉柔然主力，欲将其歼灭。可是柔然部落神出鬼没，你来我就化整为零，你走我就化零为整，不停地攻击北魏北境。**北魏帝国对这个流氓部落无计可施，就给它起了个讨厌的名字：蠕蠕。**

这种方式说明北魏帝国汉化已深，否则它不会想到用孔夫子正名的方式来对付敌人。柔然并没有因为被人称为蠕蠕而意志消沉，对北魏帝国边境的袭扰反而更加激烈。

在攻陷胡夏首都统万城的第三年（429 年），北魏帝国终于决定对柔然部落实施毁灭性打击。拓跋焘率领主力亲自出马，经过半年的战争后，柔然主力被拓跋焘消灭，柔然残余势力逃亡至更北之地。北魏帝国暂时缓解了北境的压力，于是掉过头继续对半死不活的胡夏帝国发动攻击。

公元 430 年，拓跋焘兵团暴风一样地扫荡胡夏帝国的关中之地，胡夏皇帝赫连定请求当北魏帝国的尾巴国，拓跋焘拒绝，要他取消帝号投降。赫连定本来已是行尸走肉，想不到被拓跋焘一激，突然满血复活。公元 431 年年初，他突然攻击西秦王国。西秦国王乞伏暮末气急败坏地说："这孙子真是抽风，北魏已经把刀架在他脖子上，他还有心情来打我。"

乞伏暮末根本没把赫连定放在眼里，他亲自率领全国部队出战。然而让他想不到的是，胡夏帝国虽然已满脸血污，但余威仍在，使得西秦的抵抗有些吃力。赫连定用胡夏帝国最骁勇的骑兵冲破西秦的战阵，将乞伏暮末活捉后处死。西秦王国（385 年—431 年）灭亡，减去它中途灭亡的九年（400 年—409 年），寿命三十七年。这在五胡十六国中算是高寿了。

赫连定轻易灭掉西秦王国，这让他产生幻觉，认为是老爹赫连勃勃的魂魄附体，于是他又向沮渠蒙逊的北凉王国发起进攻。沮渠蒙逊知道不是赫连定的对手，所以联络吐谷浑夹击赫连定，赫连定在劫难逃，他的骑兵被吐谷浑骑兵消灭，他本人被活捉。胡夏帝国（417 年—431 年）和被它灭掉的西秦王国在同一年灭亡，算上它称王国的十年（407 年—417 年），寿命二十四年。

胡夏帝国在北中国的灭亡，让北魏一家独大，公元436年，北魏帝国把兵锋指向北燕王国。北燕末代皇帝冯弘连抵抗的口号都不喊，带着首都辽西龙城（今辽宁朝阳）的部队和百姓逃亡至高句丽王国。高句丽王国马上把他斩首，北燕（407年—436年）灭亡，寿命二十九年。

灭亡北燕的三年后（439年），拓跋焘对北中国最后一个国家北凉王国发动进攻。北凉王国眼睁睁看着各国灭亡，早已是惊弓之鸟，听说北魏兵团即将抵达，北凉国王沮渠蒙逊的继任者沮渠牧犍肝胆俱裂，慌慌张张开门投降，北凉王国（397年—439年）灭亡，寿命四十二年。

至此，北魏统一了北中国。

自公元304年刘渊建前汉王国到公元439年北魏帝国灭亡北凉王国，一百三十五年的五胡乱华终于结束。在这接近一个半世纪的岁月中，北中国成为地狱，到处打打杀杀，所有的空间都成为血肉横飞的战场。乱世之下，价值观混乱不堪，所有人都想称王称霸，个别野心家和实力派也做到了这一点，然而成为九五至尊的他们，没有给中国人带来一丁点好处。

当我们对乱世做深刻检讨时，会发现一个让人震恐的事实，那就是，所有的坏事都由人心引发，到最后不可收拾。我们可以这样追溯：为何有五胡乱华，因为中原内地胡人太多且王朝政治腐败；为何中原内地胡人太多，因为汉王朝的统治者为了人口红利而将胡人迁进中原内地；为什么王朝政治腐败，因为西晋帝国领导人和高层官员的君不君、臣不臣；为什么君不君、臣不臣，因为当时的大环境、社会价值观就是奢靡、颓废、放荡；为什么会有这种社会价值观，因为人好逸恶劳，而当统治者因为政治腐败、社会动乱没有机会纠正这种卑劣的人性时，它就会一传十，十传百，百传万，最后传遍天下，形成了五胡乱华。

**知行合一之所以重要，是因为这种观点认为：知者行之微，行者知之著。所有的大问题都从小问题开始，所有的社会混乱都从每个人的方寸之间开始。**当它“著”时，我们要琢磨它的发源——微，这个“微”，就是我们人的念头，念头是可以交换、共享的，无论是好念头还是坏念头。五胡乱华的出现，就是在此之前有无数人在交换、共享坏念头，最后星星之火，成燎原之势。

除了这些，五胡乱华的历史还告诉我们中华人一件更重要的事：中国必须是统一的国家，绝不能分裂。而不能分裂的前提就是，自天子以至庶人，皆以知行合一为本，控制好自己的念头。

当然，我们可能误判了“五胡乱华”的“胡”，刻意强调了“胡”。实际上，中国人一直主张“四海一家”“天下”的观念，在中国人古怪的头脑中，根本没有民族概念，只有文化概念——凡是用中国文化的就是中国，凡是不用中国文化的就是夷狄。同样重要的一点是“天下一家”，所有在中国发生的事都是内政，无论你是哪个民族的人，只要你建了国，就会被视作叛徒，你的国家也不会被承认。只要你仍然听从中国统一政府的领导，无论你是哪个民族的人，都是同道。

前面冉闵向东晋帝国求救而没有得到回应的事就是证明。

无论如何，北中国这段动荡血腥的岁月结束了，前秦帝国当初也完成了北中国的统一，但昙花一现，北魏帝国能否持久，要看它对南中国政权的态度，更要看它的命数。

# 第六章

# 南北朝对攻

## 1／
## 刘宋、萧齐帝国的君主

闹哄哄的五胡乱华终于结束，北中国由北魏统一，北朝进入跑道；南方的东晋帝国被刘裕终结，南朝进入跑道，不过南朝要比北朝早十九年进入跑道。公元 417 年，刘裕从长安撤回建康（今江苏南京）后，凭借十几年来积攒的盖世声威废掉白痴皇帝司马德宗，立他的弟弟司马德文（晋恭帝）为帝，公元 420 年，刘裕再废掉司马德文，自己称帝，建立刘宋帝国。

东晋帝国在半死不活了一百零三年后终于死透，在中国两千余年的帝制史上，东晋帝国是个奇异的帝国，它的国体是皇帝与世家大族共治，而权力都在世家大族手中，这也导致它的政体是“虚君实臣”。**东晋帝国的皇帝全是傀儡，始终如一。**世家大族又喜欢满嘴跑火车，对实际政治事务不理睬，无知无行，导致东晋帝国像个肺痨鬼，半死不活。

所以，它的灭亡是注定的。没有注定的是，灭亡它的不是世家大族，而是寒门出身的刘裕。刘裕从底层摸爬滚打而崛起，深知创业的艰辛，他珍惜权力，汲取了东晋帝国不能振作的教训，罢黜全部世家大族，只给他们名誉官职，重用寒门出身的人，如此又走向另一个价值观的极端，那就是，南朝（宋、齐、梁、陈）的领导班子在没有世家大族的参与下政治素养普遍不高，昏君、暴君层出不穷，帝国难以持久。

刘裕是位肯为人民服务的君主，他发誓在任期间要让黄金和粪土同一个价格，他也在向这个方向努力，然而老天没有给他时间，做皇帝三年后，刘裕一病而死，他所建立的帝国在其不肖子孙手中“出轨”了。

刘裕死后，儿子刘义符即位，只在位两年，就昏聩狂乱。他对朝政漠不关心，喜欢做商人，亲自到首都建康中央街摆地摊，过往路人必须购买，否则就杀其全家。辅政大臣徐羡之被其所为惊得目瞪口呆，毫不客气地将其废掉，众功臣推举刘裕的第三子刘义隆继位，刘义隆站稳脚跟的第一件事就是干掉徐羡之和一批他老爹留下的大臣，从此，刘裕子孙可以肆意妄为，再也没有如徐羡之那样负责的大臣站出来为其家族置换新鲜血液了。

刘义隆在刘裕的子孙中还算靠谱，做皇帝三十年，和北中国政权进行了一系列搏杀，虽然他没有恶行，但刘宋帝国的疆域在他手里大面积萎缩。公元453年，刘义隆的太子刘劭突然闯进皇宫，对刘义隆说：“你这个老不死的，做了三十年皇帝，自我懂事起，没见过做皇帝这么久的。”于是，将老爹杀掉，称帝。然而，刘劭的屁股还没有把龙椅坐热，他弟弟刘骏就起兵攻陷南京，把老哥全家处决。

刘骏好杀人，一天不杀人就闷闷不乐，而且最喜欢杀自家人。他干掉大哥刘劭后，又把二哥刘浚和其三个儿子干掉，再把自己的四个弟弟杀掉。杀得兴起时，甚至要把弟弟刘诞镇守的广陵（今扬州境内）城中身高五尺以上的男子全部斩首，因为刘诞很得这些人的心。除了杀人，刘骏还喜欢如畜生一样地乱伦。他和叔叔刘义宣的女儿乱搞，被刘义宣发觉，刘骏下手快如闪电，将叔叔诛杀。

刘裕家族到刘骏时代，已经过去三十余年，从前刘裕那种艰苦朴素的作风荡然无存，刘裕在位时为了让后代不忘初心、珍惜权力，特意建了个“刘裕艰苦奋斗博物馆”，里面摆放了他曾经谋生的各种工具——收割用的刀子、打鱼用的网、编制草鞋用的麻绳。

刘骏参观时，捏着鼻子表现出厌恶之情，最后在众大臣对刘裕的歌功颂德中，才勉强说出了一句：一个乡下老头能有这些，已经不错了。

这是典型的忘记初心，刘裕一代英杰，生了这么一群畜生后代，真是造物弄人。

刘骏在龙椅上美滋滋地过了十一年，一病而死，太子刘子业继位。刘骏生前对刘子业的管教很严厉，刘子业稍有差错，刘骏立即棍棒相加。刘骏每次很爽地揍完刘子业后就抱着他痛哭，说：“我是为你好啊。”刘子业在老爹怀中哭得撕心裂肺，发誓有朝一日必须十倍奉还。公元465年，他跳上龙椅的第一天，就发布了第一道皇帝圣旨：挖了老爹刘骏的坟。有人立即劝阻他，挖老爹坟对儿子不吉利。刘子业退而求其次，命人每天向老爹的坟墓浇灌粪便。

中国历史上的混账皇帝很多，刘子业绝对是“集大成者”。他对老爹如此，可想而知对他人是什么样。在位两个月后的某天晚上，他突然从梦中惊醒，回想梦境，他看到自己的几个叔叔正对他冷笑。刘子业大怒，第二天就杀掉了几个叔叔，然后把剩余三个运气很好的叔叔刘休仁、刘休佑、刘彧囚禁在竹笼中，每天随意殴打凌辱。他封心宽体胖的刘彧为“猪王”，封刘休仁为“杀王”，封刘休佑为“贼王”。不知什么原因，他对刘彧最厌恶，每次吃饭时都让刘彧脱光衣服，趴在地上学猪用嘴拱着吃。

和他老爹刘骏不同，刘骏只喜欢杀自家人，刘子业则是人就杀。而且你根本无法预料他什么时候杀，至于为什么杀，没有人知道。在他的杀戮下，宫中的宫女、太监甚至是他的小老婆，常常人数不足。

刘子业以为自己能永远这样胡闹下去，直到世界末日。可在位仅一年，太监寿寂之可能是担心自己会突然被杀，又或者是和刘子业的叔叔们暗地里达成合作，某天趁给刘子业换衣服时，他突然抽出藏在身上的砍刀，把刘子业剁成肉酱。

刘子业死后，“猪王”刘彧被刘氏皇族推举为新皇帝，正当刘氏皇族认为死亡魔咒已解除时，刘彧突然翻脸无情，先把哥哥刘骏的儿子全部杀掉，再把和他共患难过的兄弟刘休仁等人杀掉，刘氏皇族这才恍然大悟，原来他们选出来的人是个恶魔。

这个恶魔和前几任皇帝一样，就是喜欢杀自家人。在杀了八年后，刘裕一脉除了刘彧，全部灭绝。刘彧临死前，把接班人、儿子刘昱叫到面前说：“刘昱啊，我刘彧这八年总结了一条人生定律，那就是别相信亲人。”

这是个魔幻的场景，因为“刘彧”和“刘昱”同音，和他们的祖宗刘裕的名字也同音，你可以想见，这个底层泥腿子建立的帝国真是荒诞可笑，连给后代起名字这种事都做不好。

刘昱上台后很是失落，因为刘氏皇族成员被杀得差不多了，他已无人可杀。他只能独辟蹊径，想把亲娘杀掉，可有人提醒他，亲娘死后要守孝，刘昱觉得这是赔本买卖，才对老母放下杀心。但刘家血脉里就有杀人的基因，刘昱不杀人，就证明他不是刘家人。所以他跑到街上杀老百姓，手段残忍，经常指着一条街，做出个砍的手势，跟随的士兵立即屠街。

后来，刘昱觉得杀手无寸铁的老百姓没有挑战性，于是开始对军人动手。在杀了一大批军界大佬后，他跑到刘宋帝国军队总司令萧道成家中，萧道成是个大胖子，肚子尤其大，他就让萧道成站在三十米开外，用箭射萧道成的肚子。

身边的人告诉他：“这个箭垛子的确很好，可用完一次就没有啦。”

刘昱琢磨了一会儿，就把箭头去掉，缠上布包。这样射起来，“箭垛子”萧道成永远都在。每次射中，刘昱都疯狂乱叫道：“好玩好玩！”

萧道成只能苦笑，每到晚上，必须用中药热敷肿痛的肚脐。他觉得这不是办法，因为中药开始还有效，后来就无效了，以至于他的肚脐高出肚皮，让他看上去像个异形。萧道成绝不想当异形，在布局多日后，终于找到不再做异形的机会：公元 477 年七月初七，刘昱出宫去偷狗肉吃。“箭垛子”萧道成发动军事政变，先把他的狗肉火锅掀翻到他脸上，然后将其杀掉。

萧道成效仿刘裕，先立刘彧的第三子刘准为帝，两年后的公元 479 年，萧道成准备完成，他下令要刘准禅让，刘准在宫中得到消息，吓得藏在床底，被萧道成的士兵揪出后，他惊恐地问：“是要杀我吗？”

萧道成的士兵回答：“不杀你，请你去完成让位给我家皇帝（萧道成）的大礼。”**刘准哆嗦着说出了一句悲伤绝望透顶的话：“愿生生世世不生在帝王家。”**

萧道成的士兵欺骗了刘准，很快，他和其族人就被萧道成全部屠杀。

刘裕经过千辛万苦建立的刘宋帝国，至此灭亡，存在五十九年。刘裕七个儿子，四十个孙子，七十多个曾孙，在五十九年中互相残杀，同归于尽。接下来，则是萧道成的萧齐帝国开始表演。

和刘裕一样，萧道成也出身低微，靠打仗时的有勇有谋而步步高升，“猪王”刘彧在位时，萧道成进入中枢。萧道成的良知还算光明，建立齐帝国后励精图治，可惜他只在位四年，就翘了辫子。他那些不肖子孙开始祸害齐帝国。萧道成临死前，叮嘱太子萧赜说：“刘宋帝国之所以不长久，是因其滥杀自己人，你千万不可骨肉相残。”

萧赜将老爹的遗嘱铭记在心，在位十一年，未曾谋杀自家人，可这并不代表他是个合格的皇帝。他欲望强烈，小老婆多达一万个，根本用不完，却还是嫌少。视金钱如粪土，不分青红皂白地挥霍，荒淫无度。

萧赜死后，即位的是他的孙子萧昭业。萧昭业的老爹、皇太子萧长懋英年早逝。萧昭业年幼时就请女巫诅咒老爹萧长懋，后来又诅咒爷爷萧赜。萧赜一病不起后，萧昭业就跪在爷爷床前哭，把五脏六腑都要哭出来。萧赜深受感动，对他说：“你如果想念爷爷的话，就好好做皇帝。”

萧昭业点头如捣蒜，可萧赜一死，萧昭业立即在疯狂大笑中即位。他即位后的第一件事就是把爷爷萧赜的金库打开，用脚踩着金钱说：“从前想你一个不得，现在你敢不让我用你吗？”

不到半年，本就不充盈的齐帝国国库为之一空。萧昭业的叔祖、尚书令萧鸾多次劝谏他要勤俭节约，萧昭业每次都大发雷霆，想要干掉萧鸾，可都被人劝阻。萧鸾深知，萧昭业放过自己一百次，只要有一次不放过自己，就彻底完蛋。于是他先发制人，公元 494 年，萧鸾发动政变，杀掉萧昭业，先立萧昭业的弟弟萧昭文为帝，四个月后，萧鸾再杀掉萧昭文，这次他立自己为帝。

萧鸾是萧道成的侄子，萧道成当时立下遗嘱说萧家不可自相残杀，这显然是梦呓。萧鸾当然不以为然，由于他离皇族血统有些远，帝位合法性受到质疑，所以他上位后每天都不闲着，学习刘裕家族，专杀自家人。萧道成的十九个儿子，萧赜的二十三个儿子，被萧鸾全部干掉。萧鸾杀自家人的行为和刘裕家族的自相残杀还不同，他既想当婊子又想立牌坊。每次杀萧道成子孙时，萧鸾都先让心腹诬告对方谋反，然后自己痛哭流涕，假装死活不相信，拿出萧道成“不可自相残杀”的家族遗嘱对众人说：“我不能违背先皇的遗愿啊。”可那些大臣认为江山稳固更重要，几次三番要他杀掉谋反者。萧鸾这才艰难地许可，眼泪鼻涕流遍全身。

表演艺术家萧鸾在位五年后去世，临死前他抓住儿子萧宝卷的手，叮嘱他：“我能有今天，全因萧昭业的犹豫不决，否则我早死了。你不能犯这种愚蠢的错误，遇事不决，行动了再决。”

萧鸾的遗言，可能就是变异的知行合一。

萧宝卷人格分裂，有时沉默不语，呆若木鸡；有时神出鬼没，一个月见不着人。做皇帝后，这种情况尤其严重，没人能摸透他到底在想什么。他对老爹的遗言刻骨铭心，每次杀人前，毫无征兆。刚才还和对方有说有笑，突然脸色一沉，向永远与他寸步不离的杀手一使眼色，对方立即人头落地。

萧宝卷还喜欢大兴土木，建造奢华后宫，充入无数美女，整日淫乐。他用金子制造莲花，使小老婆潘妃行于莲花上，称为步步生金莲。

他在欣赏潘妃步步生莲时，镇守襄阳的大将萧衍起兵向建康进发，宣称要干掉这个畜生皇帝，萧宝卷的大将在建康突然发动政变，干掉萧宝卷，迎萧衍入城。萧宝卷在位三年，已把齐帝国掏空。萧衍先是立萧宝卷的兄弟萧宝融为帝，一年后，萧衍杀掉萧宝融，自立为帝，建立梁帝国，史称萧梁帝国。

萧道成所建立的萧齐帝国存在二十三年，七任皇帝，如你所知，除萧道成外，没有一个好鸟。

公元 502 年，萧衍和他的梁帝国开始表演。在他和其帝国进行精彩表演之前，让我们把目光先投向北中国的北朝，北魏帝国在拓跋焘的领导下搞得风生水起。

## 2／

# 拓跋焘遇佛杀佛

北魏帝国皇帝拓跋焘于公元 439 年统一北中国，这位雄才大略的皇帝没有像当初前秦帝国苻坚那样迫不及待地南征，而是转向帝国内部，慢慢消化与整合。

但人人都知道，随着五胡乱华时代的结束，南北朝并立的冲突避无可避。实际上，南朝开始的第三年（423 年），拓跋焘的老爹拓跋嗣得知刘裕去世后，就开始对刘宋帝国进行军事征讨，双方在洛阳东面门户虎牢城（今河南汜水镇）展开激烈的争夺战。虎牢城守将是刘裕麾下猛将毛德祖，他的对手则是北魏帝国身经百战的常胜将军奚斤。

奚斤用最古老的战术围攻虎牢城，在猛烈的攻势下，虎牢城岿然不动。拓跋嗣大怒，亲自率领主力从首都平城南下，为奚斤助威。虎牢城缺水，毛祖德命人悬绳吊桶从黄河中取水。拓跋嗣命令舰船上的攻城车断绝其取水之路，又穿凿地道破坏其水井。

既然不能开源，那就节流，毛祖德规定士兵每人每天只能喝固定量的水。拓跋嗣亲自进入战场指挥，持续不断地攻击，虎牢外城先被攻破，毛祖德就铸三重城抵抗。北魏兵团再攻破两重，毛祖德就只保最后一重城墙，昼夜防御，士兵因口渴而喉咙发炎，眼睛生疮，毛祖德下令杀马以解渴，但马多日口渴已无血流出，条件艰苦如地狱，拓跋嗣趁机劝毛祖德投降，毛祖德用狂骂来答复拓跋嗣。

拓跋嗣暴跳如雷，攻击更加猛烈，不停攻击两百天后，虎牢城内城被攻破，众人都劝毛祖德从城后地道逃跑，毛祖德热血沸腾地道：“我誓与城同存亡，义不使城亡身存。”

**这种精神就是中国人始终吆喝的“万物一体”的验证，我和城是一体的，城亡等于我亡。弃城逃跑不仅是懦弱，还是对中华精神的亵渎。**

毛祖德的精神拯救不了虎牢城，城破后，拓跋嗣对这个蕞尔小城居然能抵抗他两百日而心生憎恨，下令屠城。毛祖德被活捉，誓死不降，后被拓跋嗣带回北魏，几年后以刘宋帝国臣子的身份去世。

虎牢城之战，北魏虽然夺取了刘宋的河南地区，但刘宋兵团的顽强意志也深深震撼到拓跋嗣，而且虎牢城之战，北魏损失了百分之三十的兵力，所以拓跋嗣去世前交代拓跋焘，能不和南方交火就尽量避免，先统一北方再说。

拓跋焘将老爹的遗嘱铭记在心，所以从公元423年到公元430年，拓跋焘始终对刘宋帝国保持克制。但公元430年，刘宋第三任皇帝刘义隆发现帝国实力越来越强劲，而北魏正在全心全意对付柔然部落，于是决心收复七年前丢失的河南地区。他先给拓跋焘送信说：“河南本是宋（刘宋帝国）领土，后被你们夺取，我现在要北伐你，并非想证明我多牛，只是想告诉你，我失去的东西一定要亲手夺回来。”

拓跋焘大怒说：“我头发没长全时就知道河南是我家的，你这是中风了吧。”

刘义隆不管他怎么想，立即任命大将到彦之为北伐总司令，并装模作样地告诫到彦之：“尔等在前线不能擅作主张，需受我遥控指挥。”到彦之是刘宋帝国开国大将，刘裕最亲密最信任的战友之一，在平定孙恩之乱中光芒四射，如今听了从未上过战场的刘义隆这番话后大吃一惊，所有北伐军官都大吃一惊，刘义隆却得意扬扬，认为这是皇权高度集中的必然手段。

公元430年春，到彦之兵团进入河南，北魏主力刚和柔然打了一场大仗，所以正在休整，并未来救援。到彦之兵团如入无人之地，一口气夺回了七年前被北魏吃掉的洛阳、虎牢、碻磝（今山东茌平西南）、滑台四镇。刘宋帝国首都建康沸腾了，尤其是刘义隆，心花怒放的同时更加坚信了自己的遥控指挥能力。

然而，四个重镇只在刘宋帝国手中握了半年，公元 430 年阴历十月，拓跋焘休整完毕，大举反攻。前方军官们稍有点主张，刘义隆声色俱厉的训诫书就飞来，军官们只好听从这个自命不凡的皇帝刘义隆的遥控指挥。从建康到洛阳，当时条件下，快马需要五天才能到达，刘义隆的指挥命令显然赶不上拓跋焘骑兵团的进攻速度。于是，前线迅速崩溃，各地相继失守，公元 431 年阴历二月，最后一座城池滑台也被拓跋焘攻陷，刘宋帝国的这次北伐，以空欢喜一场结束。

北魏帝国骑兵团在当时天下无敌，再加上皇帝拓跋焘的英明神武，所以刘宋帝国根本不是北魏帝国的对手。北魏似乎也没有把刘宋当成了不起的对手，拓跋焘统一北中国后就说："咱们的劲敌还是柔然，这是只打不死的小强。"

但他的大臣崔浩和御用道士寇谦之却说："不对，咱们最大的敌人应该是佛教。"

佛教虽在东汉就已传入中国，但受到儒、道的合围，没有突破性发展。直到三国时期，佛教才艰难跳出儒、道的包围独立发展。曹魏帝国初期，北方已有百姓剃发为僧，这是佛教开拓市场的开始。印度听闻佛教已占据了中国市场，所以不停派僧人到中国来支援。这些和尚水平有限，渐渐被中国爱好佛学的学者鄙视，他们认定，印度人狡猾透顶，没有把真正的佛学思想带来中国。

公元 260 年，中国僧侣八戒（此八戒俗名朱士行，非《西游记》中的猪八戒，猪八戒的原型可能就是这个八戒）经甘肃、新疆一路向西走，走得双腿、肚子、耳朵、鼻子浮肿，如你所知，他当时的形象和猪八戒已相差无几。经过辛苦的行走，八戒终于抵达印度，他得到古老的佛经后，让弟子带回中国，自己留在印度虔诚涅槃。八戒在印度搜集的古老佛经进入中国后，中国佛教学者及僧侣惊叹不已，开始大力传播佛教思想，五胡乱华时，北中国代表中国传统文化的世家大族全跑去南中国，北中国遂出现文化真空，佛教思想见缝插针，填充进来。

无数和尚怀抱理想，循着"始作俑者"八戒的路线去印度求取真经，最有名的就是生活在后秦帝国首都长安城的和尚法显。

公元399年，在后秦皇帝姚兴的支持下，法显从长安出发经西域抵达印度，在印度学习几年佛法后准备回中国，可他听说后秦帝国正在内乱，于是乘船到南中国专心翻译梵文佛经。法显游学时间达十五年，当时的印度环境比现在好不了多少，能在印度待许久，可见和尚的毅力果然非比寻常。

后秦是个信仰佛教的帝国，它不但支持中国和尚走出去，也欢迎印度和尚走进来，鸠摩罗什就是印度和尚走进来的例子之一。鸠摩罗什从小就沉浸佛教理论不能自拔，先学小乘佛教，再学大乘佛教，终于把自己锤炼成一等一的佛教高僧。小乘是用小车装的书籍，大乘是用大车装的书籍，其实没有本质区别。但印度人非要把它们区分开，认为小乘佛教义理是江湖派，大乘义理才是学院派，类似于我们所说的创作历史的通俗派和学院派。鸠摩罗什后来被后凉国王吕光扣留，法显去印度的第三年（401年），后秦皇帝姚兴听说高僧鸠摩罗什在后凉，特意为他发动一场战争将其抢到长安。**中国经常有英雄冲冠一怒为红颜，姚兴更英雄，冲冠一怒为和尚。**

鸠摩罗什很早就在中国和印度边境传道，所以懂汉语。他看到流传的汉译印度佛经质量很差，于是用最通俗、最有意境的汉语将印度佛经翻译出来，结果他的译文版本受到全中国的欢迎，鸠摩罗什精通通俗佛教义理和学院佛教义理，才能有这样的成就，这说明，学院派和通俗派不能各行其是，必须完美结合。

佛教独立自主后，信徒流量大增，这时道教慌张起来。道教是国货，起源极早，而且对中国历史的影响很是强烈，撬开东汉墓门的黄巾起义就是以道教思想为主导的产物，东晋时期孙恩、卢循的宗教革命，也有道教的推波助澜。道教信仰的是一种被称为“神”的东西，神是超人，人必须遵从神的旨意生活，才能脱胎换骨，永生极乐。神和人之间又有个过渡的超人，被称为“仙”，“仙”比“神”要自在，他不但能和神一样长生不老，而且能在人间行走，并且向他的徒众保证说：“只要信我，按我的命令去做，吃我的仙丹，就能白日飞升。”

道教在没有佛教来争夺市场时，优哉游哉，等到佛教迅猛发展起来后，道教才开始认真起来，为了对抗佛教，道教选择效仿佛教。佛教忍无可忍奋起反击模仿者，道教斗不过佛教，就拉来同族兄弟儒家当帮手。可儒家当时已是泥菩萨过江，由于整个中国处于大混乱时代，儒家根本登不上台面。

佛教冲出道教和儒家的封锁，挥一挥手，佛光普照中华。在南中国，它抛弃不值一提的对手道教，和老庄哲学一拍即合，成为清谈家的座上宾；在北方，它成为各短命政权的赎罪牌坊：佛教讲究因果报应轮回之说，五胡乱华的那些野性难驯的政权领导人恐惧佛教对恶人死后进地狱的恐怖描述，所以往往在滥杀无辜上有所收敛，这就让死里逃生的百姓对佛教产生好感，南北中国，佛教成为宠儿。

道教对佛教的攻击始终没有停止，直到北魏帝国伟大的道士寇谦之出场。寇谦之深深为道教的丑陋面目而羞愧，于是他在北魏帝国的支持下清整道教，取消了天师道所提倡的可以犯上作乱的主张，废除道教收徒要学费的规定，修订戒律、科仪，争取让道教门徒可以做到自我管理，整顿道教组织内神道设教的迷信行为。

经过寇谦之的整顿，道教焕然一新，既成了统治者喜欢的宗教，又成了老百姓心中肯定的国货。寇谦之遂被尊为道教开山鼻祖，然而，他对野蛮生长的佛教仍念念不忘。

当然，儒家也没有忘记。以孔孟为老祖的儒家经过西汉董仲舒的复兴后势不可当，其巨功之一就是把它的门徒王莽推上皇帝宝座，从而实现了素王孔子没有实现的外王愿景。然而成也王莽，败也王莽，因其思想中“复古”的毒瘤，王莽失败，进入东汉后，刘秀把儒家所提倡的道德极端化，再加上谶纬之学的掺和，导致儒家江河日下，再后来就是以老庄哲学为指导的清谈主义盛行，注重实际事务的儒家被逼到角落，东晋五胡时代，以出世为手段的佛教成为宠儿，以入世为主张的儒家反成为弃儿。

儒家的衰败一目了然。儒家的思想是以民为本，君为轻，君主要靠自我约束达到自我管理，在品德上得到提升，不滥杀无辜，这种品德教育显然不适合乱世的君主，因为在山头林立的混乱环境下，枪杆子里出政权，你没有时间塑造道德，你必须时刻保持战斗状态，谁唱仁义这种高调谁就会先死。让五胡乱华的君主们深恶痛绝的是，儒家思想始终乐观地认定，正义必然战胜邪恶，而中华自然是正义，那些胡人自然是邪恶。

然而很多人也注意到了，不论是突然强大还是长治久安，离开儒家思想即成虚妄。比如五胡乱华前期石勒所建立的最强大的后赵帝国，石勒重用的汉人张宾就是儒家知识分子；统一北中国、险些把东晋活吞的前秦帝国，就是因为皇帝苻坚重用了儒家知识分子王猛；至于北魏帝国，从拓跋珪到拓跋焘，儒家知识分子崔浩是他们的灵魂；至于东晋帝国，由于老庄思想大盛，儒家思想只能在角落愤恨地絮叨，不能有任何作为，所以东晋帝国始终半死不活。

儒释道三教，必是你死我活。不过，儒和道联合对付佛，并不是对外战争，而是内战。经过百余年的发展，佛教完全适应了中国，由从前的印度宗教变成了中国思想。

儒家知识分子崔浩充当进攻佛教的急先锋。由于五胡乱华，西晋时期在北中国的大家族都跑去了南方，“山中无老虎，猴子称大王”，清河崔氏成为北方第一世家大族，而崔浩就是崔氏家族的佼佼者。崔浩深受儒家思想熏陶，但他同时也是道教徒，崔浩二十岁就进入北魏政府担任拓跋珪的秘书，他的很多建议都被拓跋珪和继任者拓跋嗣采纳，从而让北魏成为北中国霸主，拓跋焘即位后，对崔浩言听计从。崔浩趁机向他提出攻击佛教的建议。这是个胆大包天的建议，因为拓跋焘信仰佛教。

然而，他用毕生所学和光芒万丈的影响力说服了拓跋焘。他分析说：一、佛教是异族宗教，北魏帝国是中国正统，中国的皇帝居然信仰异族宗教，这是水火不容；二、北魏帝国本来人口就少，赋税有限，佛教徒出家，不给政府纳税，还荒废土地，这是断了财政来源。

拓跋焘同意崔浩的分析，统一北中国的前一年（438 年），拓跋焘下令让北魏帝国境内五十岁以下的和尚还俗，和尚们抱着佛像哀号痛哭，崔浩就用激烈的手段对付他们，限期内如果不回家务农，就杀无赦。

和尚们本以为这是最大的佛门不幸，想不到这才是开胃菜，公元444年，崔浩把道教老祖寇谦之介绍给拓跋焘，寇谦之用长生之术取得拓跋焘的信任后，立即谏言，应该灭佛。

拓跋焘惊骇地跳起来说：“释迦牟尼远在印度，不知您有何法术可以将其消灭？”

对于拓跋焘的黑色幽默，寇谦之和崔浩同时澄清说：“灭和尚。”

拓跋焘说：“几年前不是灭过一次了吗？”

两人异口同声说：“形势已变。当初被强制还俗的和尚，现在全被豪门贵族豢养，有些官员居然养了几千人，这是个危险的信号，和尚们常以妖言蛊惑这些人，国家意识形态和价值观受到冲击，必须纠正。”

拓跋焘点头，于是下诏书说：所有藏匿和尚的人，限期内必须驱赶，期限过后，如果发现，和尚和收留他的人同罪，全部处斩。

和尚们这回又抱住豢养人的大腿，哀号哭泣，他们本以为这是北魏政府灭佛的结果，可是，这也是道开胃菜，主菜还在后头。

能有拓跋焘灭佛的主菜，和尚们最应该痛恨的是盖吴。盖吴是匈奴的远房亲戚（卢水胡人），北魏帝国统一北中国后，卢水胡接受其统治。北魏政府命令他们固定地居住于杏城（今陕西省黄陵县），对其进行残酷的剥削。公元445年，卢水胡人终于不能忍受，于是推举盖吴为领袖，聚集十万人掀起抗击北魏帝国的风暴。

拓跋焘下令镇压，起初，盖吴兵团势不可当，把拓跋焘调来的镇压部队打得落花流水，还干掉了一个部长级别的官员。拓跋焘打起精神，重新审视这些匈奴人，在他长时间的审视中，盖吴兵团已突破北魏帝国的各种围剿，抵达重镇长安附近。

公元446年阴历二月，拓跋焘亲自到长安城，指挥对盖吴的围剿事宜。就在长安城，和尚们的厄运降临。有人密告拓跋焘，长安城的和尚不守清规戒律，常常饮酒召妓，更恐怖的是，他们还在寺庙中藏武器。

拓跋焘立即下令搜查，结果真在一座寺庙中搜出武器，不但搜出武器，还搜出很多美少女以及金银财宝。拓跋焘震惊当场，佛门清净地居然是财色聚集地，更有让他心烦意乱的武器，他联想到盖吴就在城外，拓跋焘认定这些和尚绝非善类，于是下令，将长安城中所有的和尚全部处决，焚毁寺庙，熔化佛像，同时又通令全国，取消所有寺庙的经营权，寺庙占地收归国有，和尚立即还俗，谁敢再拜佛像，立即坑杀。

**这就是北魏太武帝灭佛，他是第一个灭佛的皇帝，但绝不是最后一个，后来的宇文邕（北周武帝）、李炎（唐武宗）以及明王朝的朱厚照（明武宗）都灭过佛，不过，拓跋焘是最狠的一个。**

拓跋焘灭佛的根本原因正如儒家崔浩所言：北方经过一百余年的大混乱，人口锐减，土地荒芜，北魏帝国没有人口红利。而佛教仍在和政府抢夺人口，北魏帝国经济堪忧。拓跋焘灭佛，一方面是现实政治原因，一方面则是儒、道（崔浩和寇谦之）二家对佛家的围剿，看上去，儒、道大获全胜。

南中国之所以没有出现皇帝灭佛的事，是因为佛教进入南方后和老庄思想交合而被有话语权的世家大族认可，另外就是佛教寺庙都喜欢建在深山老林中，南方多山，根本不影响政府的财政来源，北方则不同，少山少水，寺庙只能和政府抢地盘。

盖吴简直是个扫把星，他的革命不但连累佛教被灭，还连累了刘宋帝国。

## 3／

# 南北硬碰硬

刘裕虽只在位三年，却为他的帝国做了二十年规划，刘义隆拥护老爹的计划，公元430年和北魏帝国打了一场仗后，刘义隆全心全意搞发展。他清理户籍，减轻赋税，发展农村经济，刘宋帝国很快蒸蒸日上，南中国出现了自西晋以来最富强的时期。看到帝国繁荣昌盛，刘义隆不禁回想起老爹刘裕当年的北伐，他一直对北伐的事耿耿于怀。公元445年，盖吴在北中国造反，刘义隆心花怒放，他派人带着空头诏书潜入北魏帝国找到盖吴，授予他各种高级官职，希望可以里应外合，干掉北魏。

拓跋焘在长安城灭佛后，开始对盖吴发动毁灭性进攻，公元446年，盖吴在和拓跋焘的决战中全线崩溃，一命呜呼。拓跋焘打扫战场时，搜出了刘义隆给盖吴的诏书。拓跋焘惊叫起来，说："这个刘家小儿真是自取灭亡，我满足他！"

刘义隆也惊叫起来，说："这个胡人小儿，不知死活，你要战就来战，我保你全尸。"

双方同时向对方宣战。公元450年，拓跋焘率领北魏帝国精锐从首都平城一路南下，快速推进到两国边境，猛攻刘宋军事重镇悬瓠（今河南汝南），悬瓠城守将陈宪得到命令：与城共存亡。但难度太大，悬瓠虽是战略要地，但守军不足千人。陈宪只好用他的个人魅力站在城墙上发表慷慨激昂的演讲，激发起士兵的高昂斗志。

拓跋焘昼夜围攻，士兵死伤无数，尸体在城下堆积，与城墙齐平。北魏士兵就踩着尸体登城，双方短兵相接，喊杀声震天，北魏士兵固然勇猛，但悬瓠城守军更加勇猛，拓跋焘在攻城四十二天后，仍没有一点成果。刘义隆派出的援军正快马加鞭赶来，拓跋焘只好悻悻退回平城。

悬瓠保卫战，刘宋帝国以不足千人抵御拓跋焘数万人的进攻，居然取得胜利，这更让刘义隆坚信自己要统一中国，名垂青史。

领导人有这种心思，下面的人必须添油加醋来证明领导人的绝对正确。刘宋帝国的官员立即迎合刘义隆，纷纷向他献计献策。彭城太守王玄谟慷慨激昂地上表说："请允许我带兵消灭北魏，效仿西汉帝国的霍去病封狼居胥，而您就是千古一帝刘彻（汉武帝）。"

刘义隆对左右说："王玄谟虽然总皱着眉头，一副苦大仇深的模样，但这句话说得非常有水平。"

监察院长官袁淑趁机拍更大的马屁，对刘义隆说："陛下您现在应该马上席卷北魏，去泰山祭祀天地神祇。我居然能赶上这样的好时代，真是祖坟冒青烟，我愿为您奉上封禅书。"

刘义隆听了这话，浑身充满了正能量，他下令全线北伐。刘宋兵团兵分三路，一路水军，由王玄谟率领入黄河西进，先攻碻磝（今山东茌平西南），再攻滑台（今河南滑县）；一路陆军，由大将臧质率领直奔河南许昌、洛阳；第三路机动部队，则由大将刘秀之率领开辟秦陇战区。这个计划绝对没有问题，只不过再完美的计划，实施者也必须是能人。但担任进攻主力的王玄谟是个不折不扣的混账。

王玄谟是刘宋帝国开国功臣之一，但其能力和品格有局限性，只是乘着刘裕开国的东风而成为功臣，他特别喜欢皱眉头，据他家人说，从来没有见过他把眉头舒展开。

王玄谟极力鼓吹北伐，一是大环境如此，所有官员都在吹捧一件皇帝喜欢的事时，你不积极，就是背叛；二是，王玄谟在刘宋帝国内无所事事，好事干不了，坏事也干不明白，所以总想剑走偏锋，让人对其刮目相看，北伐就是机会；三是，他贪欲极强，想趁北伐发一笔大大的战争财。这种念头本身就是邪念，邪念不可能成大事。

公元450年阴历八月，王玄谟攻陷了北魏防守薄弱的碻磝，他大喜过望，迅速围攻北魏的南方重镇滑台，但守城士兵顽强死守，王玄谟久攻不下。战事胶着，不过王玄谟也没闲着，他趁攻城闲暇以极低廉的价格强买当地百姓的特产大梨，准备运回江南贩卖。

滑台被围攻一个月后，拓跋焘集结号称百万的大军从首都平城出发，直向王玄谟扑来。王玄谟肝胆俱裂，还未看到拓跋焘的先头部队，立即南逃。王玄谟即使是逃跑，也表现平平，他的兵团很快就被拓跋焘的先头部队追上，王玄谟仓促应战，一败涂地。只有他本人和少数卫兵逃进了碻磝。

王玄谟逃进碻磝后，认为拓跋焘会玩命攻碻磝。所以他立即拿出地图，观察逃跑路线。在神经高度紧张的情况下，王玄谟的两道眉颤抖着汇合成一道。

不过，他的担心纯属多余，拓跋焘有军事家的眼界，他不想把力量浪费在碻磝这样一个小城上，滑台解围后，他绕过刘宋帝国的人口密集区，取道荒野，如神兵天降般突然出现在彭城（今江苏徐州）城外。彭城守将是刘义隆的弟弟刘义恭，这个笨蛋看到北魏兵团势不可当，马上要跑。彭城官员张畅阻拦刘义恭说："你身为亲王，此时正是发挥您影响力的时候，如果您要跑，我就自杀在你面前，让我的血涂满你的靴子。"

刘义恭恐惧，张畅开始布置守城。拓跋焘和他玩起了心理战，先是要南方的米酒，然后又要甘蔗，最后还要乐器，张畅给了米酒和甘蔗，还有一把刀。拓跋焘说："我要的是乐器。"张畅回复他："现在我们载歌载舞的乐器就是这把杀掉你的刀。"

拓跋焘震怒，下令攻城。张畅不慌不忙地指挥抵抗，拓跋焘猛攻彭城月余，无法攻破。张畅开始在城上挑衅拓跋焘说："美酒和甘蔗还有乐器（刀），你全都品尝了，我这里还有很多，你要不要？你如果要，你就说，你不说，我怎么知道你要还是不要？"

拓跋焘被气得死去活来，在猛攻了几天后，仍是一筹莫展，又听说刘宋帝国前线援兵已掉头回救，所以他只好放弃彭城，转攻盱眙（今江苏淮安盱眙县）。

盱眙守将沈璞有精兵两千，加上前来救援的大将臧质的一千人，三千人对决拓跋焘的数万人。拓跋焘攻盱眙，仍是久攻不下，于是他改变战略，绕过盱眙，穿越原野，直抵长江北岸，在瓜步（今江苏六合南）渡口布阵，和刘宋帝国首都建康隔长江对峙。拓跋焘喊话刘义隆，命他渡江给自己磕头请罪。刘义隆爬上城墙，看到北魏军队漫山遍野，不由得双腿一软，险些从城墙上滚下来。

建康城内如被踢翻的马蜂窝，一片混乱。刘义隆此时表现出了帝王气概，他命令全国各地部队勤王，又在南京城内将全部男性青少年编成临时部队，沿江防御。拓跋焘兵团以骑兵为主，对渡江这种事毫无经验。他只能在长江北岸烧杀掳掠，以解不能渡江之忧愁。

建康被围的第二年（451 年）春，刘宋帝国地方部队陆续抵达长江，拓跋焘感到危机到来，不情愿地下令撤退。在撤退到盱眙时，拓跋焘忽然想起当初没有攻下它的遗憾，于是下令攻城。盱眙守将沈璞和臧质这次依旧顽强抵抗。拓跋焘南征期间，总是在攻城，而且没攻下几座，心情沉重。他恨恨地对沈璞说："我攻下城池后，鸡犬不留。"

沈璞没有回答，幽默的臧质却跑上城头回敬拓跋焘："哪儿来的滚回哪儿。"

拓跋焘怒气冲天，把步兵分成十队，轮番进攻，但盱眙城屹立不倒。拓跋焘无计可施，向臧质说："你们城中还有多少粮食，还有多少水？我想要碗水喝。"

臧质趁机戏耍了他一番，给他撒了一碗黄澄澄的尿。

拓跋焘黔驴技穷，只好撤回北方。北魏兵团这次来没有攻陷一座目标城市，所以撤退时把怒气全都撒在手无寸铁的平民身上。无数平民被杀，房屋被焚烧，从黄河南岸到长江北岸，刘宋帝国经十余年休养生息才发展起来的那些村镇全被拓跋焘捣毁，遍地尸体，浓烟滚滚。燕子从北方归来，看到没有屋檐能筑巢，只好忧伤地跑进树林中搭建巢穴。

这场人间浩劫，让南中国人民深刻感受到北魏的残暴，从此更爱祖国，顽强抵抗北魏帝国。而经此一战，刘宋开国皇帝刘裕通过北伐积攒下来的家底全部清空，帝国北疆从之前的黄河南岸萎缩至长江北岸，从此，南朝再也没有力量组织起像样的北伐。

北魏帝国也是如此，杀人一万，自损八千。回到平城后，拓跋焘不知什么原因，如同中了魔咒，性情大变，常常滥杀无辜，后宫的妃子和太监深受其害。

没有人能解释拓跋焘的这一反常行为，有人认为他是被爷爷拓跋珪附体了，还有人故作高深地认为，拓跋焘之所以变得阴晴不定，是因为失去了儒释道三个护法神。

拓跋焘先灭掉佛这个护法神，公元 448 年，寇谦之驾鹤西游，他的道教护法神也离开了他，公元 450 年，他又杀掉了儒家护法神崔浩，没有了三位护法神的保佑，拓跋焘坠入魔道。

崔浩之死是咎由自取，寇谦之驾鹤前对崔浩说："我将西归，你好自为之。"崔浩对老友流下眼泪，寇谦之说："不要流泪，两年内我们就能再见。"

崔浩认为寇谦之预测到了天机。寇谦之摇头说："无须道破天机，仅以人事推断即可知你命不久矣。拓跋家族信佛者多如牛毛，而你却让皇上灭佛，得罪了那些贵族。皇上要你著皇家历史（北魏史），你却秉笔直书，不避忌讳，内容涉及拓跋先祖许多杀戮、残暴、淫乱的史实，这是自作孽。"

崔浩不以为然，这是他凭借多年来服务北魏帝国的经验而获取的自信。他说："帝国不能没有我们世家大族，否则他们就是一群流氓。皇上若杀我，就是在和世家大族开战，这个风险，他不敢冒！"

寇谦之大笑，挥一挥衣袖，没有带走崔浩，因为两年后崔浩自然会来找他。

公元 450 年，拓跋焘南征，崔浩极力阻止。**这是崔浩作为汉人和前秦帝国宰相王猛的相同处，他们心安理得地辅佐异族消灭北中国的其他异族，可一旦他们效忠的对象要对南中国政权打歪主意，他们就拒绝合作。**王猛请苻坚不要攻打东晋帝国，崔浩也让拓跋焘不要和刘宋帝国开战。拓跋焘有些恼火，他对崔浩说："我要饮马长江。"崔浩说："人家是正统所在。"

拓跋焘像被踩了尾巴的疯狗一样跳起来说："崔浩你找死，我才是正统。"

崔浩正要辩解，拓跋氏家族立即群起攻击他说："崔浩这老东西居然把写好的咱家族的历史刻到石板上，放置在首都繁华的街道上，现在识字的人都知道我们拓跋氏不是好鸟了。"

拓跋焘下令："把崔浩和他的家族，以及北中国进入前五名的世家大族全部抄斩。"

这就是震惊当时中国的"国史事件"，"国史事件"透露给我们三条信息：第一，只要受中国文化熏陶后，无论你是什么种族的人，都会把历史当成圣经，北魏帝国修史就是证明；第二，史官是高危职业，没有胆识的人，尽量不要进入这个行业；第三，修史的人都有一种高度自信，因为他们感觉自己是在书写圣经，所以只顾史实和自己的价值观，不惧生死，崔浩就是证明。

北魏帝国并未因"国史事件"而弃掉儒家思想，相反，儒家思想在北魏帝国气势如虹。实际上，五胡乱华的十几个国家中，除了信仰佛教的后秦帝国，其他各国只要稍有时间和机会就会用儒家装点门面。

这也很好理解，中国传统思想中，具备完备政治思想的只有儒家，儒家忠君的思想对任何做皇帝的人都有帮助，稍有点头脑的异族国家领导人都明白，若要治理占据人口绝大多数的汉人，必须与懂得汉人思想的儒家知识分子合作，儒家能在北魏帝国复兴，正源于此。

公元 452 年的一天，始终困在没有饮马长江的遗憾中的拓跋焘杀了几个侍卫后，闷闷不乐地去睡觉。临睡前，他看到最信任的太监宗爱满脸阴沉，他就问："你怎么了？"

宗爱跪下说："皇上息怒。"

拓跋焘恍恍惚惚地说："等我睡醒后，把你那张死人脸皮剥下来。"

宗爱此时面临人生抉择。他多年来凭借敏锐的观察力，把拓跋焘伺候得非常舒服，所以他大权在握。两年前（450 年），宗爱看太子拓跋晃不顺眼，栽赃陷害拓跋晃搞独立小朝廷，拓跋焘居然相信宗爱，杀掉了东宫无数官员，导致拓跋晃抑郁而死。

宗爱做贼心虚，想到拓跋焘南征回来后的诡异表现，认为拓跋焘迟早会发现他诬陷太子的真相，如今他保命的唯一选择就是鼓起勇气，干掉拓跋焘。他这样想，然后马上去做，用拓跋焘的佩刀干掉了睡梦中的拓跋焘。

宗爱杀掉拓跋焘后，立即把拓跋焘的幼子拓跋余（北魏隐王）推上皇位，拓跋余对这个总对自己指手画脚的老太监毫无好感，想要干掉他，结果宗爱如法炮制，又干掉了拓跋余，被牵连进来的无辜大臣数不胜数，首都一片血污，宗爱也由此成为中国历史上干掉两个皇帝的宦官。

就在他苦苦寻觅新皇帝人选时，一批效忠前太子拓跋晃的大臣趁机把拓跋晃的长子拓跋濬（北魏文成帝）扶上皇位，拓跋濬登基后第一件事就是杀掉宗爱，抄了他的九族。

北魏帝国内部经过这番血流成河的政治斗争后进入平静期，刘宋帝国和北魏帝国几乎是同时呈现出疲态，双方短时间内都没有力量再进行类似公元451年的那种大规模兵团作战。

刘宋帝国开始休养生息，北魏帝国开始蛰伏。然而，蛰伏永远都是短暂的，北魏正酝酿着一场更大的运动，这场运动就是魏孝文帝汉化，它将改写历史。

# 4／

# 魏孝文帝的汉化

魏孝文帝就是北魏帝国第七位皇帝拓跋宏（汉化后改姓为元，又称元宏），拓跋濬在位十四年，以守成为己任，他最有名的一项举措就是恢复拓跋焘废掉的佛教，建云冈石窟。公元 465 年，拓跋濬去世，年仅九岁的太子拓跋弘继位，是为献文帝。

由于拓跋弘幼小，所以北魏帝国权力都掌握在冯太后手中。冯太后并非一般人，她的伯祖父是汉族政权——北燕王国的开创者冯跋。北燕灭亡后，冯氏家族一些成员被北魏招募，这其中就有冯太后的父亲冯朗。冯太后十四岁成为拓跋濬的妃子，后来成为皇后，再成为太后。

拓跋弘继位的第二年（466 年），南中国发生亲王刘子勋叛乱，但很快被平定。镇守彭城的大将薛安都曾支持刘子勋，刘子勋失败后，薛安都向皇帝刘彧请罪。刘彧赦免他，但为显示威风，派了一个庞大的兵团去和薛安都换防。薛安都立即警惕，认为这不是来换防的，而是来要他命的，所以立即向北魏帝国求救。

拓跋弘拿不定主意，冯太后要臣子讨论。大多数臣子说："当初世祖皇帝（拓跋焘）常有灭亡宋国的想法，所以亲自率兵南征。如今宋国内乱，薛安都遣使求降，这是千载难逢的好机会，我们应该接受。"

冯太后派遣兵团去接收薛安都的彭城。刘宋帝国闻听北魏帝国军队有动静，经过打探发现他们要来接收彭城，皇帝刘彧张牙舞爪地说："要他们有去无回。”命令大将张永率领五万大军直奔彭城，北魏帝国的接收部队恰好赶到，双方就在彭城外展开决战，结果，张永大败，向后溃退。北魏兵团紧追不舍，一口气攻陷了刘宋帝国淮河以北的全部城镇。刘彧下令反攻，但反攻部队又大败。经此一战，南朝士兵开始畏魏如虎，三年后（469 年），北魏帝国在冯太后的策划下又把刘宋帝国孤悬在外的山东青州、济南等重镇攻陷，自此，南北朝开始以淮河为界。

在连续两次对外战争中，拓跋弘都没有参与权，这种大事他当然无权参与，即使是政府中很小的事，他也无权掌控。他越来越反感冯太后操弄朝政，却又无可奈何，于是效仿中国古代的一些君主，欲把皇位禅让给叔叔拓跋子推。这种馊主意当然不会赢得臣子们的认可，拓跋弘好像是对做傀儡皇帝憎恶透顶，在做了傀儡六年后的公元 471 年，他把皇位禅让给年仅五岁的太子拓跋宏（北魏孝文帝），自己专心做起了太上皇，修习起伟大的佛法。

拓跋弘和他儿子拓跋宏的名字发音一样，我们无法搞明白这是怎么回事。

拓跋宏接班后，权力自然仍掌控在冯太后手中，只不过她现在变成了太皇太后。冯女士本就是汉人，喜欢中国传统文化，又因为当时北魏帝国的汉化改革正在逐步加深，再加上她大权在握，北魏帝国向全面汉化滑去。

拓跋宏是由冯女士看护长大，接受的教育自然也是中国传统文化。在十几年的深化教育中，拓跋宏对中国传统文化的崇拜坚定不移。当一个人对某种事物全力崇拜时，就会产生宗教式的狂热和迷信。公元 490 年，冯太后去世，拓跋宏亲政，他开始大展宏图。

每次上朝时，拓跋宏都要搞个早读环节，在场的官员要读中国书籍，而且要背诵。北魏帝国的官员大多是鲜卑人，懂汉字的人不多，所以官员们只好苦学汉字。他们本以为背诵点中国古书就算了，想不到，拓跋宏还有更高的追求，那就是把帝国完全汉化。

亲政的第二年，拓跋宏开始用汉人的治国理念管理帝国。首先是土地改革，北魏文化水平极端低下，建国后很长时间，仍然保持着从前那种畜牧生活方式，把取得的民田圈为牧场，在里面养牲畜。但随着生活方式的改变，这些牧场就浪费了。同时，百姓没有田种，极不安分，引起社会问题。拓跋宏在汉族知识分子李安世的建议下，实施“均田制”，即“均给天下人田”。这是中国儒家思想的最高理想，王莽当年欲实现，却胎死腹中，如今让少数民族君主拓跋宏实现。“均田制”的主要内容是，把国内农田分为两种，一种是露田（纯粹种植农作物），一种是桑田（种植桑树、枣树、榆树），将这两种田授予农民，露田不能买卖，但桑田可以，农民按照政府出台的税法交税。

土地改革后，拓跋宏开始全盘汉化，制礼作乐、修律定制，但拓跋宏仍然感觉汉化不深刻，或者是，他的危机感尤其深刻，认为必须快速做出一些重大改变。

这个重大改变就是迁都。迁都对于任何一个国土广阔、人口众多的帝国而言都是件大事，一国的首都不仅是帝国心脏，还是帝国价值观所在。比如北魏帝国首都平城（今山西大同）偏北，地寒，六月风雪，风沙常起，是个粗粝感极浓厚的城市，恰好符合北魏帝国金戈铁马的军国价值观。作为北魏主体民族的鲜卑人已在此生活多年，亲戚朋友在这里，房产土地在这里，甚至是祖坟都在这里，没有人愿意离开故土，去另外的地方探险。

拓跋宏只好找到唯一支持他的实力强劲的亲王拓跋勰，请求支持。拓跋勰认为这是胡闹，问他：“你想迁到哪里？”

拓跋宏说：“有两个选择，一是邺城，一是洛阳。”

拓跋勰摇头叹息。拓跋宏就语重心长地对他说：“南迁有三大好处，第一，平城供给成本太高，南迁的话可以降低供给成本；第二，北方柔然离此不过七百里，稍有闪失就会被围，南迁可以安枕无忧；第三，我们南境离此几千公里，就是离中原也有五百余公里，中原动荡，我们出手太慢，南迁后，能保证社会稳定。”

拓跋勰说：“你说的这些，我全都赞同。但没有人愿意跟你走。”

拓跋宏更加坚信自己南迁的判断是正确的，他先派人到邺城查探，发现邺城虽然在经济上没有问题，可它的位置在华北平原上，暴露在柔然骑兵的攻击范围内，最后，他决定迁都洛阳。

拓跋勰又来劝他说："没有人愿意跟你走的。"

拓跋宏说："我有办法。"

他的办法就是声东击西。公元 493 年阴历五月，在一切准备就绪后，拓跋宏突然下令南征，并且声称此次南征必倾全国人力物力，南征不成，绝不回国。他强制命令所有鲜卑贵族和中央官员一起前往。

鲜卑贵族和官员们怨气冲天，从公元 466 年南北朝那场大战直到公元 493 年，他们已享受了近三十年的富贵岁月，许多武将已大腹便便，没有人记得当年狼烟四起的杀伐岁月。他们越是怨声载道，拓跋宏在背后就越快乐。

同年阴历八月，拓跋宏征调百万人的兵团，向南进发。一个月后抵达洛阳，进入深秋，洛阳大雨连绵，拓跋宏命令休息待命。终于有地方休息，那些鲜卑肥佬乐开了花。正当他们快乐得无法自持时，拓跋宏突然在大雨滂沱的那天下令继续南下。

亲王大臣们哀号起来："皇上，你干脆杀了我们吧，我们死都不走啦。"

拓跋宏故意生气地责骂他们："你们的尚武精神去哪里了，家乡父老都知道咱们出来南征，如果不南征，回去后怎么有脸见家乡父老？！"

亲王大臣们挺着肚子在大雨中如落汤鸡一样，气氛沉重，拓跋宏缓和口气说："看你们如此辛苦，我也很心疼。我可以妥协，既可以不用南征，又可以给家乡父老一个交代，政府公信力还在，你们愿意听我的妥协方案吗？"

这段话在鲜卑肥佬们那里就是救命稻草，他们齐声高叫："只要不南征，让我们做什么都行。"

拓跋宏说："我们可以对家乡父老说此次出来是迁都洛阳，而不是南征。"

肥佬们面面相觑，终于发现了皇帝的诡计，他们正窃窃私语时，拓跋宏沉下脸来命令道："那就南征。"

肥佬们当然反对迁都，但更反对南征，权衡之下，他们只好同意迁都。

在精明人那里，办法一定比困难多。解决问题的方法其实只有一个：攻心。**人是趋利避害的动物，自然为了躲避大害而宁愿受小害，拓跋宏就是看透这点，所以把大害（南征）和小害（迁都）明白无误地摆在那些鲜卑肥佬面**

**前，自然，没有人会选择大害，他们只会选择小害。**

拓跋宏用诈术取得他和他帝国的最大成功，这是汉化的第一步。第二步，把汉化转入革命性阶段，共有以下几条：

第一，禁止鲜卑语，使用汉语，先从官方开始，逐步普及民间。第二，禁止穿鲜卑传统服装，改穿汉人服装。第三，取消鲜卑人的复姓，改为汉人的单姓，先从皇室开始，拓跋姓就改为元姓。第四，从平城迁至洛阳的人，就成为首都人，死后不允许葬回平城。第五，鼓励鲜卑人和汉人通婚，使两个民族最终进化成一个民族。第六，按儒家思想改革官制。北魏帝国本由部落发展而来，虽然突然变成帝国，酋长变成皇帝，但皇帝和大臣的关系仍像酋长和部属的关系一样亲密无间。拓跋宏把汉人政权的官制一股脑儿拿来，无非是想以君臣之礼隔开君臣过分亲密的关系，树立君主绝对权威。第七，用政治力量恢复门第制度，并将其与政治制度结合成为统治手段。南朝刘宋帝国虽然承认门第制度，但已把它清出政治，北魏帝国却弃了精华，学起糟粕，这很不可思议。

拓跋宏（我们现在应该称他为元宏）全面汉化的魄力令人生畏，更令人敬佩。**他的汉化改革是一场本民族的自我革命，甚至是消灭自己的民族，使其涅槃成汉民族。**元宏的太子元恂就曾万分悲凉地对老爹的汉化运动说："虽未亡国，却已灭种。"所以，反对者比比皆是，尤其是鲜卑贵族，他们在洛阳常常吵闹着说洛阳太热，要回平城。元宏先是好言相劝，后来就是严厉惩罚，最后仍有人喊热。元宏只好妥协，允许他们夏天回平城避暑，冬天再回洛阳。这些鲜卑肥佬和燕子一样，夏天北归，冬天南回。

反对元宏汉化运动最激烈的不是别人，正是他的太子元恂。元恂肥胖如猪，特不耐热，所以每到夏天必须返回平城，这本来是制度设定，可元恂回平城后到处活动，似乎要推翻老爹的政权。元宏用霹雳手段对付他，废掉他的太子位，不久又将他赐死。

这招杀鸡儆猴，让鲜卑肥佬们顿时老实下来，北魏帝国如约汉化成功，正式进入中华大家庭。

现在中华大家庭中有两个主人，一个是北中国的元宏，一个则是南中国已取代了刘宋帝国的萧齐帝国。公元 497 年，元宏下令南征，以此来检验汉化后国家的力量是否增强，增强了多少。

和他的几个祖先一样，元宏始终没有忘记南中国政权。他之所以在公元 497 年下决心南征，一方面是检验汉化成果，另一方面是复仇。这个仇结在公元 478 年。当时刘宋帝国的实际掌控人萧道成接受柔然的邀请派遣使者到柔然谈合作。**在北魏一南一北的两个国家要合作，傻子都想得出来是要包饺子，而北魏就是饺子馅。**双方一拍即合，公元 479 年，萧道成灭亡刘宋帝国，建萧齐帝国，柔然为了庆祝盟友升迁，派三十万大军进攻北魏，北魏虽然抵御住了这次进攻，但多年以后仍然心有余悸。

元宏迁都洛阳后，始终没有忘记这个仇，既然不能全力消灭该死的柔然，那就先对萧齐帝国动手。

公元 497 年阴历六月，元宏集结大军二十万，御驾亲征。他把钟离（今安徽凤阳）作为第一攻击点，北魏兵团在元宏的阵前鼓舞下猛攻钟离几十昼夜，钟离城不动如山。元宏又派出三路大军攻击萧齐帝国的其他军事重镇，但举步维艰。此时他恍然大悟，汉化的结果就是这样，兵团丧失了从前的骁勇。在这之后一年时间中，北魏兵团和萧齐兵团在边境上打起了拉锯战，谁都不能彻底征服谁，坚持到公元 498 年九月，萧齐帝国皇帝萧鸾病逝，元宏长出一口气说："人家皇帝死了，儒家说过'礼不伐丧'，咱们回国。"

跟随他来的鲜卑贵族们欢呼雀跃，异口同声说："儒家的学说是真的好！"

元宏退回北魏后，派儒家知识分子卢昶和张思宁充当使者到萧齐帝国慰问，萧齐帝国讨厌这种迂腐的行径，就把两人扣留，他们痛恨北魏帝国的侵略，把气都撒到卢、张二人身上。先是给两人吃喂马的饲料，张思宁不吃，活活饿死，卢昶流着眼泪吃下。后来卢昶被放回，元宏用儒家忠君爱国的思路对他大发雷霆道："人谁不死？何至吃牛马的东西，屈身辱国，就不会学中华精神的代表人物苏武，誓死不从吗？！"

这段话告诉我们，元宏对中国文化中毒已深，除了他的民族不是汉族，他已经成了彻头彻尾的汉人。

# 5／
# 半吊子皇帝萧衍

萧梁帝国的创始人是萧衍，萧衍虽是军人，却有当时军人不具备的人文情怀。他看上去是个好领导，如果他和刘宋帝国的创始人刘裕、萧齐帝国的创始人萧道成一样早点死掉，那他的名声应该和两人不相上下，可惜他活得太久，居然在位四十七年，这是个让人惊叹的数字。于是，也就产生了让人惊叹的各种稀奇古怪的行为。

萧衍初期的一些国家大政可圈可点，他喜欢总结历史经验，从刘宋帝国和萧齐帝国的失败上总结出算是宝贵的经验，并且拿出了解决方案。刘宋和萧齐寿命之短，源于其国家价值观。而国家价值观都由开国皇帝塑造，其阴魂贯穿帝国始终。

刘裕做皇帝和东晋那些皇帝迥然不同，东晋的皇帝全靠世家大族拥戴，属于傀儡。**刘裕靠真刀真枪建立毋庸置疑的声势权威，是实至名归的皇帝，所以人家有实力重新塑造传统。**他总结出东晋帝国一蹶不振的原因：豪门世族占着茅坑不拉屎；有才能的寒门人士无法进入权力中枢；地方大员军权过大，内乱频仍。针对这三点，刘裕进行改革：首先，把只吃饭、不干活的豪门世族全部清出中央政府，只给他们以名誉头衔；其次，提拔大量寒门出身的人进入中枢；最后，封诸子为王，镇守帝国战略重镇。

萧道成的萧齐帝国也遵循这三条大政，但两人的帝国并没有长治久安，和东晋帝国的乱象没有本质区别。事实上，刘裕提出这三条时，就已经注定了失败。

先看第一条，刘裕虽然把豪门世族清出中央政府，夺走他们手中的政治权力，但还是维护他们的家族头衔和身份，政府对世家大族的巧取豪夺也是睁一只眼，闭一只眼。世家大族虽然手中无权，却有连皇帝都缺少的名誉和地位，刘裕拒绝他们控权，他们干脆就对实际政治漠不关心。东晋时，世家大族也喜欢穷嚼蛆，可皇帝一旦有道德瑕疵，他们就会群起而攻之，让皇帝安分守己，不敢作太大的恶。确切地说，凭借多年来在道统（思想体系）上积攒的力量，世家大族可以监督皇帝的行为，刘裕把世家大族的政治权力全部没收，世家大族当然不会主动去监督皇帝的行为，于是，刘宋帝国和萧齐帝国的暴君极多。

第二条，为寒门出身的人提供进入中枢的渠道，这是刘裕对普通人大开政治方便之门的良知所在，然而，这并不是一项实事求是的策略。东晋百余年国祚，全由世家大族独揽朝政，寒门中人根本没机会凭借自身能力和道德进入政府，寒门中人眼前路走不得，灰心失望下，放弃对知识和道德的追求，以混世为价值观，所以，寒门中很难出人才。刘裕自然就找不到寒门人才，他只能靠打江山时那些无知无识的战友来充门面，刘宋帝国和萧齐帝国的宰相级官员都是半吊子人才，上不能规劝皇帝向善，中不能调和官员，下不能治理百姓，帝国当然会虚弱不堪。

最致命的是，世家大族和寒门士族开始势不两立。世家大族骤然失去权力，生活质量和影响力并没有降低，他们本没有不平衡，然而寒门士族取代了他们从前的位置，这就让他们内心酸溜溜的，他们对寒门士族深恶痛绝。寒门士族也鬼精灵，他们知道帝国内有两股力量，一是皇帝，二是世家大族。皇帝给他们以物质财富，世家大族却能给他们以身份认可。于是，寒门士族像哈巴狗一样巴结世家大族，但屡屡碰壁。

王导家族后代王僧达就是最好的证明。寒门出身的官员何尚之多次巴结王僧达，但王僧达对他的态度很冷酷。有次，何尚之请众人吃饭，死活要把王僧达叫来，让他坐上位。席间，何尚之装出和王僧达关系很好的样子劝他说：

“您还是把家中的鹰犬放掉吧，少打猎，伤身体。”

王僧达冷冷地说：“家中有只老狗，放了它没处去，不过已经回来了（指何尚之）。”

何尚之气得脸色发青，却也无可奈何。何尚之只是个官员，就算是皇族，也没有被世家大族放在眼中。刘骏（宋孝武帝）的舅舅路庆之曾做过王僧达家的司机（马夫），路庆之的孙子路琼之和王僧达是邻居，路琼之总想巴结王僧达，以提高自己的身份。由此，他盛装去拜访王僧达，王僧达好久不说话，一说话就特别伤人：“我家从前有个叫路庆之的马夫，是你什么人？”

路琼之被气得半死，告辞后前脚刚出门，就听到王僧达大声命令仆人：“把那小子坐的椅子扔出去。”

路琼之悲愤地去找路太后诉苦，路太后震怒，哭泣着向刘骏告状。刘骏却叹息说：“琼之年轻，无故去王僧达家，被辱理所当然。王僧达是高贵的公子，不能因此事而加罪于他！”

事实真如刘骏所说，世家大族游离于皇权之外吗？

世界上不可能有这种事，扔路琼之椅子的第二年，王僧达被牵扯进一次叛乱中，刘骏立即诛杀王僧达，半句废话都没有。

王僧达被诛，并未让南朝的世家大族有任何担心。他们认为这是个案，不足以代表那些泥腿子皇帝真敢对他们怎样。他们傲慢地坚持自己的门第，千方百计守护着自己世家大族的招牌。在婚姻问题上，世家大族联合起来形成潜规则：婚姻只能在世家大族内部进行，高贵的血液必须在内部流通，绝不外泄。王氏家族的王源因贪图寒门出身的满璋之的巨额聘礼，把女儿嫁给老满。这引起世家大族的激烈指控。甚至有人要把王源从世家大族中开除，永远拘留在一地，直到死亡。

世家大族充满愚蠢透顶的傲慢与偏见，甚至对皇帝都侧目而视，为什么南朝的皇帝还要维护他们呢？**只有一个原因，那就是无论是刘裕登基还是萧道成登基，都靠“受禅”的把戏完成帝国建立。**而世家大族有威望，可以稳定大部分中产阶级，于是，所有的受禅仪式都需要世家大族来主持，王、谢世家自然当仁不让，可他们也知道这种把戏没有任何意义，他们更知道刘裕、萧道成之流也知道他们知道，两方心有灵犀地上演这种把戏。世家大族可不管谁做皇帝，因为那是红尘之事，他们只要能稳固自己的家族就心满意足。

公元494年，萧齐帝国亲王萧鸾发动政变，担任尚书令（名誉宰相）的谢朏（谢安家族后代）正在下棋，有人慌张来告，谢朏和他祖先谢安一样气定神闲，居然下完了一局棋，然后回屋睡觉，临睡前嘱咐仆人："把那些破烂（劝某人登基称帝时所穿的衣服和礼器等）准备一下，又要派上用场了。"

南朝的帝国是意识形态分裂的帝国，世家大族和寒门士族势不两立，世家大族的威望、知识和思想拒绝为帝国付出，寒门士族想付出，又"囊中羞涩"。帝国在这群人的支持下，自然毫无前途。

第三条，刘裕封他的后代为王，占据帝国战略要害，是想消除东晋帝国以来各军阀兵权在握，稍不如意就攻击中央政府的弊端。这本身没有问题，类似于分封制下的藩王拱卫中央。但刘裕和他的模仿者萧道成显然高看了自己的子孙，**没有优秀知识分子的指点和熏陶，一出生即有权力的人，不可能具备道德素养而能自我管理。**所以，刘宋帝国和萧齐帝国的亲王叛乱不胜枚举。

亲王自身的素质注定了他们的叛乱，刘裕的另一条措施则激发他们加速地叛乱。这个措施就是典签制。典签是职务名称，是由皇帝派到藩王处处理军政事务的官员，这些人清一色由寒门人士担任，如你所知，他们的主要任务其实是监视藩王。典签每年都要回中央政府，向皇帝报告一年来他们所监视的藩王的得失，如同灶王爷每年要上天向老天爷报告他所在家庭的得失一样。由于法律明文规定典签有处理藩王辖区内一切军政事务的权力，所以藩王也要向他们溜须拍马，正如我们在送灶王爷回天上时给他嘴巴上涂抹蔗糖一样。

典签的权力比藩王要大，藩王所有的军政命令都必须经过他们盖章才能生效，而且他们还控制藩王的私生活。萧齐帝国的西阳王萧子明想送几本书给生病的朋友，典签吴修之不同意，这几本书就送不了。藩王为了解渴，要喝一杯水，都要典签批准，如果典签恰好不在，那藩王就只能先靠唾沫解渴。各藩王被监视到如此苛刻的程度，心中的积愤和疑惧自然会让他们铤而走险，起兵造反。这就是刘宋帝国、萧齐帝国骨肉相残的根源。

萧梁开国皇帝萧衍眼见刘宋帝国和萧齐帝国如过眼云烟，因此力图改弦更张，解决帝国的根本问题。他的解决方案就是在大力重用寒门士族的同时，要求每个地方行政单位举荐一个世族出来，鼓励世家大族人员积极参与政治。

可接近一个世纪的被冷落，世家大族已形成对政治冷漠的惯性，他们心中没有政府、没有国家、没有人民，只有自己家族的名声和地位。尤让萧衍无可奈何的是，寒门士族经过刘宋和萧齐两国八十余年的政治历练，已形成独立于世家大族的自信的价值观，他们瞧不起世家大族那些涂脂抹粉、穿着宽衣博带、头戴大冠、脚踩高跟鞋、浑身香料的娘炮。

世家大族这种放荡、堕落、阴阳怪气的价值观受到寒门士族的坚决抵制，寒门士族虽然羡慕世家大族的名望和富贵，却对他们个人十分轻视。

建康令（首都行政长官）王复是世家大族，寒门士族的官员看他花枝招展的样子就想吐，于是把一匹战马牵到他面前，让他乘骑。王复娘炮似的叫起来说："这明明是老虎，怎么说是马？！"

在众人的大笑声中，王复甩掉高跟鞋，撒丫子就跑。

萧衍指望这样的人为他的帝国效力，根本是痴心妄想。但他是个慈悲的君主，因为他超级迷信佛教，对所有官员，无论是娘炮还是硬汉，无论是贪污还是不务正业，他都用佛祖慈悲之法对待。不过对老百姓是另一副嘴脸，百姓稍有过错，他立即捉拿关入监狱，这是萧衍用佛法之名义施行的典型的双标。有百姓抬着棺材拦住他的轿子指责他："你对官员过宽，对百姓过严，恐怕不能长久。"萧衍当场将其诛杀，然后对跟随的官员们说："老百姓的眼睛是雪亮的，我对你们如何，你们应该知晓。"

除纵容官吏贪赃枉法外，萧衍最喜欢的事自然是大兴佛法，每次看到出家人生活贫苦，他就寝食难安，于是用出家为僧的方式逼迫大臣们拿钱来给他赎身。**在位四十七年，萧衍四次舍身寺庙，大臣们对他这种行为愤怒之极，可国家不能没有皇帝，只好咬牙拿钱给他赎身。"南朝四百八十寺"，大多是萧衍造的。**

萧衍虽然人格分裂，但运气极好，他上台的第二年，老天爷让他在南北战争中取得辉煌胜利，这场胜利不下于当年刘裕的北伐。

萧衍创建萧梁帝国的两年前（500 年），北魏帝国皇帝元宏去世，他的次子元恪（北魏宣武帝）继位。元恪对佛教非常痴迷，南中国的佛在萧衍手中壮大，北中国的佛则在元恪手中爆发式复苏，元恪在位十五年，每年都拿出一半以上的国库资金营造石窟，供奉佛像。元恪在信仰佛教上的大手笔是在嵩山形胜处建造闲居寺，此寺壮丽异常，连西天佛祖的住宅都不如它。整个北魏帝国境内，寺庙有一万三千余处，北魏帝国成为佛祖乐开花的佛国。

由于信仰佛教，元恪对俗事毫无兴趣而荒废政事，荒废政事的同时又宠幸娘儿们一样的近臣，北魏帝国在他这个佛教徒手中渐渐走向西天。

**元恪在位的十五年中，北魏帝国爆发了十次大规模的叛乱，充满黑色幽默的是，有四次居然是元恪最关爱的和尚领导的。**

不过，元恪毕竟是靠打打杀杀起家的拓跋氏的后代，血管中流淌着喜欢刀兵的血液。萧衍抢夺萧齐帝国的遗产后，元恪认为祖宗拓跋焘饮马长江的梦想近在咫尺，于是命令当时帝国中最能打的亲王元英率军南征。

元英把攻击目标定为义阳（今河南信阳），公元 504 年阴历二月，萧衍命令大将曹景宗率领三万兵马救援义阳。曹景宗是个胆小如鼠的窝囊废，只在远处耀兵游猎，不敢支援。义阳守军在没有外援的情况下顽强抵抗，支撑到公元 504 年阴历八月才陷落。

公元 505 年，萧衍下令反攻。弟弟萧宏亲王当北伐军总司令，北伐军渡过淮河，全速推进到洛口（今安徽怀远），北魏帝国重兵陆续抵达，双方展开拉锯战，第二年，萧宏兵团因补给线被北魏兵团切断，急忙后撤。在后撤过程中，北魏兵团掩杀之，萧宏兵团几乎全军覆没。

对于萧梁帝国的反攻，北魏皇帝元恪大为恼火，他摔掉佛珠，再命元英南征，以教训萧梁帝国。事实上，是他先南征才引起萧梁帝国的反攻，世界上有些人如元恪一样，只许自己胡作非为，别人若反击，就是罪大恶极。

公元 507 年，元英重新披甲上阵，动员十万兵力进攻钟离（今安徽凤阳）。萧衍也动员二十万人马，仍命曹景宗为抵抗军总司令，救援钟离。

钟离城只有三千守兵，但在城防司令名将昌义之的指挥下，三千守兵多次击退元英的猛烈攻击。元英捕捉钟离城郊的百姓，让他们背土填护城河，护城河还没有被填平，元英下令射杀百姓，百姓的尸体和泥土混合，这种残暴行径更激起守城官兵的斗志，元英一日几十次组千人团攻击，钟离城屹立不倒。

曹景宗抵达钟离城外后，又犯了畏敌如虎的毛病，顿足不前。萧衍又派名将韦睿前往，韦睿不但是一流武将，还是一流的心理学大师。他抚慰曹景宗说："北魏只不过来了十万人，咱们有二十万人，北魏远道而来，粮草供应不足，据可靠消息，现在他们的士兵一日只吃一餐，多日进攻钟离不能攻下，斗志丧失，战斗力减退，现在咱们出兵就如老虎杀绵羊，只要你一动，钟离城那三千死士必增加百倍气力，内外夹击，北魏必败。"

曹景宗终于被说服，下令全线进攻，北魏兵团攻钟离城本已精疲力竭，斗志锐减，又看到曹景宗二十万大军漫山遍野冲来，人心顿散，元英临阵斩杀数名军官也没有阻挡北魏士兵的溃逃。

曹景宗看到北魏兵团溃败，立即神威大显，下令追击北魏兵团。北魏兵团十万人互相践踏而死者十之二三，侥幸没被自己人踩死的也被曹景宗的追击部队斩杀，元英十万大军，全军覆没，只有他侥幸脱逃。

这是一次决定性的胜利，它打破了南朝和北朝互攻以来南朝屡战屡败的魔咒，萧衍因此一战而在北朝建立起权威，南朝帝国畏北魏如虎的时代彻底结束，北朝没落不振的事实水落石出。

南北两朝互攻结束，接下来就是各自混乱直至灭亡的历史，大家井水不犯河水，相同的一点是，大家都在自取灭亡。

# 第七章

# 南北大混乱

# 1／
# 六镇之乱

公元 6 世纪（501 年—600 年）上半期，南北朝两个帝国全被佛光笼罩，这源于儒家思想多年的缺席。北朝虽然出现北魏元宏这样彻底儒家化的皇帝，但儒家是个慢性子，需要时间来塑造人类，在这缓慢的进展中，北魏皇帝突然信仰起神秘难测的佛教，也就不足为奇。南朝萧梁皇帝萧衍信仰佛教，只因为他是个半吊子皇帝，他似乎什么都信，就是不信稳固江山的儒家思想。

**如果仅是个人信仰佛教，危害并不大，但元恪和萧衍是权倾一国的皇帝，他们疯狂时可以拿整个国家来信仰。佛教根本不可治国，这是定论。**所以，两个人注定要拿国家为他们的信仰陪葬。

先是北魏帝国成了陪葬品，当然并不是元恪本人动的手，元恪只是打下了基础，他的继任者是变本加厉。元恪在位时，经常请一些和尚、尼姑来宫中讲佛理。有个姓胡的尼姑很会讲课，一来二去就把元恪迷住了。胡尼姑就向元恪推荐了她的侄女胡充华，据她的说法，胡充华出生时有佛光普照，两岁即能背诵佛教经典，成人后拥有了一副雌雄同体的正大仙容。元恪惊叫说：“这不就是菩萨嘛，菩萨就是雌雄同体啊。”

胡尼姑惊叹道：“哎呀，您真是智慧过人啊。”

于是，胡充华就被元恪纳入宫中，公元 510 年，胡充华生下元诩，元恪有很多女人，但都没有给他带来后代，胡充华让他坚信自己是个男人，这让他兴奋不已，于是立元诩为太子，胡充华自然晋级为皇后。

公元515年，元恪去了西天，年仅五岁的元诩（北魏孝明帝）继位，国家权力自然而然就落到了太后胡充华手中。这是件不可能发生的事情，但它清晰地发生了。所谓不可能发生的事指的是北魏帝国的权力不可能落到胡充华手中，因为按照北魏帝国宫廷传统，胡充华在公元510年元诩被立为太子时就应该死了。

北魏帝国宫廷自拓跋珪开始就有个不成文的规定：立储杀母。任何一个皇子被立为储君（太子）后，生母就要被杀掉。拓跋珪显然是从西汉皇帝刘彻（汉武帝）那里得来的灵感，刘彻立刘弗陵（汉昭帝）时，就把他的生母钩弋夫人杀掉。但刘彻杀钩弋夫人是恐惧以皇太后为首的外戚擅权，因为西汉有这样的先例（刘邦夫人吕后），最重要的一点是，刘弗陵被立为太子时年仅七岁，刘彻本人命不久矣（杀钩弋夫人的第二年去世），这本是刘彻的权宜之计，想不到愚蠢透顶的拓跋珪却把它当成高度智慧，而且立为宫廷制度。他杀太子拓跋嗣的生母李女士时，拓跋嗣已十五岁。拓跋嗣在生母死后连续几个月都沉浸在泪水中。

北魏帝国前几任皇帝的确执行这一荒唐的制度，比如元宏，四岁时被立为太子，他的生母李女士也被赐死。按这种倒霉的传统，胡充华也不可能在人间，可佛祖救了她。元恪一生信佛，而且坚信胡充华就是菩萨，所以出于慈悲，废除了这个制度，胡充华靠佛祖保佑存活下来。元恪的善意并没有遵循“善有善报”的佛教理论，胡充华把北魏帝国带上绝路。

元恪废除“立储杀母”的无良知制度，的确是慈悲，但他的慈悲永远不会给那些营造石窟、修建佛像时死掉的百姓。所以说，他的慈悲是吝啬而虚伪的，自佛教进入中国以来，有无数像元恪这样虚伪的信仰者，丢尽了释迦牟尼的老脸。

胡充华以皇太后的身份掌控皇帝元诩和北魏帝国，她继承老公的遗志，继续修建寺庙，扩招和尚和尼姑，耗费政府财力比她老公元恪有过之而无不及。国库空虚之下，她加重捐税，百姓怨苦，民不堪命。

她老公在位时的那些叛乱又卷土重来，北魏帝国本土沸腾，连首都洛阳郊区都开始有规模达到万人的叛乱。胡充华像个白痴一样，认为是她对佛祖没有尽心尽力，更加信佛爱佛，每次赏赐给寺庙的钱财是一个中等家庭百年的生活费用。在她和佛祖的保护下，北魏帝国遍地暴徒。

一个组织的领导者是这副德行，它的组织成员注定不会高明到哪里去。北魏帝国经过元宏的汉化、元恪的进一步巩固后，逐渐沾染上汉家朝廷最烂的一面，那就是腐败。北魏帝国大部分官员上行下效，皇帝信佛，他们也或真或假地跟着信。元恪按佛家讲究俭朴的思想多次告谕官员要节制私欲，可他自己知行不一，荒淫无度，官员们自然不会听他的话。

北魏帝国奢靡成风，官员通过贪污取得金钱，大肆炫耀，竞相攀比，西晋时石崇与王恺斗富的情景再度上演。宰相级官员元雍府上有五百多个如花似玉的女仆，男仆有六千余人。亲王元琛用银子制造马槽，饮食器具全都是从西域进口。两人常常大宴宾客，请对方观看自己的奢华，元雍用金杯盛酒，元琛就用金盘盛菜，元雍违制使用十匹马拉车，元琛干脆用驯化的老虎拉车，元琛的富裕程度让另一位以豪富著称的亲王元融嫉恨懊恼，居然卧床三天不能起。

有人问元琛："您人生中最大的遗憾是什么？"

元琛回答："我不遗憾没有见过石崇，我遗憾的是石崇没有见到我。"

两个超级富豪绝不会深入民间，否则他们就会看到全国百姓都在水深火热中等待救世主的降临。但世上从来就没有什么救世主，只有自己才是自己的主人。

比如胡充华，她始终认为是佛祖救了她的命，于是把全部身心都放在佛祖身上。她虽然把持朝政，但是由于经常拜佛念经，所以就把一部分权力交给亲王元怿。元怿是元诩的叔叔，相貌极好，胡充华非常信任他。这就引起另一个亲王元乂的嫉妒，公元 520 年，元乂勾结宫中宦官大佬刘腾发动政变，击杀元怿，软禁胡充华，他开始掌控北魏帝国。

正是在他掌权期间，给北魏帝国致命一击的六镇起义爆发，直接把北魏带进地狱。

北魏帝国曾为了防止北方永远都打不死的柔然部落南侵，在东起上谷（今北京延庆），西至山西河曲一带修建了六个军事重镇，称为六镇。自西而东依次为沃野镇（今内蒙古五原县）、怀朔镇（今内蒙古固阳县）、武川镇（今内蒙古武川县）、抚冥镇（今内蒙古四子王旗）、柔玄镇（今内蒙古兴和县）、怀荒镇（今河北张北）。

六镇其实就是六个可以自我运转的大军区，北魏国防军全在六镇，官兵主要成分都是剽悍的鲜卑贵族子弟。**由于其身份、地位以及国家的高度重视，所以他们荣誉感爆棚，誓死效忠祖国，由此成为帝国的生命线和国家政权的中流砥柱。**

拐点出现在元宏迁都洛阳以后，为了表彰那些跟随他并留在洛阳的鲜卑人，元宏给予他们最高福利，升他们为世家大族，而留在六镇、本来是贵族的鲜卑人沦落成寒门。这已让六镇人无法接受，更让他们愤怒的是，洛阳方面派去监军的贵族把他们当成奴隶对待。六镇的长官被当成奴隶，他们就转移愤怒，把镇民也当成奴隶，天长日久，六镇成了必须爆炸的火药桶。一个炸弹，你把它培养起来，如果它不爆炸，对它就是不公平。

公元 523 年，大臣于景想要干掉控制北魏帝国的元乂，但计划泄露，元乂把他流放到怀荒镇做镇将。于景特别倒霉，他刚上任就遇到柔然来攻，怀荒镇镇民请求发放兵粮，于景打开粮库后发现没有粮食，于是向镇民说明情况，并且保证击退柔然后，向洛阳索要粮食。

镇民根本不相信这个狗官，愤怒之下发动兵变，把于景囚禁，连柔然也不管了，宣布造反。怀荒镇振臂一呼，其他五镇立即响应，六镇至此全部造反。六镇造反就是国防军全体叛变，这对于任何国家而言，都是大难临头。元乂慌里慌张，急忙调动洛阳卫戍部队北上镇压，结果被六镇兵团打得落花流水。公元 524 年年末，六镇兵变进入高潮，称王称帝的人有二十余个。这些人宣布彻底恢复鲜卑人的身份和荣耀，和汉化后的北魏帝国分道扬镳。**这已不是军事抗暴，而是意识形态之争。**

元乂搞点宫廷政变还游刃有余，但让他对付帝国国防军，他只能干瞪眼。

公元525年阴历二月，正当他在洛阳一筹莫展时，胡充华趁机联络那个大土豪元雍发动政变，解除了元乂的全部职务，胡太后在被软禁五年后王者归来。

五年的软禁生活要吃有吃、要喝有喝，并没有给胡充华体验悲惨生活的机会，所以她回归后，第一件事就是拨出巨款给洛阳寺庙，让和尚们给佛像刷金漆，以此来感谢佛祖让她浴火重生。

胡充华做的第二件事就是解决六镇之乱。她在佛像前苦苦求了一个月，佛祖面无表情。大概佛祖也知道，国防军全部造反这件事在宇宙闻所未闻，佛也是宇宙之产物，无法解决。胡充华只能靠自己想辙。终于有一天，她灵光乍现，想到了“敌人的敌人就是朋友”这句格言，北魏帝国国防军现在是帝国的敌人，而国防军的敌人是柔然，于是她让人带着金佛像、黄金珠宝和北魏帝国特产到柔然，请他们出兵帮助对付六镇叛乱。

柔然惊骇得张大了嘴巴，认为这是天底下第一等黑色幽默，然后立即出兵帮北魏政府攻击北魏的国防军。

柔然之前打不过北魏国防军，是因为六镇防御坚固，如今六镇造反，防御设施撤除，柔然兵团顺利进入六镇以南，很快就把六镇兵团打成落汤鸡，六镇造反的二十余万人被活捉，胡充华命人把他们妥善分散安置在河北、关中地区。然而六镇已对政府恨入骨髓，根本不会理睬这种安排。恰逢河北、关中闹灾，六镇之乱死而复活。

公元526年，原柔玄镇镇民杜洛周再掀造反浪潮，河北地区六镇镇民积极响应，原怀朔镇将领葛荣推陈出新，把镇民和百姓联合起来，发动更为狂暴的叛乱。两人纵横驰骋整个河北，带动了关中的镇民，经过和政府军的一番厮杀，原六镇将领万俟丑奴控制了关中大部分地区，宣布称帝，这是六镇之乱的最高峰。

事物的规律就是，高峰之后即回落。六镇之乱复发后，胡充华还想请柔然帮忙，但柔然拒绝，理由是他们不能深入北魏帝国太远，担心北魏帝国关门打狗。胡充华去拜佛祖，请求佛祖帮忙，但佛祖认为，佛助自助者。胡充华只好使用最后一招：征召今山西北部一带，历代先人均为“酋长”的尔朱荣助战。

尔朱荣家族本是羯人，进入北魏时代被鲜卑化。尔朱荣的高祖父曾随拓跋焘南征北战，立下功勋，拓跋焘就把尔朱川（今山西西北部流经神池、五寨、保德县之朱家川）送给他作为家族永远的财产，所以尔朱家族就以尔朱为姓。

六镇之乱刚起时，敏锐的尔朱荣立即招募流民，制造武器，很快组建起一支武装部队。本来他的目的是保卫家族产业，结果在和乱民武装的战斗中屡战屡胜，兵员得到快速扩充，于是，理想随实力增长，他离开根据地，主动击杀叛乱分子，他的名气传入洛阳城。公元 526 年阴历八月，胡充华派使者要求他帮助平叛，尔朱荣乐不可支，打着北魏帝国的旗号扩张兵团，用了不到两年的时间，把河北、关中的六镇武装全部击败。

尔朱荣至此名震天下。胡充华发现赶走六镇这头狼却培养出了一头老虎，于是计划取回尔朱荣的兵权，要他回家养老。尔朱荣当时才三十五岁，正是男人干事业的最好年龄，拒绝养老。胡充华虽怒气冲天，却没有力量对付尔朱荣，但她有力量对付傀儡皇帝元诩。

自六镇叛乱以来，胡充华和儿子元诩的关系就很僵，胡充华王者归来后仍不把权力还给元诩，而且请柔然人镇压六镇，让元诩相当反感。坊间一直传闻元诩要废掉老娘亲政，舆情汹汹，这是曾丧失五年权力的胡充华绝不能接受的事，公元 528 年阴历二月，她在佛像前忏悔了一天，然后亲手毒死了亲生儿子元诩。

此操作绝对不是佛祖传授给她的，因为这是自废武功。元诩没有儿子，只有刚刚和一个小老婆生的女儿元姑娘。胡充华杀掉皇帝让皇室绝种，也让她没有了根基。但她相信天下无难事，只怕有心人。她经历了那么多困难，通过自己的高度智慧都解决了，这一次也不例外。

她对外宣称，元诩有儿子，就是那个元姑娘，所以她立元姑娘为帝。还没有过百天的元姑娘由此成为中国历史上第一个女皇帝。胡充华果然是头发长、见识短，这种事情根本无法瞒天过海，所有的亲王和大臣都希望在龙椅上见见这个新皇帝，但胡充华死活不肯。

正当要发生巨变时，胡充华又使出一招，她宣称其实新皇帝是个女孩，女孩没有资格做皇帝，所以她把元姑娘废掉了，转而立元宏的曾孙、年仅两岁的元钊为帝，并且把哭哭啼啼的元钊摆到龙椅上，对那些怀疑她的大臣、亲王说："睁开你们的狗眼看，是不是男孩儿？！"

**大臣和亲王们惊骇万分，不是惊骇元钊真是男孩，而是惊骇胡充华居然把政治看得如此儿戏，小孩子过家家都没有这样玩的。**

亲王和大臣们正要愤怒时，尔朱荣抓住这个千载难逢的机会提前爆发。他指控胡充华谋杀先帝（元诩），并立即进兵洛阳。胡充华慌忙跪倒在佛祖面前，一如既往，她哭得肝肠寸断也未得到佛祖的回音。

尔朱荣兵团抵达洛阳城，洛阳禁卫军只象征性地抵抗后就打开城门。尔朱荣直奔皇宫，胡充华主动出来迎接，向尔朱荣解释先帝元诩死于突发疾病，尔朱荣根本不听她胡说，下令将胡充华和新帝元钊投入黄河。北魏帝国没了皇帝，尔朱荣就效仿当年的董卓，立拓跋弘的孙子元子攸（北魏孝庄帝）为帝。他又兽性大发，把北魏中央政府两千余官员、亲王全部驱赶到河阴（今河南孟津东北），先用骑兵践踏，再让步兵用长矛刺杀。北魏中央政府为之一空，**尔朱荣的畜生行径不能以常理来解析，正如董卓杀东汉官员和皇室、石勒杀西晋官员和皇室一样，有些人天性为畜，用人心之良知理论，永远解释不通。**

尔朱荣把北魏中央政府尤其是皇族几乎斩草除根后，他才意识到已和元氏有了不共戴天之仇，但事已至此，他没有回头路，只能继续错误地走下去。他对傀儡皇帝元子攸说："我终将取代你元家，但现在时辰未到，你要好自为之。"

元子攸从未想过这个杂种会如此猖狂，他立即在心里发誓，不除掉尔朱荣，他就不姓元。尔朱荣看不起这个被自己扶持起来的小子，之所以不取代他，只不过是因为时辰未到，时辰一到，马上干掉。

## 2／
## 北魏的分裂

尔朱荣说时辰未到，是因为六镇兵团虽被尔朱荣击败，却没有灭绝。胡充华被投入黄河的一个月后，葛荣干掉同道杜洛周，声势大振，他进攻邺城，宣称要取缔汉化的北魏帝国的统治。尔朱荣率领兵团北上，与葛荣展开决战。他身先士卒，率领骑兵精锐以闪电般的速度冲入葛荣大军，葛荣惨败投降。尔朱荣担心投降的葛荣余党再闹事，于是留下大将高欢安抚六镇降众。

他本人则南下抵御萧梁帝国名将陈庆之的北伐。尔朱荣屠杀元氏皇族时，漏网之鱼北海王元颢逃至萧梁帝国，皇帝萧衍对元氏的不幸念了多次阿弥陀佛，元颢指出尔朱荣的罪行，其中有一条就是，尔朱荣所立的元子攸是伪皇帝，他希望萧衍能帮他成为北魏帝国的皇帝。

萧衍再一次对元氏家族惨剧表示同情，并派大将陈庆之率领七千人护送元颢回国登基。

陈庆之是战场骄子，但不懂政治，他对萧衍说："您既然已答应帮元颢登基，那就应全力以赴帮助他，可您只给我七千人去应对尔朱荣的数十万人，诚意何在？"

**萧衍告诉他："元颢不是做皇帝的料，他的帝国正遭受尔朱荣蹂躏，他不想着如何复兴元氏，反而一心想着称帝，可见是个利欲熏心的浅碟子。**你护送他回北方，走个形式即可，不必出力。"

对于萧衍的政治思路，作为军人的陈庆之不能接受。军人以服从命令为天职，既然皇帝已命他护送元颢回国登基，他就要完成使命。

公元529年阴历四月，陈庆之护送元颢进入北魏境内铚城（今安徽省淮北市濉溪县临涣镇），一到即发动猛攻，铚城顷刻间便被攻下。陈庆之兵团不费吹灰之力就拿下北魏南境的军事重镇，让元颢瞠目结舌。但这只是开始，从公元529年阴历四月攻下铚城到五月抵达洛阳近郊，陈庆之兵团全速北上，如暴风扫落叶般一口气攻取了北魏帝国三十二座城池。连一向被南朝认为固若金汤的荥阳、虎牢两座城也一战而克，陈庆之以七千人横扫半个北魏帝国，威震中国。

陈庆之和他的前辈沈庆之都是南北朝时期的名将，两人都喜欢穿白袍、骑白马，在战场上如一朵白云，来去如风，煞是好看，是绝色美女心中当之无愧的白马王子。

白马王子陈庆之抵达洛阳近郊时，皇帝元子攸惊慌失措地命尔朱荣回师救驾。元颢这一路和陈庆之走来，真是收获满满，人生中最大的惊喜不过如此。他认为有了陈庆之这张王牌，皇帝宝座必万无一失，于是立即在洛阳近郊称帝，和北魏帝国的伪皇帝元子攸针锋相对。

尔朱荣立元子攸只是先占个茅坑，吉时一到，他肯定亲自来拉屎，所以他绝不允许陈庆之坏了他的好事。在干掉葛荣武装后，他迫不及待地率领主力昼夜奔驰抵达洛阳。陈庆之早已布置好战场，等待他的到来。

双方在洛阳城外展开惨烈厮杀，陈庆之凭借出色的指挥能力多次击退尔朱荣的进攻，而且常常能抓住电光石火的机会反攻，尔朱荣损兵折将，痛不欲生。

但尔朱荣并非浪得虚名，在和陈庆之多次互攻后，他找到了陈庆之兵团的弱点：数量处于绝对劣势。他的兵团进攻用进攻部队，防御用防御部队，而陈庆之无论是进攻还是防御，都是一支部队。

尔朱荣用人海战术不停地耗费陈庆之的气力，最后，陈庆之终因人数太少而溃败，这位一代名将、白马王子无法破解“巧妇难为无米之炊”的魔咒，在牺牲至最后一人后，只身逃回南方。元颢被尔朱荣认定为伪皇帝，立即杀掉。

尔朱荣因再一次保住皇家而名满天下，当然也势倾天下。

公元 530 年，尔朱荣红运当头，把关中几十股农民起义平定，皇帝元子攸升他为国师，掌控全国武装部队，尔朱荣成了董卓、曹操一样的人物。

尔朱荣的权力步步扩张，皇帝元子攸的权力却在加速萎缩。二十四岁的元子攸想得很多，几年来他早受够了尔朱荣像教训孙子一样地教训他。尔朱荣控制他的帝国，他只是郁闷，尔朱荣总像训孙子一样训斥他，他也只是委屈流泪，但尔朱荣居然干涉他的私生活，这就点燃了他心中仅存的愤怒之火。

尔朱荣的女儿本是元诩的小老婆，尔朱荣却强迫元子攸立她为后。这个女人如果有点见识，应该尽量消除丈夫和父亲之间的隔膜，她却反其道而行之。她常常和元子攸过不去，如母老虎一样。最要命的是，她常常口无遮拦地说："我在皇上面前放肆有什么？他本来就是我爹所立，我爹把帝位让给他已经很不错了。"

春秋时期管仲能得到姜小白的完全信任而创造齐国的辉煌，主要在于管仲这个权臣对姜小白的私生活不闻不问，尔朱荣是个大老粗，当然不懂"食色"这种人性中，最让人敏感的是"色"。元子攸在尔朱家内外夹击下，决定反击。

元子攸的反击其实不可能成功，尔朱荣在他身边安插了无数监视者，元子攸就是放个屁，都有人汇报给尔朱荣。但北魏帝国毕竟立国百年，效忠国家的大有人在，元子攸像做贼一样鬼鬼祟祟地联合这些人，他们都立下毒誓，为帝国诛杀叛贼，死而无憾。

这次密谋很快就传到尔朱荣耳中，他当时正准备进洛阳控制全局，为登基做准备。这个在战场上所向无敌的傲慢将军，听了这样的消息后的反应居然是狂笑不已。他说："元子攸小儿是我脚下的蚂蚁，我踩死他只需要动根脚趾。"

他的属下都劝他还是要小心，尔朱荣根本不听。就在他狂妄自大时，元子攸派人来请他到洛阳执政，尔朱荣又是狂笑说："你们看，他恐惧了。"

没有人认为这是元子攸恐惧，他们一致认定这是元子攸的奸计，只有尔朱荣自负地认定，元子攸不敢拿他怎样。

公元 530 年阴历九月，尔朱荣特意只带了三十名侍卫抵达洛阳，入宫见到元子攸时还满脸傲慢地问："听人说你要杀我？"

元子攸拿出了一个男人与生俱来的勇气反问他："听说你也要杀我？"

尔朱荣无论如何都想不到元子攸居然敢反击，而且反击得如此凌厉，他根本没有准备，反而结结巴巴起来："你这个臭小子……杀，杀你又如何？"

元子攸就趁他心神烦乱时，突然大吼一声："给我拿下这个叛贼！"

话音未落，从帘后冲出来几个鲜卑武士，三下五除二就把尔朱荣捆成了粽子，尔朱荣正要咒骂，鲜卑武士乱刀齐下，一代枭雄尔朱荣被像杀猪一样地杀掉。

元子攸杀尔朱荣，是意气用事，他没有通盘地制订计划，所以杀掉尔朱荣后，他居然四顾心茫然。有心腹提醒他，尔朱荣虽死，可其庞大的兵团还在，赶紧下大赦令，抚慰其兵团。元子攸马上颁布圣旨，宣布尔朱荣的罪状，并告诫尔朱荣兵团，只要放下武器，既往不咎。

在尔朱荣家族看来，是他们的血染沙场才换来北魏帝国的存在，皇帝竟然如此忘恩负义，他们没有理由再听皇帝的命令。尔朱荣的堂侄尔朱兆和堂弟尔朱世隆率军从大本营晋阳南下，轻而易举地攻陷洛阳，杀掉元子攸，立亲王元晔为帝。元晔对尔朱家族的反击比元子攸还迫不及待，第二年（531 年），他不自量力地发动政变，要推翻尔朱家族，尔朱家族毫不犹豫地将其废掉，再立拓跋弘的孙子元恭（北魏节闵帝）为帝。仅一年时间，尔朱家族就立了两个皇帝，废掉了两个皇帝，让人眼花缭乱。

他们的恶行自然激起一批野心家的骚动，尔朱荣生前最信赖的大将高欢登上舞台。**高欢是汉人，出生于六镇之一的怀朔镇，成长的过程也是逐渐被鲜卑化的过程。**六镇之乱时，他以步兵身份参军，凭借胆识混成了中级军官，一度成为葛荣最得力的干将，后来见尔朱荣风生水起，葛荣大势将去，于是聪明地投靠尔朱荣，尔朱荣平定葛荣后，让他在河北安抚投降的葛荣旧部。高欢趁机将他们收编，壮大力量。

尔朱荣被杀后，尔朱兆攻洛阳为叔叔报仇前命令高欢带兵前往，高欢断然拒绝说："我乃帝国臣子（时任冀州州长），臣子反君主，大逆不道，这事我不做。”

尔朱兆暴跳如雷，但由于他着急进洛阳，所以没有对高欢动手，不过这个仇，两人算是结下了。

尔朱家族掌控洛阳城后，大肆搜刮民脂民膏，欺凌元氏皇族如同欺凌动物园的猴子一样，元氏和洛阳百姓终于站到一起，他们每天都在佛像前祈祷，希望有人踏着五彩祥云来救他们出水火。高欢不但是军事家，还是政治家，他敏锐地预感到尔朱家族的残暴与堕落会使他们自己家破人亡，于是在元恭被立后两个月，他从根据地冀州（今河北冀州）起兵，宣布讨伐尔朱家族。

在尔朱家族看来，元晔发动政变是不自量力，高欢讨伐他们更是蚍蜉撼树。高欢当时的步骑混合兵团只有三万人，而尔朱家仅洛阳城附近就有精兵二十万驻扎，这是一场毫无悬念的战争，双方的决战在洛阳城外展开。高欢效仿楚汉战争时期的战神韩信背水一战，把牛和驴系在一起堵塞自家军队的退路，他身先士卒，率领五百骑兵冲击尔朱家兵团的薄弱之处，终于冲破，尔朱家兵团正要把他团团包围歼灭，他的三万人马如排山倒海般冲杀过来，尔朱家兵团大败，退出洛阳城。公元 532 年，风光一时的尔朱家族被高欢兵团追击截杀，终于消失在历史舞台。

高欢以挽救帝国的姿态进入洛阳城，为树立权威，他废掉元恭，立元子攸的侄子元修（北魏孝武帝）为帝，他又自立为宰相，掌控北魏帝国。

高欢是北魏帝国步入混乱以来最值得称道的军人、政治家。北魏帝国自建立起就有不可调和的民族矛盾，汉人与鲜卑人时常爆发冲突，高欢兼具汉人和鲜卑人的身份，这让他在民族认同上区别于纯粹的汉人和鲜卑人。他调和民族矛盾，常常告诫鲜卑士兵：“汉人是咱们生活的源泉，男人为咱们种地，女人为咱们织布，可谓衣食父母，必须柔情以待。”

在这种政治手段下，北中国各汉人世家大族都愿意和他合作，以高欢为宰相的北魏帝国悄无声息地归于平静。不过这只是暴风雨之前的平静。皇帝元修对高欢那副假惺惺的护国功臣的嘴脸感到极度不适，高欢自然也感受到皇帝对自己的嫉恨，于是他主动请求到晋阳休养。不过，他对政府的控制和当年的尔朱荣没有区别，元修做任何事都要经过他的批准。

一个皇帝如果没有无限权力，处处受制于人，那和坐牢毫无二致。元修决心改变现状，夺回本该属于他的权力。他和元子攸不同，元子攸靠自己，而他则把希望寄托在长安守将宇文泰身上。宇文泰是被鲜卑慕容部吞并的宇文部的贵族，宇文部族人百年来一直活在底层。六镇之乱时，宇文泰从老家武川（今内蒙古武川）出发带领族人参加六镇革命，一直在关中活动。尔朱荣荡平关中后，宇文泰投降于尔朱荣，尔朱荣让他镇守长安。

**宇文泰和高欢相反，高欢是鲜卑化的汉人，宇文泰则是汉化的鲜卑人，和高欢相同的一点是，他能反躬自省，意识到鲜卑人和汉人的民族矛盾，有这种意识后肯动手去处理，这就是知行合一。**所以当时以长安为中心的关中地区在宇文泰高明的政治手腕下，一片昌盛。

高欢进洛阳时，宇文泰就表达过不满，后来高欢去了晋阳，宇文泰虽按捺住了那颗要为国尽忠的心，但心还在。所以当元修秘密和他接头，表示要除掉高欢、拿回皇权时，宇文泰极力赞同。

公元 534 年，元修密诏高欢说他要率兵南征，然后把密诏和一封伪造的高欢回信给高欢安插在他身边的人看，还没有等这些人去核实，元修已率领他几百人的禁卫军出洛阳城向东进发。

高欢得到元修的行踪后，知道他要去找宇文泰，一天向他发出数道信件，请他千万不要去长安。可元修像奔向美丽新世界一样，撒开腿没命地跑。高欢在最后一封信中严厉警告他：“你如果去了长安，帝国就会分裂，因为宇文泰不是好鸟。我作为帝国护国大臣，肯定要再立一帝，你为了元家考虑，也不该如此。”

元修愤怒地道：“我是去请宇文泰废掉你，少和我扯淡。”

高欢预料得没错，元修抵达长安后，宇文泰只字不提帮他讨伐高欢的事，坚持到第二年（535 年），宇文泰终于给他答复——强行命令他封自己为北魏帝国丞相。元修此时才发现他从狼窝掉进了虎坑。更让他痛苦的是，高欢不会对他的私生活指手画脚，而宇文泰似乎是根天生的搅屎棍，竟然把他的几个情妇（其实是他的亲姐妹）驱逐出宫，他刚要甩脸子，宇文泰立即下令杀掉他最喜欢的一个情妇，元修险些淹死在自己的泪水中。直到此时，他才想起高欢是多么慈眉善目，而宇文泰狰狞可怖。宇文泰不负其所望，仅几个月后，就杀掉元修，立元宏的另一个孙子元宝炬为帝。

高欢也是说到做到，元修逃亡后，他进入洛阳城，立即立元宏的曾孙元善见（北魏孝静帝）为帝，重新封自己为北魏帝国丞相，并且由于洛阳离长安太近，遂迁都邺城。**现在，北魏帝国有两个皇帝，两个丞相。那个煊赫百年的帝国分裂了。**

北魏分裂的最古老的原因是元宏的汉化运动，该运动导致国防军（六镇）叛乱，与其不相上下的是北魏高层的佛教信仰，佛教信仰劳民伤财，遍地抗暴，单纯的国防军叛乱由于流量有限，所以容易平定。但北魏帝国把所有百姓都变成了抗拒他们的力量，使国防军和百姓结合，如果不是尔朱荣临危受命，北魏帝国根本看不到公元 530 年的太阳。而用毫无文化的军阀来解救帝国，等于饮鸩止渴，所以从国防军这个魔鬼手中拯救了帝国的救世主尔朱荣，一变脸又成了魔鬼。这个魔鬼终于引出了高欢和宇文泰两个更大的魔鬼。

一个帝国的分裂或者灭亡，事实上是整个帝国的价值观出了问题。北魏帝国的价值观建立在汉化后的无法消化或者说是取其糟粕、去其精华上，还有更扭曲的佞佛价值观推波助澜，不灭亡简直没有天理。

儒家讲朴素，佛家也讲，儒家讲爱人，佛家也讲爱众生，这些好的价值观，北魏帝国全部视为敝屣。**凡是视正确价值观为垃圾的国家，都逃脱不了灭亡的命运。**只不过北魏的灭亡是从分裂开始的。

我们把以宇文泰为丞相，元宝炬为皇帝，定都长安的北魏帝国称为西魏帝国（535 年—556 年）；把以高欢为丞相，元善见为皇帝，迁都到邺城的北魏帝国称为东魏帝国（534 年—550 年）。他们都以正统自居，在天无二日的中国传统价值观下，两个帝国不共戴天。

# 3／

# 侯景之乱

高欢和宇文泰的战争绵绵不绝，北中国陷入火海。公元 543 年，两人亲自出马，在邙山（今河南洛阳北）决战。宇文泰大败，西魏军力损失了十分之六。宇文泰几乎陷入绝境，但东魏当时的力量也不能将西魏吞并，两方陷入僵持。公元 547 年，高欢去世，他的长子高澄继承其政治遗产。这个极有政治天赋的官二代，上台的第一件事就是拿河南道（黄河以南）军政长官侯景开刀。

侯景是被鲜卑化的羯人，天生长短腿，走起路来很是滑稽，但他判断力极强，阴狠毒辣。年轻时服务于北魏六镇，先是和六镇叛军混战，然后投降尔朱荣，尔朱荣被杀后，他成为高欢最得力的干将，担任河南道最高长官十四年，掌控着东魏帝国黄河流域最精锐的十万人马。高欢临死前对高澄说："侯景不是好鸟，我现在还能控制他，我走后，你要小心应付。"

高欢一死，高澄马上行动，命令侯景来参加葬礼。侯景知道此去必无生还之理，于是断然拒绝。高澄立即集结兵马要讨伐他，以宇文泰为宰相的西魏政府此时也有了机会，在境内迅速调动兵马，趁东魏政府内讧，夺取黄河以南地区。

侯景请求归附宇文泰，宇文泰不同意，理由是，侯景是个奸诈小人，归附后，自己还要拿出许多精力来应对他，这不是好买卖。况且，侯景现在已走投无路，黄河以南十三州要么被高澄收回，要么被自己吞掉，侯景没有谈判资格。

宇文泰的想法没有问题，有问题的是，当时的世界并非只有西魏和东魏，还有南中国的萧梁。侯景只能做出唯一的选择——归附萧梁帝国。他给萧梁帝国送去投降信时，萧梁皇帝萧衍已八十四岁，掌控帝国足足四十五年。他坚信这是佛祖保佑的结果，更坚信他将永远统治下去，直到世界末日。

侯景归降前夜，八十四岁的老家伙萧衍做了个神奇的美梦，他梦到东魏政府的行政官向他献出黄河以南十三州的土地。梦醒后他对人叙述这个梦的内容，立即有谄媚分子拍他马屁说："这是天下要统一的征兆啊！"

萧衍喜出望外，力排众议同意侯景归降。为证明自己的诚意，他在国内总动员，希望能动员起十万大军支援侯景抵抗东魏的攻击。但萧梁帝国已暮气沉沉，所以费尽气力，只动员了五万大军。他极有才情的侄子萧渊明认为，支援侯景，五万大军绰绰有余，萧衍于是任命他为总司令，渡过淮河支援侯景。

萧渊明兵团渡过淮河不久，即和东魏兵团遭遇，双方不管三七二十一立即开战，结果，萧渊明兵团全军覆没，他被活捉送到高澄所在的晋阳。高澄用最隆重的礼节欢迎他，这让萧渊明极为感动，居然流下泪水。

侯景也流下泪水，他知道萧梁帝国脆弱，却想不到如此脆弱。他只能靠自己和东魏兵团一战，结果他也惨败，只带领八百余骑兵逃到萧梁的寿阳（今安徽寿县）。寿阳政府并没有收到中央政府接待侯景的明确命令，所以拒开城门，侯景大怒，命令八百骑兵下马攻城，片刻工夫，寿阳即被攻陷。

建康方面，所有大臣都请求萧衍严惩侯景，但萧衍说："佛祖有好生之德，侯景被高澄所逼，逃到我们这里，我们不收留他，他会死掉的。"

在佛祖的暗示下，萧衍任命侯景为寿阳军政长官，侯景攻下寿阳后正胆战心惊，很怕萧衍对他进行灭顶打击，想不到萧衍不但默许了他的非法行为，还给了他名分，如同一个富人的小妾，出轨后没有受到惩罚，反而被扶正。侯景对萧衍，有无限联想。

萧衍对侯景的态度，绝不能证明他蠢。蠢人还有脑子，萧衍的脑子早已奉献给他所信仰的佛祖。萧衍没有脑子，在南中国已是妇孺皆知，侯景侵犯寿阳没有得到惩罚的事传入东魏政府后，高澄仰天大笑。

他问萧渊明："你叔叔（萧衍）是个什么样的皇帝？"

萧渊明回答："是个慈悲的皇帝。"

高澄哈哈大笑说："我听人讲，他只对官员和亲戚慈悲，对老百姓很凶暴啊。"

萧渊明只能尴尬地笑，高澄收起笑容说："我要拿你换侯景，你说你叔叔同意吗？"

萧渊明回答："当然。"

高澄搓着手，美滋滋地说："极好，极好。"

高澄一面说着"极好"，一面就给萧衍写信说："你我两国本来和睦，如今刀兵相见，实属意外，我愿与你和解，黄河以南十三州，你我平分如何？"

黄河以南十三州本由侯景掌控，侯景失败后，东魏中央政府完全接管，和萧梁帝国没有半点关系。高澄的这招主动示好，让萧衍惊喜过望，从蒲团上一跳而起说："这是佛祖的恩赐啊。"

他给高澄回信说："佛说，没有根的福是不祥的，如此厚礼，我受之有愧，我如何才能让你也爽一下？"

高澄回答他："何必如此，只要咱们两国建立友好关系，就是您对我最大的厚爱。"

萧衍同意，两国使者互相往来，不绝于道。侯景得到这样的消息后，大为恐惧，他上奏章说："我和高澄，不共戴天，两国如果和解，我必遭他毒手，还请慎重。"

萧衍立即向他保证说："我是皇帝，绝不会失信于人，况且我信佛，佛讲慈悲守信，你要懂得我心。"

侯景对这个伪佛教徒心存疑虑，他假借高澄的名义写了一封信给萧衍，提议用萧渊明交换侯景。萧衍召开御前会议，有人主张交换，有人坚决反对，还有人明智地给出方案说，应该先把侯景软禁，然后再谈交换人质的事。

萧衍哈哈大笑说："我侄子和侯景比起来，一个是天上，一个是地下。"

他立即回信给高澄（其实是给侯景）："你上午把萧渊明送还，下午我就把侯景绑给你。"

侯景拿到信后，悲愤万分，他向驻守在寿阳附近的萧衍的侄儿萧正德诉苦。萧正德一直对皇位非常有兴趣，只是苦于自己的亲王身份而迟迟未动。如今看到侯景的哀苦，想到正好可以用侯景做前驱争夺皇位。于是他安慰侯景说："只要你有兵，我就可以动用我的权力，用船把你送到长江南岸，直逼建康。"

侯景感动得泪水横流，对萧正德说："我若能拿下建康，必推你为帝。"

侯景当初只带了八百骑兵来寿阳，可他有出色的组织动员能力，萧梁帝国的税收过于沉重，寿阳百姓怨声载道，于是侯景宣布废除全部苛捐杂税，并且号召寿阳百姓和他一起推翻萧衍的统治。

寿阳百姓热烈赞同侯景的主张，有八千人主动加入侯景的叛乱兵团。公元548年八月，侯景带领这八千人宣布造反，造反书中称萧衍是"没有心肝的糟老头子"。萧衍得知消息后，大笑说："我折根小树枝就能打死他。"他命令亲王萧纶率领大军渡过淮河进攻寿阳。

侯景在萧正德的建议下，放弃淮南地区，乘坐萧正德提前准备好的战船避开萧纶大军，渡过长江，突然出现在建康城外。

萧衍这时才发现大事不妙，他命令各地亲王勤王。但没有人来，这是他统治四十余年的"伟大成果"：所有亲王都受够了他的假慈悲，巴不得他早点死。

侯景开始猛攻建康城，仍然效忠于萧衍的皇家禁卫军顽强死守，公元549年三月，皇家禁卫军放弃抵抗，侯景攻破建康，对萧衍的皇宫围而不攻。八十六岁的萧衍最后被活活饿死，临死前，他想喝杯水，却发现身边所有人都出皇宫投了侯景。

这位在位时间长达四十七年的皇帝，终于用自我修行去了西天。侯景信守诺言，立萧正德（萧梁前废帝）为皇帝，而侯景自封为丞相，掌控建康城。

很快，**萧正德发现自己居然是个傀儡皇帝，他原本是想拿侯景当枪使，想不到最后却成了侯景的傀儡**。于是他秘密联络建康城外的亲王，想要里应外合干掉侯景。比猴还精的侯景立即发现他的阴谋，将其处决，立萧衍的太子萧纲（萧梁简文帝）为帝。

和没有脑子的萧衍相比，侯景就是太有脑子。攻陷建康后，侯景将建康城中十万余百姓全部屠杀，包括世家大族，尤以王导家族和谢安家族为最。侯景初投萧梁帝国时，想要娶王、谢家族的女子为妻，还要请萧衍做媒。南中国如侯景这样出身的人，做梦都不敢梦到向王、谢家族求亲。**侯景的行为，表面看是无知者无畏，内里则是文化之不同导致人的行为大相径庭。**北中国也有门阀世家，但不如南中国的门阀世家那么高不可攀。侯景如果在南中国待上一段时间就会知道，他简直是癞蛤蟆想吃天鹅肉，和世家结亲是根本不可能的事。

连皇帝萧衍都认为这个癞蛤蟆幽默得破天荒，险些笑死过去，他对侯景说："我听闻你一条腿长一条腿短，虽然英雄不谈容貌，可英雄也不能是残疾人啊。你原本就是不受待见的北方人，能找个地主家庭的女子就不错了，怎么还想攀高贵门第的王、谢二家？"

侯景颜面尽失，愤愤不平地说："什么高贵门第，我让你们都做奴隶！"

攻陷建康后，侯景果然说到做到，把王、谢家族所有男的杀掉，让女的做奴隶，终于完成了一场"屌丝逆袭"的残酷大戏。王、谢两家，经两百余年苦心经营，只几天时间就化为废墟。北方的燕子归来，找不到王谢家族的房檐筑巢，只能飞入寻常百姓家。

侯景以八千人斩首萧梁帝国，这简直是人间奇迹，在佛教徒萧衍看来，恐怕也是西天的奇迹。当然，侯景创造的奇迹不只如此，我们注意到，他的八千人是萧梁帝国的百姓，他以一个外国人的身份（东魏政府）跑到敌国，用敌国的百姓攻陷了敌国的首都。这在人类历史上几乎是头一遭。

让侯景创造奇迹的是萧衍的愚蠢透顶和不分青红皂白的假慈悲，萧衍的种种行为都导致了萧梁帝国的政治黑暗，在政治黑暗之时，皇帝就成了货真价实的孤家寡人。建康被围困时，没有一个亲王赶来救援，侯景占据建康后，萧衍的子孙还在拼命地窝里斗。

比如萧衍的第七子萧绎，萧绎年轻时因病而失去了一只眼睛，自此性情大变，成为阴狠毒辣的独眼龙。他掌控着萧衍帝国最重要的荆州，侯景围攻建康时，萧绎非但不去解救，还先后杀掉了侄子萧誉和哥哥萧纶，以及其他反对他的亲王。他另一个侄子萧詧大骂他残暴时，他立即向东魏政府称臣，用东魏兵团击退萧詧的进攻，萧詧只好投靠西魏政府，为日后的归来做准备。

萧衍的子孙在不停内讧时，侯景又开始创造他的奇迹。他在建康整顿兵马，公元 549 年，向萧梁帝国的富裕地区苏州、镇江、杭州、无锡、上海等地发动进攻。在好运的加持下，侯景兵团一口气将这些地方摧毁，公元 550 年，在侯景的屠杀和蝗灾中，南中国进入世界末日，遍地烽火狼烟，空气中全是死人恶臭，侥幸存活下来的妇女儿童就在废墟中挖掘尸体来充饥。

南中国的百姓始终相信儒家“正义必然战胜邪恶”的信条，苦苦等待邪恶的侯景灭亡。但等别人灭亡是等不来的，邪恶不会自取灭亡，必须有正义之士来消灭他。公元 550 年年末，一向邪恶的萧绎在把萧家有资格继承帝位的人全部铲除后，以正义的化身对侯景发动反攻。萧绎这次华丽的大变脸取得了深受侯景之苦的南中国百姓的拥护，侯景如山崩一样地溃败，仅八个月时间，侯景将当初取得的所有地盘全部吐出，公元 551 年阴历八月，他被萧绎的反攻部队逼回建康，如同两年前萧衍被他困住一样，他现在被萧绎困住了。

一切来得快，去得也快。侯景如同做了一场梦，前半场是美梦，后半场是永远都醒不来的噩梦。他像个疯子一样，希望可以逆天改命，他废掉萧纲，立萧衍的曾孙萧栋为帝。萧绎对这种废立皇帝的游戏毫无概念，他调集所能调集的全部军队抵达建康，全面进攻。

侯景终于醒悟，废立皇帝无法拯救他。如同赌徒明知输赢已定但仍然想过一把翻牌的瘾一样，公元 551 年阴历十一月，他又废掉萧栋，自立为帝，建立汉国。

汉王朝对中国人的影响再一次显现，侯景是个残暴的暴发户，无知无识，居然仍能想到用“汉”作为国号。他可能希望用这个伟大的招牌改命，但**人的命运由良知、正义以及真正的慈悲决定**，侯景恰好缺少这些。

公元 552 年阴历二月，萧绎手下最能打的两员大将王僧辩和陈霸先抵达建康城下，陈霸先最先展开攻击，王僧辩协攻。侯景兵团失去当年横扫天下的气势，土崩瓦解，建康城被攻破，侯景兵败逃亡途中被部将杀掉，尸体拉回建康城后，大卸八块，百姓争而食之。这个罪恶滔天的人，在大乱南中国三年后终于得到报应。

但南中国永远也回不到从前了。侯景之乱彻底摧毁了南中国世家大族以及太平了四十余年的萧梁统治。**整个南中国因侯景之乱，几成废墟，经济开始落后于北中国，为之后北方政权统一南方政权奠定了无可置疑的基础。**侯景之乱看似只有三年，其实它已经打乱了原本的平静，其余波更为深远。

平定侯景之乱，亲王萧绎功高盖世，只有一个位子能让他名副其实，那就是皇位。公元 552 年，萧绎放弃已成废墟的建康，在湖北江陵称帝，他就是萧梁元帝。

南中国在屠杀声中发生变化时，北中国也发生了变化，而且是惊天之变。东魏政府在高澄的主持下，如日中天，把西魏政府远远甩在后面。拥有高明手段的高澄通过假装和萧衍和解，引起侯景之乱，让南方的萧梁帝国陷入危机。侯景攻陷建康的三个月后，高澄喜滋滋地召开高氏家族会议，会议讨论的主题是，高澄想干掉东魏皇帝元善见，自己称帝。

这并不是高澄第一次要称帝，自他接替老爹高欢担任东魏政府宰相后，他经常召开这样的会议，可高氏家族成员认为这有违高欢的精神，于是始终不同意。公元 549 年阴历六月的这次会议也以相同的结果而告终，高澄闷闷不乐，决定违背这些老家伙的意志立即称帝。当晚，他的厨子不知出于谁的指使，趁他做登基的美梦时将他杀掉。他那个平时沉默寡言，其实内心阴险，且极有手腕的弟弟高洋接过了他的位子。高洋和老哥高澄最大的不同是，他拒绝听取任何人的意见，包括他自己。

公元 550 年阴历五月，高洋（北齐文宣帝）断然废掉东魏皇帝元善见（两年后将其毒死），自己称帝，建立齐帝国（史称北齐帝国），北魏的一半（东魏政府）灭亡，另外一半（西魏政府）也如夕阳西下。

西魏政府在宇文泰的领导下并没有芝麻开花节节高。公元 543 年，他被高欢打残，经过十余年的埋头苦干才终于恢复国力，侯景在南中国制造大混乱时，他借帮助萧绎的机会，大肆扩张领土，把蜀地纳入怀中。萧绎本来是向他称臣的，但公元 553 年，已经称帝的萧绎突然取消和他的合作，并且指控他抢劫萧梁帝国蜀地的领土，命令他归还。

宇文泰对五年前向他称臣的萧梁帝国亲王萧詧说：“你叔叔萧绎是不是疯了？”

萧詧只好回答：“是疯了。”

宇文泰问他：“我让你做南朝的皇帝如何？”

这是萧詧求之不得的事，他同意。

宇文泰就下令：“南征萧绎！”

## 4／

# 北魏帝国的灭亡

宇文泰说萧绎疯了，显然属于自大狂。他自始至终就没把萧绎放在眼里，但萧绎并非浪得虚名。从侯景之乱开始直到江陵称帝，萧绎为理想征战了五年，他完全符合贵族子弟打江山的特征，其所延续的萧梁帝国也有不错的开国气象。公元 554 年，宇文泰集结西魏政府全部兵力（五万人的步骑混合兵团）大举南下，西魏政府和复活的萧梁帝国决战。

西魏兵团总司令、亲王宇文护以萧詧为向导，直取江陵。萧绎命令镇守建康的大将王僧辩和镇南将军王琳驰援首都江陵，王琳接到勤王诏书后，立即派官员裴政走小路去江陵，向萧绎报告援兵不日即到。但裴政被西魏巡逻队俘获，宇文护把他绑到江陵城下，对萧绎说："王僧辩听说江陵被围，已经称帝，王琳不敢来援，赶紧投降吧。"

萧绎大惊失色，裴政突然挣脱枷锁大声对江陵城上的人说："援兵马上就到，你们要努力杀敌。"

宇文护大怒，将裴政满嘴牙全部拔除，下令全面攻城。西魏兵团四面攻城，萧绎下令顽强抵抗，西魏兵团居然短时间内不能取胜。萧绎有文人情怀，向来以东晋帝国宰相谢安自诩。如今忽然想起当年淝水之战时谢安下棋退苻坚的往事，决心也来一次面对危机"从容不迫"的大戏，他命令文官全部集中到皇家图书馆，在十四万册图书的海洋中，他对官员们讲解《道德经》。

当他讲到“吾有三宝”时，卫兵来报告说：“敌人已攻破南城。”萧绎微微点了点头，神色自若地说：“不怕。”当他讲到“天下万物生于有，有生于无”时，卫兵又来报告说：“北城已被攻破三个城门。”萧绎站起来，以上帝视角对瑟瑟发抖的臣子们说：“不怕，哀兵必胜，因为柔弱能胜刚强。”

但当卫兵来报告说北城只剩下一座城门时，他猛地吐出一口鲜血，仰翻在地。仍然效忠他的几个大臣用冷水把他浇醒，他好像一下苍老了一万岁，对着几个大臣的老脸说：“我读书万卷，仍不免有今天。”

萧绎的意思是，读书越多就越有知识，知识就是力量，有力量就能解决一切问题。这是世界上最愚蠢的想法，**知识不是力量，知识转化成智慧，智慧才是力量。而智慧必须和心性、良知在一起，才能爆发出大能量。**萧绎有知识，也有智慧，却没有良知，所以其力量只在面对比他弱小的人时才有效，稍微比他强大一点，他就手足无措，黔驴技穷。

朱买臣（西汉时期也有个大臣叫朱买臣）是还算清醒的大臣，他指出，皇上应该趁夜逃出江陵渡过长江，隔江与西魏对峙，还有反败为胜的机会。

萧绎惊恐地说道：“我最怕骑马，也怕走路，尤其走夜路，这件事不可行。”

众臣急得团团转，他们永远都无法搞明白，曾经干掉那么多亲王、又把侯景之乱平定的萧绎，危机来临时为何是这副德行。

正当大臣们万分焦急时，萧绎突然下令点火，把皇家图书馆烧毁。当初嬴政焚书，不过万余册，项羽烧书，也才几万册，萧绎一声令下，十四万册古本珍本，全成灰烬。他一面帮着烧书，一面用佩剑乱砍燃烧的书籍，说：“文武之道，从此绝矣。”

这八个字，信息量实在太大。所谓“文武之道”的“文武”，是指周王朝的奠基人姬昌（周文王）和周王朝的创始人姬发（周武王），“文武之道”，就是姬昌和姬发父子二人治理国家的道理。**这个道理是，宽严结合、文治与武备的结合、思想和行动的合一，归根结底，“文武之道”的“道”，在道统上而言就是知行的合一，在政统上而言就是文武百官对皇帝的加持。**

萧绎说“文武之道，从此绝矣”，意思有两个。第一是，文武百官没有尽心尽力帮他治理江山；第二是，中华世界从姬昌、姬发开始建立的道统到他萧绎这里彻底玩完了。

就在他魂不守舍地表演这套把戏时，宇文护兵团杀进皇宫，看到皇家图书馆燃起大火，于是又跑来看火。得知萧绎死到临头还在烧书，宇文护又好气又好笑，扯着嗓子喊他出来投降。萧绎穿了一身雪白的衣服走出来，脸上没有任何表情。

宇文护用恶作剧对付他，把他交给萧詧。萧詧在大肆侮辱了这位仇敌后，用沙袋把他活活压死。宇文护把江陵城十余万王公大臣以及百姓分赏给三军做奴隶，驱归长安，对城中老弱进行灭种式屠杀。

屠杀完毕，宇文泰让萧詧（西梁宣帝）在江陵称帝，萧詧哭笑不得地说："你给我个空的江陵城有何用？"

宇文泰不是那种小心眼的人，于是把荆州借给他。但宇文泰对萧詧很不放心，于是让他移居江陵东城，让一支两万人的军队驻扎在西城，这支军队的目的有两个，一是监视萧詧，二是守护好荆州。

萧詧在江陵称帝，引起诸多人的不满，镇守建康的萧绎大将王僧辩立即宣称，萧詧是篡位，他不能代表萧梁帝国。镇守广州的大将陈霸先积极支持王僧辩，两人就在建康立萧绎年仅十三岁的第九子萧方智（萧梁敬帝）为帝，王僧辩向南中国发布公告说，萧方智才是萧衍的南梁帝国的合法继承人，而萧詧是伪皇帝。如此一来，以江陵为首都的萧詧的南梁帝国就成了南朝西梁帝国。

萧方智和萧詧一样，都属于傀儡皇帝，只不过萧詧是外人西魏的傀儡，而萧方智则是自己人王僧辩的傀儡。

北齐皇帝高洋看到宇文泰在南中国搞了个尾巴国（西梁帝国），于是脑洞大开，也想在南中国搞个尾巴国。他问萧渊明："你想不想回去当皇帝？"

萧渊明自公元 547 年被高澄活捉直到公元 555 年，已在北方待了八年。高洋如今想起他，是他天大的造化。他立即同意，但他认为这件事有难度，因为南方已有两个皇帝。

高洋大笑说："皇帝这玩意儿，实力说了算。"

他给王僧辩写信说："我觉得萧方智年龄太小，不是皇帝的料儿，萧渊明可以。"

王僧辩失声叫道："你抽风了吧，这是我国内政，你干涉我国内政，是何居心？！"

高洋咆哮起来说："弱国哪里来的内政。"

公元 555 年秋，高洋命令北齐兵团护送萧渊明回南中国，王僧辩当然拒绝萧渊明回国，双方展开激战，结果王僧辩连战连败，北齐兵团就要渡过长江抵达建康，王僧辩屈服，派兵把萧渊明接到建康，废掉萧方智，把萧渊明（萧梁闵帝）扶上宝座。现在，北中国的两个政权在南中国都有了尾巴国。

王僧辩屈服于北齐帝国，但陈霸先拒绝屈服，公元 555 年冬，陈霸先起兵突袭王僧辩，一战而克。萧渊明只做了三个月皇帝就被驱逐下台，萧方智被陈霸先再度拥上龙椅。北齐皇帝高洋咆哮如雷，道："我要把陈霸先活剥了皮！"

陈霸先也说下重话："如果高洋敢来，我就联合西魏、西梁，让他亡国灭种。"

高洋像被疯狗咬到一样，立即下令全国总动员，他本想御驾亲征，但前锋部队抵达南方战场时被陈霸先伏击，全军覆灭。高洋这才发现他遇到的对手不是王僧辩，而是比王僧辩厉害十倍的陈霸先。

在思考许久后，高洋把前锋部队指挥官斩首，再也不提南征的事了。事实上，北齐立国五年以来，从上到下好像都厌倦了打打杀杀，皇帝高洋现在最喜欢的事是享受权力带来的极度享受。

高洋似乎是刘宋帝国和萧齐帝国那些暴君的灵魂转世，他喜欢杀人，一日不杀人就闷闷不乐。宫女、宦官、大臣在他杀人如麻的游戏中每天都魂不附体。为了让他随时有人可以杀，大臣们把监狱中的囚犯送到皇宫供他杀戮。除了杀人，高洋还沉迷酒色，喝醉后连老娘都不认，威胁他母亲要把她嫁给最低等的胡人奴隶。

当北齐高洋自取灭亡时，西魏政府发生巨变，南朝的萧梁帝国也发生了巨变。

公元 556 年，西魏丞相宇文泰去世，他的侄子，也就是当初消灭萧绎的宇文护立即要求皇帝拓跋廓（元宝炬之子，本名元廓，554 年恢复拓跋姓）禅让。公元 557 年阴历二月，宇文泰的儿子宇文觉（北周孝闵帝）登基，建北周帝国，他并没有称帝，而是称天王，煊赫百年的北魏帝国正式灭亡。北魏帝国从公元 398 年拓跋珪称帝到公元 557 年拓跋廓退位，寿命长达一百五十九年。算上拓跋珪公元 386 年复兴代国称魏王到公元 398 年称帝的十二年，北魏寿命高达一百七十一年。

但如你所知，它早在公元 534 年宇文泰建东魏政府时就已名存实亡，公元 550 年高洋建北齐帝国，它的名声又亡掉一半，**这是个充满传奇的帝国，北中国正是在它手中得以从五胡乱华的血海中冲出，它为保存中国文明而贡献了全部力量。**

北魏帝国灭亡的八个月后，萧梁帝国也灭亡。皇帝萧方智在权臣陈霸先的强烈建议下走下龙椅，陈霸先（南陈武帝）一屁股坐了上去，称帝建国，史称南陈帝国。

南朝四个帝国全部出场，南陈开国皇帝陈霸先和刘宋开国皇帝刘裕一样，出身军界底层，靠顽强的意志、动乱时代的生存能力以及必不可少的运气爬上高层，最终坐上龙椅。

萧梁帝国（502 年—557 年）的寿命有五十五年，但开国皇帝萧衍占去了四十七年，其实他死后，萧梁和当时的北魏一样，也是名存实亡。梁武帝既是开国皇帝，也是亡国皇帝。

不过，萧梁帝国的余波仍在，那就是萧詧的南朝西梁，它龟缩于湖北一角，在宇文泰家族的监视下苟延残喘，活过了当时的北齐帝国和它的主人北周帝国两朝，直到公元 587 年才被隋帝国灭亡。

老子认为，柔弱胜刚强，西梁帝国就是这句话屈指可数的例证。

# 第八章

# 永别了，南北朝

# 1／
# 北周迅速崛起

北齐和北周注定是生死冤家。早在两个帝国的前身东魏和西魏时期，双方就都铆足劲要消灭对方。北齐占据了河北平原和黄河以南、淮河以北的广阔领土，始终保持着对北周的压倒性优势。北周占据的关中长期受战争摧残，根本没有人口红利，全靠宇文泰殚精竭虑地周旋，才勉强不被北齐吞噬。

当然，弱小的北周没有灭亡，宇文泰的亲密幕僚汉人苏绰有很大的功劳。苏绰用儒家思想给宇文泰制定了六条从政者方略，这六条方略遂成为之后中国历代帝王的从政秘籍，我们称这秘籍为“苏绰法典”：第一，先修心，苏绰特别强调君主必须以身作则，君主不能自修而欲百姓修行，无疑是镜花水月；第二，敦教化，要发挥人性的善，也就是忠恕之道，使人能知孝悌、慈爱、礼让，这是孔孟思想的现代化；第三，尽地利，苏绰认为，教化百姓的前提是要足其衣食，具体操作起来就是命令男人耕地，命令女人织布；第四，擢贤良，挑选人才不能看门第，而要看是否贤良；第五，恤狱讼，赏罚要正，用劝善的方法去止恶，尤其反对重刑，苏绰认为，宁可赦免有罪的人，也不能杀无辜的人；第六，均赋役，所谓“均”，就是把豪强地主的土地抢夺来分给没有地的百姓，大致做到人人有地耕。

宇文泰在“苏绰法典”的指引下，埋头苦干，终于把自己的政府带上巅峰。公元 557 年，他的儿子宇文觉建国时，北周帝国已足以和北齐帝国重新争锋。不过，它和魏晋南北朝以来的大多数帝国一样，先要在内部闹上一闹。

宇文觉是在宇文护的监控下登上皇位的，他对宇文护有着天生的仇恨。宇文护为了维护这个来之不易的帝国，难免专横跋扈，希望树立绝对的权威，让从前那些元家遗老不敢放肆。这种套路却让宇文觉如芒在背，他暗地里联络不服宇文护的大臣，想干掉宇文护。可惜，消息走漏，宇文护将参与密谋的人全部清出长安。

宇文觉不死心，仍偷偷联络这些人，宇文护一把鼻涕一把泪地对这个堂弟说："天下至亲莫如兄弟，咱们就是至亲，如果咱俩彼此猜疑，那世间还有可信之人吗？叔父（宇文泰）嘱托我帮陛下治理国家，如果陛下能独自料理朝政，名扬天下，为兄死而无憾。问题是陛下现在年纪尚小，我担心我被害后，大权落到奸臣手中，那时候非但对陛下不利，连国家也将灭亡，叫我有何面目去见地下的叔父？！我既是陛下的长兄，又是朝中宰相，还能有什么想法？！望陛下三思，切勿听信谗言，疏远骨肉。"

宇文觉虽然年仅十六岁，但对政治的残酷性有清晰的认识，况且受到无所不能的权力的诱惑，宇文护的一席话等于对牛弹琴。他假装同意宇文护的话，暗地里继续他的夺权计划。

他身边的人比他还要焦急，准备在一次国宴上暗杀宇文护，密谋再一次泄露，宇文护捉住密谋者，当着宇文觉的面处斩，可还是放过了宇文觉。他的亲信提醒他，做大事要懂得斩草除根，宇文觉才是根。

宇文护正色道："他都是被小人挑拨。"

亲信一语中的："有一次就有两次，有两次就有三次。即使您能化解一百次，只要一次没有化解，立即粉身碎骨。"

宇文护不语，许久后才说："我不能杀弟弟。"

亲信说："你不杀他，有人给他抬轿子杀你。"

宇文护终于下定决心，命令宇文觉从龙椅上滚下来，一个月后，在亲信们的怂恿下，他将宇文觉杀掉。**开国皇帝被辅政大臣杀掉，宇文觉是中国历史上第一人。**

杀掉宇文觉后，宇文护如法炮制，立宇文泰的庶长子宇文毓（北周明帝）为天王。宇文毓表面温柔，但极有主见。公元 559 年阴历八月，他认为称天王不足以威震天下，于是称皇帝。北齐帝国至此才算名副其实。

虽然大权仍在宇文护手中，宇文毓却通过一系列手段把行政权都要了回来，宇文护只有军权。有了行政权后，宇文毓励精图治、大刀阔斧地对北周进行强化。北周帝国在他手中焕发出耀眼的光芒，国泰民安，老百姓都称赞他是个难得的好皇帝。宇文护开始坐不住了。

560 年阴历四月，宇文护买通宇文毓的厨师在宇文毓的菜中下了可以毒死一匹马的毒药，宇文毓没有防备，吃下后立即丧命。宇文护马上把行政权收回，立宇文泰的第四子宇文邕（北周武帝）为帝，这是中国历史上为数不多的英明神武的皇帝之一，他将解开老爹的遗产一直被宇文护霸占的魔咒。

但要废掉大权在握的宇文护，难于登天。宇文护掌控着北周帝国的国防军，在行政上又担任宰相，而且他杀皇帝已经杀出了惯性，稍有点风吹草动，立即动手，根本不给皇帝任何谋划的机会。

宇文邕用智谋对付他。和前两位皇帝大大不同，宇文邕表面上对宇文护独揽大权的行为充分认可。宇文护多次试探他，说希望把大权交还，但宇文邕死活不同意，他给出的理由让宇文护连怀疑的念头都没有。他说："宇文家能走到今天，不是宇文觉、宇文毓的功劳，而是您的功劳。这个帝国如果离开您，就会被北齐吞掉，我父亲在天有灵，绝不愿看到这样的事情发生，而您就是这个帝国的镇国之宝。我还年轻，希望您能继续为帝国发光发热。"

宇文护又要说话，宇文邕居然激动起来，说："难道您想让我父亲从棺材中跳出来，大骂我一通吗？"

宇文护"只好"暂时代理北周帝国。宇文邕最高明的一条就是，把宇文护的母亲当成自己的母亲对待，凡是赏赐她的物件，一定是极尽奢华，世间少有。而且每到固定时间，宇文邕都要率领皇族亲戚向宇文护的母亲行家人之礼。这些套路终于让宇文护暂时放下心来，宇文邕每当看到宇文护放肆大笑时，都会偷偷地握紧拳头，抿住嘴唇，眼神如钉子一样。

公元 563 年，宇文护在长久的养生状态中，突然恢复了军人的本能，他集结北周国防军对北齐帝国发动猛烈的进攻，意图吞并北齐。北齐能让曾经使得北魏束手无策的柔然向其称臣，又能让吐谷浑听它的命令，绝非偶然，北齐帝国大有力量。结果，宇文护的东征受到北齐帝国各军区的激烈抵抗，宇文护损兵折将，退回长安。

宇文护从十几岁就跟随叔叔宇文泰东征西讨、南征北伐，多次取得决定性胜利，为宇文家族建立了无法磨灭的功勋，同时在军中建立仅次于宇文泰的威望。他的确如宇文邕所说，是宇文家族的中流砥柱。但时移事迁，**他杀掉两个皇帝后，其威信如冰山遇火一样慢慢消融。尤其是公元 563 年这一场惨败之战，让他在军界的威望也大不如前。**

宇文邕发现铲除宇文护的机会已来敲门。他抓住了这次机会，小心翼翼地布置。他借着宇文护东征失利的事情委婉地劝老哥说："您这一败可把您几十年积攒的威望全都搭进去了。但不要紧，人都是健忘的。朝中文武大臣只要长时间看不到您，自然就把这件事忘了。我的建议是，您仍然可以打着国防军总司令的招牌去边疆巡视，我在朝中渐渐抹去您留在官员心中的印象，几年后，您再回来，威望也就回来了。"

宇文护感动得泪水横流，他按照宇文邕的办法，在北周帝国西北境不停地巡视。他当然担心宇文邕会趁机搞鬼，不过宇文邕看上去对他仍然是百依百顺，公元 567 年，宇文护老母去世，宇文邕一日七道诏令要他返回长安。宇文护回到长安后，宇文邕和他抱头痛哭。

宇文护彻底失去了防备，心无杂念地在帝国边境巡视。公元 572 年阴历三月，宇文护正在同州（今陕西大荔）巡视，突然接到宇文邕的圣旨，要他立即返回长安，参加皇太后（宇文泰正妻元氏）的寿宴。圣旨之外，宇文护还收到宇文邕的私信，信中说，皇太后最近身体很差，这可能是最后一次过寿了。

宇文护好像是温水中的青蛙，毫无防备地回到长安城。宇文邕和他一见面，就马上带他去见皇太后。宇文邕一边走，一边对宇文护说："太后年事已高，身体不好，却颇好饮酒。虽然我们多次劝谏，但太后置之不理。如今兄长入朝，一定要多劝劝她老人家。”

宇文邕演戏演全套，一面说一面从怀中掏出一篇《酒诰》交给宇文护。宇文护当时觉得责任重大，而且对宇文邕的信任特别感动，他进入皇太后居处，开始劝皇太后不要饮酒。皇太后莫名其妙，因为她很久不饮酒了，正当她要说点什么时，大傻子宇文护居然拿出宇文邕交给他的《酒诰》，一本正经地读了起来。

就在他读得正起劲时，宇文邕偷偷地挪到他身后，举起玉质手板照着他的后脑勺猛地一击。宇文护“哎哟”一声跌倒在地，宇文邕上前就死死按住他，早已躲在一旁的宇文邕同母弟弟宇文直迅即跑出来，帮助老哥杀死了另一个老哥宇文护。

如何杀掉一个你无法杀掉的人？宇文邕告诉我们，先忽悠他，把他忽悠瘸了。杀掉这样的人需要多久？宇文邕告诉我们，需要十二年。

杀掉宇文护后，宇文邕用残酷的手段来清洗控制朝政长达十五年的宇文护势力，宇文护的儿子、兄弟、亲信一万余人全被杀掉，血流成河。

**北周帝国建立十五年，它的皇帝终于名副其实，宇文邕的隐忍之道要比春秋越王国国王勾践和西汉大将韩信高明百倍。**

宇文邕的隐忍之术可能全来自儒家思想的熏陶，宇文邕对儒家思想极有心得，认为儒家不仅在治国理政上拥有无限法力，还可以为每个人的人生提供巨大能量。但当时的北中国，佛教盛行，宇文邕不喜欢佛教，连带着也不喜欢道教，他登基的第八年（568 年），就召集百官、和尚和道士于一堂，亲自为众人讲解儒家经典《礼经》。第二年又召集两千余人搞儒释道论坛，亲自品评出儒释道三家的优劣，自然是儒为第一，道为第二，佛最末等。

他希望帝国的意识形态是儒家思想，帝国人民的价值观也要是儒家思想，遗憾的是，通过举办各种大规模论坛，不可能让帝国思想快速进化，在诛杀宇文护两年后的公元 574 年，他终于把萦绕在脑海中多年的想法付诸实践：灭佛、道。

这是一箭双雕的事，既可以给帝国树立正确的价值观，又可以充盈帝国国库。北周帝国和北齐帝国都是佛国，北齐有僧尼道士两百万左右，北周有一百万左右，但北周总人口不如北齐，物产丰富程度也不如北齐。简单而言，本就没有人口红利的北周帝国因为佛教、道教，更加捉襟见肘。多达百万的出家人不为政府贡献一分税收，他们还不参军，寺庙遍地，成为人类历史上最大的房地产商，这是任何一个国力不强的国家领导人都无法容忍的。

公元 574 年秋，宇文邕下令将全国寺庙的资产全部充公，百万僧侣、道士全部还俗务农，身强力壮的和尚被编入军队。这是很温柔的灭佛、道的方式，几乎没有如北魏帝国拓跋焘那样动用屠刀。但对于养尊处优惯了的和尚、道士，也是灭顶之灾。

换个说法，**北周帝国之所以在宇文邕手中突然变强大，是因为他灭了国内最大的房地产商，百万人像从土中冒出来一样，为北周帝国注入了人口红利。**

而没有灭佛的北齐帝国，大限已到。

## 2／
# 宇文邕灭北齐

灭佛的两年后（576 年），宇文邕毫无顾忌地向乱成一团的北齐帝国发动全面进攻。北齐虽已脆弱不堪，但高欢家族决不退缩，而是积极应战。

北齐的软弱全是咎由自取。侯景背叛高澄时就预言，高欢的子孙全是窝囊废。毫无人性的高洋上台后，侯景的预言成真，公元 559 年，高洋去世，他十五岁的儿子高殷（北齐废帝）继位，儒家学派大臣杨愔被任命为辅政大臣。高殷饱读诗书，有君子之风，却没有帝王才能，朝中大小事务全由杨愔做主。

北齐帝国官员野蛮成性，且弊病多如牛毛，杨愔下令裁撤不合格的官员，一大批官员被裁撤，他们怨气冲天，纷纷投奔高洋的弟弟常山王高演。高演在这群一心要夺回利益的蛆虫的怂恿下，发动兵变，攻入首都邺城，活捉杨愔，废掉皇帝高殷，自己即位为帝。高演（北齐孝昭帝）也是个兽性十足的人物，可惜他还没有机会展示，做皇帝一年后即病死。他那个风度翩翩、仪容秀丽的弟弟高湛（北齐武成帝）趁势夺权，建立属于他的帝国。

**高欢家族的人都属于白马王子一样的人物，但这只是表面，内心深处，他们都禽兽不如。**高湛的残暴淫荡是他哥哥高洋的十倍，公元 561 年，高湛即位，立即宠信奸臣和士开，让和士开帮助自己诛杀亲人。他几乎诛杀了所有的兄弟、叔叔和他们的后代，再把哥哥高演的儿子高百年捉来，先让人乱揍一顿，再让人拉着高百年绕着堂一边走一边打，所经过的地方步步血脚印。高百年奄奄一息地乞求饶命，表示愿意永远给高湛做奴隶。高湛大怒说：“你也配？！”于是将高百年斩首，把尸首扔到池子里，池水被血染红。

高湛最淫荡的事就是把高洋的皇后李祖娥拖到自己床上奸污，李祖娥羞愧不已，生下一个女儿后将其杀掉。高湛气得死去活来，把李祖娥与高洋生的儿子捆绑到李祖娥面前说：“你杀我女儿，我就杀你儿子，立即斩杀。”

高湛的种种暴行和让人叹为观止的淫荡行径是高欢家族的特产，这不足为奇。高湛对北齐帝国最大的伤害是，与盟友柔然部落和吐谷浑闹掰。北齐帝国能始终压着北周帝国，一方面是其自身力量的强大，另一方面则是其盟友对北周形成包围，使北周动弹不得。而高湛将这些对北周帝国的优势全部破坏。

公元 569 年，高湛在做下无数恶行后去世，他的太子高纬（北齐后主）掌权，北齐帝国走进死胡同。高纬和他的先辈一样，风流倜傥，相貌俊俏，看上去文质彬彬，但发起疯来就不是人。

他喜欢享受，常常带着一群美女听“无愁之曲”，有时候会亲自上阵，反弹琵琶，让人眼前一亮，所以北齐帝国的人都称他为“无忧天子”。除了热爱音乐，高纬还喜欢体育运动，中国历史上第一批相扑选手就是他亲手培训出来的。他更喜欢行为艺术，在行宫建造丑陋贫穷的村庄，亲自穿着乞丐服住在里面，还设置穷人市场，跑去进行买卖交易。高纬在行为艺术方面最喜欢做的一件事就是从晋阳（今山西太原）出发往东巡幸，他单枪匹马，披头散发、光着膀子放纵驰骋。

当然，他还有更变态的享受。他同父异母的兄弟南阳王高绰驻守定州（今河北定州）时，残暴异常。曾在路上见一妇女抱着小孩，他上前夺走妇人的小孩，丢在地上喂他养的波斯狗。小孩被波斯狗撕咬，妇女恐惧大哭。高绰就又纵狗咬妇人，但狗刚吃饱没有兴趣，高绰就把死掉的小孩的血涂抹在妇人身上，众狗见到血，一扑而上，把妇人撕裂吞吃。

有人告发高绰这种禽兽行径，高纬立即命人把高绰捉拿到首都邺城。正当所有人都认为高纬要严厉惩处高绰时，高纬却为高绰拿掉枷锁，好奇地问他：“在定州什么事最开心？”

高绰回答："把蝎子和蛆混在一起，看它们互相啮咬，实乃人生最大的开心事。"

高纬惊喜地大叫，派人连夜搜寻蝎子，不久获得两三升蝎子，放进一个大浴盆，然后把一个绑成粽子的人放进去，看着那个人被蜇得哀号翻滚，兄弟二人放声大笑。高纬突然埋怨高绰："这么高兴的事，为什么不早点告诉朕？"高绰请罪说："没有机会啊，而且您推陈出新，我实在是望尘莫及。"

高纬大为欢喜，立即拜高绰为大将军。在这种残暴的统治下，北齐帝国不亡就是没有天理。北齐帝国皇帝的残暴不是个案，事实上，北齐帝国的大部分文武百官都有残暴的基因。他们在审讯犯罪嫌疑人时，根本就不问案情，直接给犯罪嫌疑人用失传千年的炮烙之刑。犯罪嫌疑人如果不死，就有机会被讯问；如果死了，审讯官员马上就认定，此人罪有应得。

高纬如果只是做了这些事，还不足以让他的帝国迅速覆灭，他还做了两件事，这两件事把他和他的帝国推进深渊。第一件事就是把南陈推到北周那里。

公元 571 年，南陈帝国派使者来，想要和北齐帝国合作攻击北周帝国，高纬当时正纵情玩乐，对于这种打打杀杀的事毫无兴趣。他故弄玄虚地对南陈使者说："天下是什么？天下不是打打杀杀，而是人情世故。"

南陈使者苦笑，公元 572 年，南陈帝国再派使者到北周帝国请求和解，并请求组成联盟对付北齐帝国。宇文邕刚杀掉宇文护，对于宇文护执政时期和南陈帝国对攻的国策极为不满，于是欣然同意。北齐在失去了柔然、吐谷浑两个盟友后，又失去了潜在的盟友南陈帝国。

高纬做的第二件错事就是冤杀名将斛律光。斛律光是南北朝时期可以进入前三的名将，他在护佑北齐帝国和北齐帝国前身东魏政府期间，多次击败宇文家族。北齐帝国在和北周帝国的战场上总是占有绝对优势，斛律光功不可没。斛律光治军严明，身先士卒，不营私利，是北齐军界德高望重的人物，同宇文护在北齐帝国的地位一样。但公元 572 年，高纬抽风似的诬陷斛律光谋反，将他和其族人全部处决，北齐军界大哗。

斛律光在北周帝国的威名厉害到什么程度？当他被杀的消息传到北周时，

宇文邕竟下令赦免境内全部囚犯以示庆祝。

高纬在自废武功，他注定要为自己的行为付出高昂的代价。

公元575年中秋节，北周帝国和南陈帝国的战时联盟组建完成，九月初，南陈帝国派重兵入北齐帝国南境，北周兵团陆续进入洛川（今陕西中部），开始在邙山屯兵，大战一触即发。高纬却毫无察觉，继续和他最喜欢的小老婆冯小怜日夜淫乐。冯小怜是中国历史上的超级美女，不仅艳绝人寰，而且体温可以随气温变化，寒冬时，她浑身如暖炉，酷夏时，她全身如凉玉，这样的尤物被高纬喜欢得死去活来。

高纬在温柔乡里自甘堕落。宇文邕却身穿战衣，冒着严寒风霜布置战场。公元576年阴历十月，宇文邕趁高纬带着冯小怜在祁连池狩猎，突然包围晋州（今山西临汾），猛攻不止。

晋州是北齐帝国西境的门户，战略位置非常重要。晋州如果失守，北齐帝国的首都邺城、重镇晋阳就会马上暴露在敌人的火力之下。

高纬得到情报后，结束狩猎，启程回晋阳（今山西太原）动员兵力，南下救援。在正常人看来，救兵如救火，必须分秒必争。可高纬不是正常人，他带着冯小怜南下，每到一处旅游景点，就要和冯小怜驻足游览。晋州方面危急文书一日发来百道，高纬却浑然不知。他被冯小怜的神韵折磨得目眩神迷，等他稍有点清醒，知道晋州危在旦夕时，晋州已经失守。

高纬正要发火，冯小怜却温情脉脉地说："失去的东西再拿回来就是了。"

高纬高兴得大笑，命令部队快速前进，夺回晋州。北齐兵团虽失去了伟大的领袖斛律光，但皇帝御驾亲征，等于给他们注射了几百斤鸡血。在一番狂暴的攻击后，晋州城的北周守军渐渐支持不住，正面城墙被攻破一个可以容纳十人进入的缺口。

正当北齐士兵要冲进去建立功勋时，高纬突然传令停止进攻。他有两个目的："第一，宇文邕那老家伙是否在城内，如果在，让他出来见我；第二，这么惊心动魄的场面冯小怜必须来观看。"

立即有人告诉他："宇文邕那个老家伙攻陷晋州城后就优哉游哉地返回长

安了。另外，冯小怜正在对镜理红妆，要知道女人化妆没有半个时辰是化不来的。”

高纬下令说：“等我那可爱的宝宝冯小怜来，不许进攻。”

当冯小怜如仙女下凡一样从容飘来时，北周守军已把那个缺口填好，高纬下令进攻，让冯小怜看血肉横飞的场面，冯小怜吓得不敢看，高纬就命令部队：“不要搞得太惨烈，不要吓到我的小宝宝。”

北齐兵团只好像演戏一样进攻，如此折腾了半个月，宇文邕亲自率领援军从长安赶来，双方在晋州城外展开决战。

高纬带着冯小怜在高处观看，两个兵团决战到最高潮时，杀声震天，土崩瓦解，冯小怜一个脚下不稳，从高处摔落，高纬大叫一声：“不好！”北齐兵团以为他们的狗皇帝被活捉了，顿时斗志全无，全线崩溃，高纬带着冯小怜和几十骑兵逃往晋阳。

这一次失败，北齐主力全部丧失。高纬在晋阳城愁眉不展，晋阳守将高延宗安慰高纬说：“如果晋阳守不住，可以投奔柔然。”高纬说：“鬼扯吧，柔然非把我献给北周不可。”

他心慌意乱，听说北周兵团已向晋阳方向开来，急忙带着冯小怜跑回首都邺城。他前脚刚走，痛恨他失政的晋阳官员就拥立高延宗为北齐合法皇帝。高延宗被赶鸭子上架，只好君王死社稷，登基两天后，北周兵团抵达晋阳城外，高延宗出城和北周兵团决战，结果战败被俘。

听说晋阳失守，高纬已对皇位“生无可恋”，他把皇位让给太子高恒（北齐少帝），自己关起门来琢磨退路。儒家学派官员兼诗人薛道衡劝他到黄河以南、淮河以北那块地方躲避，因为那里还没有被北周帝国侵犯。高纬正要收拾行囊跑路，有消息来说，南陈帝国兵团已开进淮河以北，正在风卷残云般地扫荡北齐那块的领土。

高纬自作主张说：“那咱们就向南陈帝国投降。”于是他率领百余骑兵从邺城逃亡，渡过黄河后在青州（今山东青州）驻足，派使者去南陈帝国请求归附。南陈帝国不可能要他，他已经是个毫无用处的废物。就在高纬困守青州孤城时，北周兵团攻陷邺城，闻风赶来，将他活捉。公元 577 年十月，他被宇文邕诬陷谋反，遭到诛杀，北齐帝国（550 年—577 年）灭亡，寿命仅二十七年。

北齐是由一群疯子建立的帝国，只有奠基人高欢还算正常，也正因为高欢积攒下了厚重的家底，才使得北齐帝国虽然疯子无数，却仍可以支撑二十七年。如果不是北周帝国迅速崛起，北齐帝国高氏家族的疯子们还会支撑下去。这告诉我们，**消灭你的永远不是对手，而是你自己。物必先腐，而后虫入之，不是虫让物腐烂。**我们从北齐帝国那里得到的人生教训是，必须从自己的心上求，求内心的强大，内心良知的光明，如果你自己不会击倒自己，别人就不会轻易把你击倒。

消灭北齐后，北周帝国迎来它有生以来的巅峰，如当年的北魏帝国一样，统一了北中国。南北朝在经历了近半个世纪（北魏分裂到北齐灭亡）的变态后，重新回归常态，南中国是南陈帝国和西梁帝国，北中国则是北周帝国。

南陈和西梁只能自求多福，北周帝国却有统一全国的雄心壮志。不过，北周的寿命似乎受到了北齐的诅咒，北齐灭亡后不久，它也灭亡了。

## 3／

# 北周帝国的灭亡

北周帝国能成为北方霸主，归功于宇文家族的三个能人，一个是奠基人宇文泰，一个是守护者宇文护，最后一个就是让北周帝国攀上巅峰的宇文邕。在灭掉北齐帝国、统一北中国的第二年（578年），宇文邕去世，太子宇文赟（北周宣帝）继位，这是宇文泰家族出产的唯一一个暴虐荒淫的人，他做皇帝，北周帝国注定走向灭亡路。

宇文邕的家教极严，尤其对太子宇文赟。宇文邕在世时，宇文赟不敢多走一步路，不敢多说一句话，在东宫几乎被憋疯。这种性情被压制到极限的人，一旦有机会释放，那必定是灾难性的。宇文赟熟读历史，却没有从历史中汲取到好的东西，他看到前赵皇帝刘聪有“三后并立”的史迹，于是决心打破纪录，把五个妙龄美女同时封为皇后，是为“五后并立”。

宇文赟似乎是王莽的转世，喜欢乱改名字和复古。他自称为天，其居所称为天台，姓高改为姓姜，谥号高祖的人一律改为长祖。刘邦于是成了汉长祖，高欢、高洋等北齐帝国的领导人则成了长欢、长洋。他特别喜欢戴古典儒家所制定的通天冠，让群臣都穿戴汉朝衣冠。

王莽当年复古改名时，还有光明的灵魂在，宇文赟却没有半点，他大肆装饰宫殿，对臣子滥施刑罚，把宇文家族的顶梁柱宇文宪杀掉，自毁长城。他和当初的高纬杀斛律光还不一样，高纬是毁坏帝国的长城，宇文赟则是毁坏了宇文家族的长城。

公元580年，宇文赟因常常饮酒而患病，让人感到莫名其妙的是，他竟然一病不起，临死前他叮嘱太子宇文阐（北周静帝）："一定要好好做，不要学我。"

在他病榻前一言不发的随国公杨坚看着他渐渐闭上眼睛、失去呼吸，杨坚站起来拍着哭泣不止的只有七岁的宇文阐的肩膀说："别怕，有我呢！"

宇文阐抽泣着回头看杨坚，他看到了一张皮笑肉不笑的脸，不由得惊恐失声道："我怕的就是你啊！"

宇文阐恐惧杨坚不是胡思乱想，而是对形势的正确判断。杨坚出身于北中国世家大族弘农杨氏。这个家族早在东汉时期就名满天下。祖上出过一个超有良知的人，叫杨震，杨震做大官时，有人趁夜给他送来黄金，杨震根本不缺钱，所以严词拒绝。送礼人说："现在是黑夜，没有人知道。"杨震声色俱厉地说："天知、地知、你知、我知，怎么说没有人知道？！"

于是，**杨震在中国传统文化中占据了光辉的一席，我们称他为"四知先生"，儒家修身法则之一的"慎独"被杨震发扬光大。**魏晋南北朝近四百年来，杨家始终有人在各个帝国内做大官。

公元543年，宇文泰在邙山之战中被高欢打残，为了重振军力，宇文泰不分胡汉，由各世家大族的领袖亲选乡亲参军，然后恢复鲜卑人的八部制，设置"八柱国将军"（其中宇文泰为柱国之首，元欣仅挂名，不统领兵），这六个柱国将军每人统兵八千人，共有四万八千兵，成为宇文泰的亲兵，这些亲兵被称为"府兵"，杨忠由于迅速招收了八千人，所以成为八柱国之一。杨忠死后，杨坚继承，但宇文邕对杨坚一直不放心。因为有人说，杨坚的相貌很符合帝王标准，而且杨坚行事作风也颇有领袖风范。宇文邕几次要对他下手，都被他从容不迫地躲避过去。

宇文邕临死前还想到杨坚，于是把家族的灵魂人物宇文宪抬到至高无上的位置，但让他想不到的是，儿子宇文赟居然把家族的灵魂干掉了。

宇文赟对杨坚也没任何好感，可问题是他对五位皇后之一的杨丽华有大大的兴趣，而杨丽华恰好是杨坚的女儿。每当他对杨坚起杀心时，杨丽华就拆散头发，大哭大闹，把他闹得心荡神迷，最后，杀杨坚的计划全部胎死腹中。

**杨坚始终站在受害者的立场，对于宇文家族的猜忌始终保持低调，人类都喜欢拯救弱者，喜欢站在受害者的角度考虑问题。**杨坚本有能力辩解和反抗，却选择逆来顺受，这种老子所谓的“柔弱”表现让他赢取了一部分人的关爱。首都行政长官郑译和宇文赟的宠臣刘昉是关爱杨坚的人，同时也是杨坚的粉丝。

他们认为，杨坚是为数不多的有实力的八柱国之一，而且老谋深算，北周帝国已开始走下坡路，只有能人才能力挽狂澜。两人把更大的荣华富贵押到杨坚身上，坚定地做他的支持者。

宇文赟去世后，郑译和杨昉把杨坚推到宰相的位子上，总揽北周帝国朝政，杨坚终于露出他隐藏多年的面孔，开始对宇文家族实施清洗。他先是把各地有实力的藩王全部骗到长安，软禁之后紧锣密鼓地寻找证据，最后终于找到这些藩王都要谋反的证据，将其全部杀害。

宇文泰的外甥尉迟迥坚决反对杨坚的滥杀和独揽朝政，起兵清君侧。杨坚用武力对付他，派遣效忠于自己的北周帝国名将韦孝宽将尉迟迥击败，公元581年，杨坚在北周帝国已无对手。于是在一番迅速而不匆忙的准备后，阴历二月，杨坚命令宇文阐把皇位禅让给他，杨坚建立新帝国，这就是大隋帝国，杨坚就是隋文帝。

北周帝国灭亡，寿命二十四年。南北朝的北朝时代结束，大隋帝国冉冉升起，当大隋皇帝杨坚高坐龙椅俯瞰他的天下时，他脸上挂着高贵的蒙娜丽莎式的微笑。这是不动声色的高度自信的微笑。他所建立的帝国是自南北中国分裂以来最强大的帝国，人口四千万,五十一万绝对效忠于他的精锐士兵，相比之下，南中国人口仅两百万的南陈帝国，十万心怀鬼胎的士兵，根本不值一提。

若干年前苻坚、拓跋焘没有完成的统一中国的心愿，现在杨坚决心完成。即位第二年，杨坚派熟悉南方环境的大将长孙览从寿春（今安徽淮南寿春镇）水陆并进，对南陈帝国发动进攻。

南陈帝国风声鹤唳。南陈是南朝四帝国中唯一没有出现过暴君的帝国，陈霸先建帝国时已五十三岁，几十年的战场生活让他遍体鳞伤，仅在位三年就一病而死。陈霸先唯一的儿子陈昌年纪太小，于是皇位传给了侄子陈蒨（陈文帝）。陈蒨性情沉稳，良知光明，在位七年，用道家思想恢复国力，使得南中国从侯景之乱的悲惨中苏醒。

公元566年，明主陈蒨去世，太子陈伯宗（陈废帝）继位，大权却控制在他叔叔陈顼手中。陈顼不甘心做幕后老板，公元569年，他羽翼丰满，机会成熟，于是废掉陈伯宗，自立为帝。陈顼（陈宣帝）即位后立即大展身手，先是想和北齐联合打北周，但热脸贴上冷屁股，于是愤怒地转头和北周合作打北齐。北周灭掉北齐时，陈顼认为收复失地的机会到来，于是趁北周在消化北齐，突然出兵收复失去多年的寿阳，可惜，南陈帝国的军力太弱，又遇到正在巅峰的北周兵团，所以寿阳到手还没有焐热就又被夺走。

这次失败对陈顼而言是个重大打击，从此他拒绝听到“北伐”或是“收复失地”的话，然而他并没有沉沦，他继续在国内努力发展经济，使南陈帝国越来越富有。

杨坚南下的公元582年，陈顼病逝，皇太子陈叔宝继位，南陈帝国看到了终点。杨坚这次南征，有点虚张声势的意思，听说陈顼去世，他立即发布告示说：“我们是仁义之师，要秉承中华传统文化‘礼不伐丧’的古训。”于是，这场南征就地取消。

南陈帝国新上任的皇帝陈叔宝激动地对臣子们说：“杨坚这厮虽是蛮人，却懂得传统文化的精髓，真让我感动。”

陈叔宝显然在自作多情，杨坚之所以不伐南陈帝国，不是因为什么“礼不伐丧”的古训，而是因为他有更重大的事需要处理。这件事就是隋帝国屁股后面的突厥汗国。

突厥源于中亚，中国南北分裂时，它开始慢慢从中亚向东移动，并且在柔然汗国身后偷偷崛起，柔然汗国让北魏头痛不已，突厥也让柔然汗国头痛不已。双方不停地发生战斗，公元552年，突厥兵团在领导人阿史那土门的指挥下，摧毁柔然汗国，并于同年建突厥汗国。崛起的突厥汗国比柔然汗国要强悍十倍，北周宇文家族和北齐高欢家族根本没有力量和它抗衡，只能给它进贡。**突厥领导人常常自夸说：“我在南方有两个孝子贤孙，我想要什么，他们就必须送来什么。”**

突厥汗国的强悍可见一斑。这是杨坚面临的最大威胁，比南陈帝国要大几百倍。杨坚用头脑对付突厥汗国，首先，继续执行北周帝国对突厥汗国的政策，进贡大批金银财宝和美女；其次是把皇族的女儿嫁给突厥贵族，这是西汉帝国对付强敌的高招之一；再次，派出无数间谍到突厥汗国去挑拨离间，突厥汗国的国体有致命缺陷，它内部有无数可汗，这些多如牛毛的可汗虽名义上受最大可汗的领导，却拥有绝对效忠于自己的部落和军队，等于是一个国家内有无数个领导人，杨坚发现了这个弱点，积极开展挑拨离间工作；最后，杨坚默默准备对突厥汗国的反击工作，积攒粮食，训练骑兵。

在稳住突厥汗国后，杨坚才踏踏实实地把精力转向南中国的南陈帝国。但在对南陈帝国发动总攻之前，杨坚没有忘掉那个北周帝国的尾巴国西梁帝国。

## 4／
# 南北朝终于结束

萧詧被北周帝国扶持建立西梁帝国后，始终受到北周帝国的掣肘，很不开心。公元 562 年，他带着屈辱，背发毒疮去世，太子萧岿继位。**人在受控制而不能自己的情况下，会产生严重的心理疾病，最后会迁移到身体上，萧詧的死就是证明。**萧岿在位二十三年，由于在位期间，北周已强悍到无人可及的地步，所以西梁作为它的尾巴国自然没有任何风险。

公元 581 年，杨坚消灭北周帝国，萧岿上表恭喜杨坚。杨坚竟然没有给任何回复，这让萧岿心神不宁，四年后，他病逝，他的儿子萧琮继位。萧琮是萧家培养出来的开拓型的领导，他文武双全，魄力十足，敢作敢当，如果他提前十年登基，西梁帝国不知会是什么样。

遗憾的是，萧琮遇到的是盖世君主杨坚，用一弹丸之地去对抗庞大的北中国，无异于以卵击石。公元 587 年，西梁帝国收到杨坚的一封信，信中要他们的领导人萧琮到长安来面圣。

萧琮一清二楚，这不是面圣，而是面见他的帝国不可能拒绝的敌人。他有自知之明，但他的叔叔萧岩没有。这个井底之蛙一般的人对他说："你一去就回不来，不如联络南方的南陈帝国和杨坚三分天下。"萧琮苦笑，没有讲话。

萧琮抵达长安后，杨坚用隆重的仪式欢迎他，可就在和杨坚把酒言欢时，他的叔叔萧岩突然叛变，投降于南陈帝国，杨坚借机取消西梁帝国，但仍然把萧琮当成重要人物看待，而没有把他当成俘虏。

现在，整个中国只剩下了北方的隋帝国和南方的南陈帝国。

公元 588 年阴历十月，杨坚集结五十一万八千人，在寿阳设置统一中国临时指挥所，次子杨广为总司令，大臣杨素等四人为副总司令，正式向南陈帝国宣战。

南陈皇帝陈叔宝的皇位来之不易，他的弟弟陈叔陵一直觊觎皇位，皇帝老爹陈顼生病期间，陈叔陵想发动政变，废掉陈叔宝的太子位。但陈叔宝傻人有傻福，一直活到老爹陈顼去世。在老爹病榻前接受遗产时，陈叔陵也在旁边，他命令自己的卫士拿一把剑来，想当场砍了陈叔宝。可卫士不知什么原因，居然给他拿来一把木剑。陈叔宝躲过一劫。

在给老爹陈顼守灵期间，陈叔陵多次走到陈叔宝身后，想用祭祀礼器砸死他，但陈叔宝每次都侥幸躲过。等他服丧完毕，陈叔陵已因为谋杀他而累成了狗，陈叔宝马上反击，可谓精准狠地把老弟杀掉，坐上龙椅的那天，他长出一口气说："这回终于可以安枕无忧地享乐了。"

他的享乐和暴君享乐不同，他奢侈无度，喜欢美女美酒，但不残暴。他有文人气质，所以喜欢装文人，附庸风雅。自上任以来，他从不关心国家大事，最关心的就是两个小老婆，张丽华和孔女士。

他在建康得知隋兵团南征后，狂笑不止，他淡定地对臣下们说："建康乃王气所在，几百年来，多少北人来，结果还不是都滚蛋了，难道杨坚这老儿不知道吗？"

酒肉宰相孔范跺着脚大笑说："是啊是啊，他们北方人的脑袋是不是被门夹了？"

陈叔宝和孔范表演完这段艺术水准很高的相声后，就向隋帝国宣战。这种勇气，恐怕只有在神话的主人公身上才能见到。陈叔宝却将其变成现实。

让他惊讶的是，建康城的百姓听说北方政权正准备渡长江，立即关起门来烧香祷告，他们不是诅咒隋兵团不能过江，而是祈祷隋兵团快点过江。陈叔宝就问宰相孔范："这是什么缘故？"

孔范支支吾吾半天，才给出了明确的回答：“历来正义都被人误解，但水落终会石出。”

陈叔宝只能相信他的胡言乱语。南陈帝国的士兵更是无心应战，陈叔宝上台后，他们的军饷就不见踪影，整个帝国腐烂透顶。

这些事情，龟缩在深宫中的陈叔宝不知道。他只知道一件事：长江是隔绝南北的神圣之物，就是鸟要飞过来，没有他陈叔宝的允许，也不可能。

隋帝国大将韩擒虎和陈叔宝不一样，他坚信事在人为，于是趁着一个大雾迷茫的夜晚，强行渡江。韩擒虎以为肯定会遇到顽强抵抗，谁知根本没有任何有效抵抗，而且还遇到了很多南方的带路党。

当隋兵团渡过长江的消息传到陈叔宝那里时，他根本不信：“他们长翅膀了吗？难道他们会飞？”宰相孔范更是大摇其头，说：“这是造谣，人怎么能渡过长江？！”

而当隋帝国兵团大部已渡江，开始向建康城发动攻击时，陈叔宝这才从那场大梦中惊醒。他想到守建康的大将任蛮奴，失魂落魄地问左右：“任将军呢？”

左右告诉他：“任将军早就投降了，而且还当了带路党。”

陈叔宝惨叫一声，随着他的惨叫，隋兵团攻陷建康外城。陈叔宝站起来就要跑，大臣们拦住他说：“外城虽陷，还有内城，您冷静点，等下一个消息啊。”

陈叔宝像猫被踩到尾巴一样叫起来说：“你们不要扯淡，刀兵不是儿戏。我自有妙计。”

他的妙计果然妙，跑回后宫，搂着美女张丽华和孔女士睡觉。隋帝国兵团已开始进攻内城，喊杀声直上九霄。陈叔宝瑟瑟发抖，可只过了一会儿，他居然睡着了。

张丽华和孔女士真是哭笑不得，急忙把他摇醒，说：“敌人进宫啦。”

陈叔宝浑身僵硬地站起来，说：“我有妙计，随我来。”

隋兵团进入后宫后，询问宫人：“你们的皇帝呢？”

宫人回答：“不知道啊。”

隋兵团认为他自杀殉国了，于是开始搜索后宫，当搜索到一口井边时，听到下面有人小声哭泣，于是扔下绳子，将井中人拽上来。隋帝国两个士兵感觉非常重，不由得感慨说："这南方人怎么如此肥胖？"

可拽上来后，才发现是三个人，正是陈叔宝、张丽华和孔女士。哭声不是来自张、孔二美女，而是来自陈叔宝。

陈叔宝被活捉，南陈帝国灭亡。如果从公元420年刘裕灭东晋开始算，到公元588年杨坚统一南北中国，南北分裂了一百六十八年。如果从五胡乱华的刘渊公元304年建国开始算，到公元588年杨坚统一南北中国，南北分裂了二百八十四年。**如果从董卓进洛阳的公元189年算起，到公元588年杨坚统一中国，中国乱了近四百年，这是一个让人肝胆俱裂的数字，四百年的大混乱中，中国人在苦海中流泪流血，即使有太平日子，也如流星般刹那消逝。**

幸好有杨坚，他把中华人最希冀的大一统知行合一，铸造成现实。从这一点而言，他是中华的功臣，名垂千古。

前秦皇帝苻坚曾想统一中国，北魏那些野心勃勃的皇帝也想过，甚至北周、北齐都想过，可没有一个成功。杨坚何以能最终统一中国，其原因值得我们探讨深思。

第一，北中国自拓跋宏实行均田制到杨坚建隋帝国，百余年时间，国力迅速恢复，对于南方的陈叔宝政权，已形成绝对的优势。

第二，杨坚是个有责任心的伟大政治家，上任后勤政不辍，身体力行勤俭节约，降低税收，全国各地仓库充盈，隋帝国富得流油。

第三，隋帝国有行政良知。一个组织要高效运转，离不开领导人的整治。杨坚整顿行政的手段，可谓令官员发指。北中国自五胡乱华以来，官员贪污腐败已是家常便饭。杨坚用严苛的手段惩治贪腐。任何官员在处理公务时只要接受一点小礼物，就会立即被革职，甚至处决。在这种严刑峻法下，几乎没有官员敢贪腐，无形中就提高了行政良知，使隋政府成为一个清廉、高效的政府，在任何时候，其动员能力都远高于它的敌人。

杨坚统一中国后，没有选择退休，而是和当年的西汉皇帝刘彻（汉武帝）攻击匈奴一样，他要扫灭突厥，为中华世界扫除潜在的敌人。

公元 599 年，杨坚之前对突厥实施的挑拨离间计划收到奇效，突厥力量最大的五个可汗陷入混战。杨坚立即用远交近攻之策，拉一个打一个，最后再出动主力，大破突厥，突厥至此分为东、西两部，力量明显下滑。杨坚在突厥面前，从上供的奴隶摇身一变成为主人，东、西突厥再也无法享受从前的贡品。东突厥主动要求归顺隋帝国，杨坚当然乐意有这样的打手，于是将它的首领命名为启民可汗，“启民”在突厥语中是“智慧”的意思，这很滑稽，大概是杨坚暗示启民可汗，识时务就是智慧。

启民可汗只有智慧，没有力量，他总受到西突厥的攻击，而且每次都被揍得鼻青脸肿。杨坚此时才发现自己得到的不是一个打手，而是个累赘。但已无法抛掉，就在朔方（今内蒙古河套地区）给他修筑大利城（今内蒙古清水河），同时把河套地区大片土地划给这个累赘，还派了一支军队驻防黄河北岸，防御西突厥的进攻。

杨坚至此成为东突厥的保护神，他可能不会想到，自己能保护东突厥，却不能保护自己的帝国。摧毁他帝国的不是别人，正是那个出手不凡的、灭亡南陈帝国的青年才俊、他的次子杨广。

**魏晋五胡十六国南北朝史是一段让人头昏脑涨、心灵仿佛受到恐怖片震撼的历史，当我们读这段历史时，只能看到屈指可数的几个拥有良知的人，剩余的除了名字属于人类，其视听言动与人类绝缘。**

这是一段残酷的食物链呈现史，大多数人把属于人的尺度的良知抛到脑后，拿出动物的兽性来完成人生的旅程。这段历史告诉我们，人有些时候的确是连禽兽都不如的，可这段历史毕竟由人创造，在人性的大黑暗中，仍有些英雄人物不顾一切点亮了自己的良知，照亮黑暗，也正是他们，才使我们对人性恢复希望，抱以乐观态度。

用孔子的话讲，人性是善的，即使在一段时间内呈现了无数的恶，但善终会战胜恶。王阳明则说，人皆有良知，人人皆可行善。即使在一段时间内大家都作恶，但行善是主旋律，兜兜转转，必能复返。

值得中国人庆幸的是，这段糟糕透顶的历史终于过去，杨坚阁下开始知行合一，点亮人心。杨坚统一后的中国和两汉时代的中国，没有任何差异。即使南、北中国隔绝了几百年，当隋帝国成为中国唯一的王朝时，南、北中国的人仍是两汉时期的南人和北人。这就是中国文化的过人之处：我们使用的书写思想的文字是唯一的，它就是汉字。只要你用汉字来书写思想，那南北即使隔绝一万年，统一后，大家仍然都是中国人，而不是如罗马帝国分裂后的英国人和德国人一样，成为不同的人。

嬴政（秦始皇）被提倡知行合一的心学大师王阳明的弟子李贽称为千古一帝，最重要的原因就是，嬴政彻底地统一了中国文字，统一了由汉字书写的思想，中华人即使偶尔分散隔离，也终究会走到一起，成为一个整体。**因为我们书写思想的符号（汉字）是一样的，思想一样，那心就是一样的，所以中华人在危急时刻能做到万众一心，众志成城，知行合一，天下无敌！**